Vorwort, Kurze Geschichte der Route 66
Wissenswertes von A bis Z
Die Route 66
Abstecher & Alternativen
Kleiner Sprachführer, Index
ROUTE
66

MMY 835

Band 84

**OutdoorHandbuch**

Conrad Stein

# USA: Route 66

# USA: Route 66



Der Autor und der Verlag sind für Lesertipps und Verbesserungen (besonders per E-Mail) unter Angabe der Auflagen- und Seitennummer dankbar.

Dieses OutdoorHandbuch hat 288 Seiten mit 106 farbigen Abbildungen sowie 18 farbigen Kartenskizzen und einer farbigen ausklappbaren Übersichtskarte. Es wurde auf chlorfrei gebleichtem Papier gedruckt, in Deutschland klimaneutral hergestellt und transportiert und wegen der größeren Strapazierfähigkeit mit PUR-Kleber gebunden.

klimaneutral
natureOffice.com | DE-077-151104
gedruckt

OutdoorHandbuch aus der Reihe „Der Weg ist das Ziel“, Band 84

ISBN 978-3-86686-356-9 5., überarbeitete Auflage 2016



Dieses OutdoorHandbuch wurde konzipiert und redaktionell erstellt vom Conrad Stein Verlag GmbH, Kiefernstraße 6, 59514 Welver,
☎ 023 84/96 39 12, FAX 023 84/96 39 13,
info@conrad-stein-verlag.de, www.conrad-stein-verlag.de

Werden Sie unser Fan: www.facebook.com/outdoorverlage

Text: Conrad Stein
Fotos: Conrad Stein und Helga Schmidt
Karten: Heide Schwinn
Lektorat: Kerstin Becker
Layout: Manuela Dastig
Gesamtherstellung: Werbedruck GmbH Horst Schreckhase

**Danke**
Waltraud Volm aus Balingen-Endingen
Petra Tschöpe aus Frankfurt
Nancy und André Czypionka per E-Mail
Jürg Vögeli aus der Schweiz
Giesela Bössenrodt per E-Mail

Titelfoto: Auf dem Oatman-Topock Hwy (Mi. 2060)

road trippin
road trip roadies!
♡ Kathi
'16

# Inhalt

# Vorwort

Mit der „Route 66" verbinden auch in Europa viele Menschen bestimmte Bilder und Assoziationen. Sie denken vielleicht an John Steinbeck, der in seinem 1939 erschienenen Roman „Früchte des Zorns" (verfilmt 1940 in Schwarz-Weiß von John Ford mit Henry Fonda in der Hauptrolle) der Route 66 ein Denkmal setzte und den Namen „Mother Road" gab. Das Buch sorgte wegen seiner Kritik an den sozialen Verhältnissen und der drastischen Beschreibung der Armut und Ausbeutung sowie der Willkür der Mächtigen für Aufregung. Es wurde sogar eine Zeit lang in Kalifornien verboten und als kommunistische Propaganda diffamiert.

Für einige sind die Begriffe „Route 66" und „Harley-Davidson" untrennbar miteinander verbunden, anderen fällt der von Bobby Troup komponierte und getextete Highway-Song ein: „Get your kicks on Route Sixty Six". Der Song wurde schon 1946 mit Nat King Cole weltbekannt, aber auch Chuck Berry, Perry Como (1959 mit zweiter Strophe) und sogar die Rolling Stones hatten ihn im Repertoire.

*If you ever plan to motor west,*
*travel my way, take the highway that's the best.*
*Get your kicks on Route Sixty-Six!*
*It winds from Chicago to L. A.,*
*more than two thousand miles all the way.*
*Get your kicks on Route Sixty-Six!*

*Now you go thru Saint Looey, Joplin, Missouri*
*and Oklahoma City is mighty pretty.*
*You'll see Amarillo, Gallup, New Mexico,*
*Flagstaff, Arizona, don't forget Winona,*
*Kingman, Barstow, San Bernardino.*

*Won't you get hip to this timely tip:*
*When you make that California trip.*
*Get your kicks on Route Sixty-Six!*

Route 66: Der Name ist für viele Menschen ein Synonym für Freiheit, weites, offenes Land, alte Straßenkreuzer mit Heckflossen, Neonreklamen an Motels, Diners und Truck Stops: „On the Road Again" - auf gut 2.400 Meilen quer durch Amerika auf einer teilweise holprigen Landstraße, die nicht einmal mehr zusammenhängend existiert und oft erst gesucht und gefunden werden muss!

Bei früheren USA-Reisen in den vergangenen Siebzigern bin ich zufällig auf Abschnitte der alten Route 66 gestoßen. Dabei schlich sich langsam der Wunsch ein, die Strecke komplett zu „er"fahren. 2008 war es dann so weit und ich erfuhr die komplette Route 66 - und war bezaubert und hingerissen!

Im Mai 2011 und im September 2015 war ich wiederum auf der Route 66 unterwegs und habe jeden Tag genossen. Abends war ich erschöpft und begeistert von den Erlebnissen und Sehenswürdigkeiten sowie den Begegnungen und Gesprächen mit den Menschen, die heute am Rand der Straße (und von der Straße) leben und um ihre Existenz kämpfen.

Die Straße zog mich in ihren Bann mit ihren meilenweiten schnurgeraden Abschnitten, in der Mittagshitze flimmernd. Der Asphalt, den sich die Natur Stück für Stück zurückerobert. Als Reisebegleitung ab und zu unendlich lange Güterzüge. Die Einsamkeit. Die Stille. Der weite blaue Himmel, manchmal mit ein paar Deko-Wolken.

Auf der Route 66 sind nicht besonders viele touristische Highlights zu finden - die gibt es zwar auch, vor allem in Arizona - aber hauptsächlich führt die Route durch ganz normale kleine Städte und Dörfer, abseits der Metropolen durch das ursprüngliche, durch das biedere Kleinstadt-Amerika. Richtig interessant wird die Strecke etwa ab Oklahoma. Den meiner Ansicht nach schönsten Abschnitt (das Teilstück über Oatman) kann Arizona für sich verbuchen.

Bei wenig Zeit könnte man sich zwar nur die Höhepunkte heraussuchen und sich auf einige Staaten beschränken. Aber das richtige Route-66-Gefühl stellt sich tatsächlich erst ein, wenn man wirklich bei der Meile Null in Chicago beginnt und die ganze Strecke fährt: der Anblick des Pazifischen Ozeans in Santa Monica ist überwältigend!

Gönnen Sie sich das Erlebnis! Fliegen Sie nach Chicago, mieten Sie ein Auto oder ein Wohnmobil, vielleicht sogar eine Harley oder ein Cabrio, um den Wind und die Sonne zu spüren! Fahren Sie einfach los, planen Sie nicht zu viel im Voraus, lassen Sie sich treiben! Genießen Sie die „Main Street of America!"

Conrad Stein, Santa Monica, CA, im Oktober 2015

# Kurze Geschichte der Route 66

Zu Beginn des 19. Jahrhunderts zogen sich einfache Schotterstraßen und Pisten, die sogenannten „Trails", überall quer durch die USA. Als die Wirtschaft boomte und Eisenbahnlinien für den Güter- und Personentransport erforderlich wurden, verlegte man die Gleise der Einfachheit halber meist entlang dieser Trails. Die ersten späteren Interstate-Highways zwischen den einzelnen Staaten folgten wiederum dem Streckenverlauf der Eisenbahnen.

Jeder Staat hatte neben seinen eigenen Parlamenten mit Gesetzen und Verordnungen ein eigenes Straßennetz. Eigenbrötlerisch endeten die Straßen an den Grenzen bzw. wurden nur halbherzig in den Nachbarstaat weitergeführt. Ein durchgängiges Straßensystem existierte daher nicht. Eine wachsende Nation erforderte aber gerade dies. In den 1920er-Jahren begann daher ein Komitee aus acht Staaten damit, die bereits existierenden Straßen zu einem durchgehenden Highway zusammenzufügen. Federführend bei der Schaffung des Highways war Cyrus Stevens Avery (1871-1963) aus Tulsa, dem dort ein Denkmal gesetzt wurde.

Anfangs gab es noch Meinungsverschiedenheiten über die Bezeichnung der Straße, die Chicago mit Los Angeles verbinden sollte. Ursprünglich sollte sie US 60 heißen, dann US 62. Schließlich einigte man sich auf US 66 und unter diesem Namen wurde die Straße im November 1926 durch die Regierung in Washington offiziell als Fernstraße freigegeben.

Bis alle Abschnitte asphaltiert oder betoniert waren, sollte es aber noch weitere elf Jahre dauern. 1937 war es dann so weit: Die erste durchgehende Ost-West-Verbindung in den USA, von Chicago nach Los Angeles, war fertig.

Eine ausführliche Beschreibung (in Englisch) über die Doppelsechs finden Sie unter 💻 wikipedia.org/wiki/U.S._Route_66

Während der Wirtschaftskrise in den 1930er-Jahren drängte es immer mehr Menschen auf der Suche nach besserer Lebensqualität in den Westen. Die Jahre der Trockenheit und der verheerenden Sand- und Staubstürme im Mittelwesten, vor allem in Oklahoma - der „Dust Bowl" der Nation - und der folgenden Missernten, sowie die Übermacht der reichen Großgrundbesitzer mit ihren moderneren Agrartechnologien führten dazu, dass verarmte Landarbeiter zwischen 1936 und 1938 in Scharen aus Arkansas und Oklahoma flohen. Ein Exodus ohnegleichen begann.

Man schätzt, dass über 210.000 Menschen ihre Heimat verließen - alle wollten ins gelobte Land Kalifornien. Viele von ihnen kamen dort jedoch nie an - etliche starben an den Strapazen der Reise, andere siedelten sich am Rand der Straße an und versuchten dort ihr Glück. Das Schlagwort „California or bust" („Kalifornien oder Fehlschlag" = im Sinne von „entweder oder ...") entsprach leider zu oft der Wahrheit: Viele Autowracks am Straßenrand zeugten damals davon.

Ein später bekannt gewordener „Auswanderer" trampte auf der Suche nach besseren Lebensbedingungen 1937 auch in Richtung Kalifornien. Es war Woody Guthrie, der als Komponist und Texter von Folksongs seinen Lebensunterhalt zunächst bei einer Radiostation verdiente. 1940 ging er nach New York und verfasste 1944 neben seinen über 2.000 (!) Songs seinen wohl bekanntesten ...

*This Land is your Land, this Land is my Land,*
*from California to New York Island,*
*from the Redwood Forest, to the Gulf stream waters,*
*this Land was made for you and me.*

Er schrieb das Lied mit seinen acht Strophen in nur einer Nacht. Es wurde langsam aber sicher zu einem Hit in den USA. Spätere Interpreten wie Trini Lopez, Harry Belafonte, Peter, Paul and Mary sowie Bruce Springsteen coverten den Song in verschiedenen Versionen. Das Leben von Woody Guthrie wurde 1976 mit David Carradine unter dem Namen „This Land is my Land" verfilmt. Woody verstarb 1976 an einer damals unheilbaren Krankheit in New York.

Während der Kriegsjahre bekam die Straße namens Sixty Six eine neue Bedeutung: Riesige Mengen an Militärgütern mussten zu den Häfen an der Westküste für den Krieg im Pazifik transportiert werden. Die US 66, für den privaten Verkehr konzipiert, litt unter den schweren Fahrzeugen. Es zeigte sich auch, dass sie an vielen Stellen nicht breit genug oder zu kurvig gebaut worden war. Brücken, Überführungen und Viadukte waren für den Schwerlastverkehr nicht geeignet oder die Durchfahrtshöhen zu niedrig geplant worden, so dass Umgehungen nötig wurden.

Nach dem Zweiten Weltkrieg kamen die USA erst richtig in Bewegung: Die Benzinrationierungen wurden aufgehoben und der Mangel an Autoreifen gehörte der Vergangenheit an. Große Zeitschriften wie Life und Time sowie die Saturday Evening Post brachten Artikel über die großen Highways, über die Sehenswürdigkeiten, die Restaurants und Diners und die Motels entlang der Überlandstraßen. Die amerikanischen Überlandstraßen boten nicht länger nur die Gelegenheit, von einem Ort zu einem anderen zu gelangen, sondern auch Unterhaltung, Erlebnisse und Abenteuer.

Ein unvorhergesehener Touristenstrom überflutete die Fernstraßen, und vor allem auch die einzige durchgehende Verbindung in den Westen, die Route 66. Man genoss die Jahre des Friedens und reiste.

Die „Main Street of America" zog Millionen von Reisenden an, die die Nationalparks und die anderen Sehenswürdigkeiten am Rand der Route sehen wollten. Dieses Massenphänomen belastete die Straße noch stärker als die Schwertransporte während des Weltkriegs und die Landflucht während der Wirtschaftskrise. Es war unbestritten, dass ein neues und moderneres Highway-System nötig war.

General Dwight D. Eisenhower, der während des Zweiten Weltkriegs das deutsche Autobahnnetz kennen gelernt hatte, begann 1957 als Präsident (zwei Wahlperioden von 1953-61) mit der Planung eines Interstate-Systems. Nach und nach entstanden immer mehr Autobahnen nach deutschem Vorbild.

Wegen einer besseren Orientierung weisen sie eine geniale Nummerierung auf: Interstates in Ost-West-Richtung bekamen gerade Kennzahlen (beginnend im Süden) und solche in Nord-Süd-Richtung eine ungerade Kennung (beginnend im Westen). Die Folge war, dass die US 66 durch die neuen Fernstraßen zur Nebenstraße degradiert wurde oder ganz unter den neuen Interstate Highways verschwand und einfach überbaut wurde. 1984 war es dann so weit: Mit der Fertigstellung der Interstate 40 verschwand die US 66 in der Bedeutungslosigkeit. Die Schilder wurden entfernt. Die Route 66 hörte 1985 offiziell auf zu existieren.

Über die vielen Motels, Tankstellen, Restaurants, Diners, Autoreparaturwerkstätten und Kneipen in den Dörfern und Städten legte sich ein Leichentuch aus Staub und Vergessen. Sollte dies wirklich das Ende der „Straße der Sehnsucht", der „Mother Road", der „Main Street of America" sein?

Zunächst sah es so aus. Aber so leicht ist ein Mythos nicht unterzukriegen. Und die Route 66 war und ist ein Mythos, ein Mythos aus Asphalt und Beton, aus Motels und Soda Fountains, aus Truck Stops und glitzernden Chevrolets, aus kleinen Diners und Gas Stations. Das Lied „Get your Kicks on Route Sixty Six" beschreibt ein Lebensgefühl.

Schon wenige Jahre nachdem das letzte Schild entfernt worden war, bildeten sich private „Route 66 Associations“ mit dem Ziel, die alte Fernstraße am Leben zu erhalten. Seit 1987 wurden in allen beteiligten Staaten neue Schilder aufgestellt: „Historic Route 66“. Ein paar Jahre lang gab es sogar eine gedruckte Zeitung namens „Route 66 Pulse“, die gratis an Tankstellen, in Shops, in Touristeninformationen und Motels entlang der Route 66 auslag und sehr informativ war. Der Versuch, sie wenigstens im Internet am Leben zu erhalten, scheiterte leider auch.

Diese Straße ist keine durchgehende Verbindung mehr. Zu oft wurde sie einfach von Interstate Highways überbaut. Aber wenn Sie sich Mühe geben und der Beschreibung in diesem Buch folgen, dann finden Sie noch viele gut erhaltene Streckenabschnitte.

Beispielsweise schmale, kurvige Landstraßen, die als Puzzle-Teile zusammen den realen Mythos „Route 66" ergeben und damit eine Landstraße, die den Reisenden in mehrfacher Hinsicht belohnt: Entdecken Sie den Genuss, langsam zu reisen, jede Meile zu genießen, statt auf einer Interstate möglichst schnell ans Ziel zu kommen.

Im Jahr 2000 erklärt der US-Kongress die Straße zum Kulturerbe der Nation als „National Historic Highway“. Viele alte Motels, Tankstellen, Gebäude, Brücken, Straßenabschnitte sind inzwischen denkmalgeschützt und in einem Verzeichnis des National Park Service unter *National Register of Historic Places (NRHP)* zusammengefasst.

♦ 💻 www.nps.gov/history/nr/

Lernen Sie, den Weg als das eigentliche Ziel zu schätzen. Genießen Sie die kleinen Motels, die über viel mehr Charme verfügen als die gesichtslosen Häuser der großen Motelketten. Lassen Sie sich in kleinen Restaurants hausgemachte Speisen schmecken, statt die uniformen Sättigungstempel zwecks Nahrungsaufnahme aufzusuchen. Entdecken Sie das ursprüngliche Amerika, solange es noch da ist.

Die Route 66 ist mehr als Nostalgie, mehr als eine Mode. Route 66 ist wirklich „The Highway that's the best“!

Die offiziellen Meilenangaben der Route 66 in den einzelnen Staaten:

| | |
|---|---|
| Illinois | 301 Mi. |
| Missouri | 317 Mi. |
| Kansas | 13 Mi. |
| Oklahoma | 432 Mi. |
| Texas | 186 Mi. |
| New Mexico | 487 Mi. |
| Arizona | 401 Mi. |
| Kalifornien | 314 Mi. |
| | |
| Insgesamt | 2.448 Mi. = 3.939 km |

# Wissenswertes von A bis Z

Tankstellen-Säulen-Sammlung
im Route-66-Museum

# Anreise

Die einfachste Möglichkeit besteht darin, einen sog. *Gabelflug* zu buchen, d. h. Zielflughafen ist Chicago, der Rückflug ist von Los Angeles. Für diese Gabelflüge zahlen Sie jedoch etwas mehr als für einen Hin- und Rückflug. Sie können auch mit einer inneramerikanischen Linienmaschine nach Chicago zurückfliegen. Dadurch haben Sie die Möglichkeit, Sonderangebote nach Chicago in Anspruch zu nehmen. Sie müssen dann allerdings Ihr Fahrzeug in Los Angeles abgeben und zahlen bei jeder Autovermietung einen Aufpreis für die Einwegmiete, und das können 250 bis 500 Dollar für die „Rückführung", *Drop-Off-Charge* genannt, sein (☞ Mietfahrzeug). Es gibt aber auch Firmen, die auf die Rückführungskosten verzichten – 2015 war das Alamo.

Sie können natürlich auch den Rückweg mit dem Mietwagen bzw. dem Motorrad über die Interstates antreten. Wenn Sie sich beim Fahren abwechseln und den Tag voll ausnutzen, können Sie die Strecke in vier bis fünf Tagen schaffen. Nachteilig sind dabei natürlich die Benzin-, Übernachtungs- und Verpflegungskosten!

☺ Eine besonders reizvolle Variante, leider mit ca. $ 300 nicht ganz billig: Setzen Sie sich in Los Angeles in den „Southwest Chief". Dieser Zug der Eisenbahngesellschaft *Amtrak* fährt einmal täglich die Strecke von L. A. nach Chicago in 43 Stunden (ab L.A. 18:15, an Chicago am übernächsten Tag 15:15). Dieser Zug bietet viele Annehmlichkeiten: einen Aussichtswagen mit Glaskuppel, bequeme Sitze, Speisewagen, Snackbar. Selbstverständlich können Sie auch zusätzlich ein Schlafwagenabteil buchen.

♦ 💻 www.amtrak.com, in USA ☎ 1-800-872-7245

# Camping

Die Route 66 ist von alters her eine Straße der alten Motels und Diner. Für Selbstverpfleger mit eigenem Dach über dem Kopf ist es schwieriger, den rauen Charme der Straße nachzuempfinden. Man muss einfach mal in historischen Motels geschlafen haben bzw. fühlen, wie es ist, aus dem Koffer zu leben. Die Motels - auch die nicht historischen - sind auf dieser Strecke so preiswert, dass sich die Anmietung eines teuren Wohnmobils nicht rechnet. Im Gegensatz zu einem Pkw, bei dem im Mietpreis eine unbegrenzte Meilenanzahl eingeschlossen ist, hat man bei einem *Motorhome* im Allgemeinen nur eine begrenzte Anzahl von Meilen inklusive, alles, was drüber hinausgeht, kostet extra.

Außerdem fahren die meisten Wohnmobile nicht mit Diesel, sondern mit Benzin und verbrauchen ziemlich viel davon (etwa 25 bis 30 Liter je 100 km). Auch bei den noch relativ günstigen amerikanischen Benzinpreisen wird die Fahrt dadurch sehr teuer (2015: zwischen $ 3,00 und $ 4,50 pro Gallone, also rund € 1/Liter und mehr). Am besten holen Sie sich Kataloge aus dem Reisebüro oder informieren sich im Internet und rechnen das einmal durch.

Für zwei Personen würde ich für diese Strecke immer für die Anmietung eines Pkw oder eines Motorrads und die Übernachtung im Motel plädieren. Eine Reservierung von Motelzimmern ist selbst in Städten wie Flagstaff oder Williams (Grand-Canyon-Nähe!) nicht unbedingt notwendig - es sei denn, Sie erscheinen erst am späten Abend - man ist also ähnlich frei wie mit einem Motorhome.

Ebenso lohnt sich - rein finanziell gesehen - ein Camper nur, wenn man sich selbst verpflegt. Das wäre aber bei der Vielfalt der privaten, originellen Restaurants schade. Gerade die kleinen historischen Diner unterscheiden sich erheblich von der Uniformität der Ketten, die an jedem Gas-Food-Lodging-Exit der Interstates zu finden sind.

Ich gebe daher nur allgemeine Campinginformationen. Private Campingplätze und RV-Parks finden Sie entlang der Route 66 reichlich. Auch staatliche Campgrounds, die häufig nicht reserviert werden können, gibt es in genügender Anzahl. Schilder an der Strecke weisen auf diese Plätze hin. *Full Hook-ups* bedeutet, dass die geräumigen Stellplätze mit Anschlüssen für Strom, Wasser und Abwasser ausgestattet sind.

Wie bei den Motelzimmern gilt auch hier: Eine Reservierung ist nicht notwendig, es sei denn, Sie kommen erst spät abends an. Dann könnte es zumindest in der Nähe von Touristenattraktionen knapp werden.

Die Preise liegen durchschnittlich je nach Lage und Ausstattung zwischen $ 20 bis 50. Etwas teurer als andere, aber dafür mit sehr guter Ausstattung, sind die Plätze der KOA-Kette *(Kampgrounds of America)*, von denen inzwischen 470 in ganz Nordamerika als Franchise-Unternehmen vorhanden sind. In Orten entlang der Route 66 sind einige dieser KOA's vorhanden, die ich als KOA 🚐 gekennzeichnet habe.

♦ KOA, 💻 www.koa.com

ℹ Weitere Infos von den verschiedenen Visitor Centers, ☞ Kapitel der einzelnen Staaten.

Wildes Campen ist generell verboten und im Übrigen auch aus der Sicherheitsgründen nicht empfehlenswert. Besonders in National- und Stateparks, in der Umgebung größerer Städte und auf den Parkplätzen der Durchgangsstraßen und Interstates wird streng kontrolliert. Die Kaufhauskette Wal-Mart erlaubt Wohnmobilisten aber ausdrücklich die Nutzung des Parkplatzes zum Übernachten - mit dem Hintergedanken, dass die Camper ja auch gleichzeitig Kunden sind. Gut erkannt!

☺ Etwas völlig anderes ist es, wenn Sie beispielsweise auch den Südwesten der USA bereisen und nur Teile der Route 66 fahren, aber ansonsten die Vorteile eines Wohnmobils genießen wollen.

☺ Um in den National Parks und National Monuments nicht jedes Mal aufs Neue das Eintrittsgeld berappen zu müssen, empfehle ich den Kauf des *Annual Pass* für $ 80, der für alle Parks und drei Begleitpersonen gilt. Camping muss extra bezahlt werden. Der billigere Seniorenpass gilt leider nur für US-Bürger.

**Wohnmobil in USA und Kanada** von Frank Noack & Stefanie Polster, Outdoor-Handbuch aus der Reihe *Basiswissen für draußen*, Band 77, 173 Seiten € 10,90, ISBN 978-3-86686-410-8

# Einkaufen

Amerika ist ein Einkaufsparadies und die Einkaufszentren *(Malls)* wurden bei uns schon längst kopiert. Da es dort keine gesetzlich geregelten Ladenschlusszeiten gibt, können Sie in vielen *Shops* noch am späten Abend oder sonntags einkaufen (Häuser von Wal-Mart haben oft sogar 24 Stunden am Tag geöffnet).

Der Service ist im Allgemeinen sehr gut. Je nach Dollarkurs sind manche Waren günstiger als in der Heimat. Außerdem finden Sie immer irgendein Geschäft, das gerade einen Ausverkauf *(Sale)* hat.

☺ Die Supermarktketten geben oft Kundenkarten aus, die beim Einkaufen bestimmte Vorteile ermöglichen. Bei *Safeway* im Westen der USA beispielsweise ist dies eine Karte namens „Safeway Club“ (auch bei *Vons* gültig). Mit Karte gab es hier z. B. statt einer Schale (ein pound = 454 g) Erdbeeren für $ 1,69 zwei Schalen für nur $ 2! Diese Plastikkarten sind kostenlos und schnell direkt an der Kasse mit einem ausgefüllten Antrag zu bekommen.

☺ Besonders günstig können Sie in den firmeneigenen *Factory Outlets* einkaufen. Speziell bei Mode, Freizeitbekleidung und Schuhen gibt es lohnende Angebote.

☹ Beachten Sie allerdings, dass alle Preisangaben noch nicht die Steuern enthalten! Je nach Staat können Sie mit 6 % bis 10 % Aufschlag rechnen! Denken Sie im schlimmsten Kaufrausch auch daran, dass Ihnen die Rückreise (Gepäckgewicht!) und außerdem der heimische Zoll bevorsteht!

## Einreisebestimmungen, Papiere

Für Touristen, die höchstens 90 Tage in den USA bleiben wollen, genügt ein Reisepass, der noch mindestens drei Monate über das Ausreisedatum gültig sein muss. Für längere Aufenthalte muss ein Visum bei der US-Botschaft in Berlin beantragt werden.

Seit 2009 müssen alle, die kein Visum benötigen, spätestens 72 Stunden vor dem Abflug im Internet einen ESTA- *(Electronic System for Travel Authorization)* Antrag ausfüllen, der den bisher im Flugzeug handschriftlich auszufüllenden Fragebogen ersetzt. Dieser wird mit den Daten der US-Strafverfolgungsbehörde verglichen. Sie bekommen üblicherweise umgehend eine Antwort „Genehmigung erteilt", die Sie ausdrucken sollten, um diese beim Abflug vorlegen zu können. Möglich sind ebenfalls „Genehmigung wird bearbeitet", dann können Sie etwas später noch einmal nachschauen, oder „Einreise nicht genehmigt" - in diesem Fall müssen Sie ein Visum beantragen. Da dies dauern kann, sollten Sie alles rechtzeitig erledigen.

https://esta.cbp.dhs.gov

☺ Erwecken Sie bei der Passkontrolle keinesfalls den Eindruck, dass Sie mittellos sind oder in den USA bleiben wollen. Erst danach geht es durch den Zoll. Die gesamte Prozedur kann, wenn Sie Pech haben, drei Stunden dauern. Bleiben Sie bei der Beantwortung der Fragen des Passbeamten immer schön höflich und nett. Äußern Sie besser nicht Ihren Unmut über die Fragen, denn der jeweilige Beamte entscheidet unwiderruflich, ob Sie einreisen dürfen oder ob Sie den nächsten Flieger nach Hause nehmen!

# Elektrizität

- ▷ Die Stromspannung beträgt nur 110 Volt - Sie benötigen also auf 110 Volt umschaltbare Elektrogeräte. Nach der Heimkehr nicht vergessen, wieder auf 220 Volt umzuschalten!
- ▷ Ladegeräte für Notebooks, Tablets und für Kameras passen sich von selbst der 110-Volt-Spannung an.
- ▷ Die Steckdosen sind nur für Flachstecker geeignet. Ein Adapter ist daher erforderlich. Vergessen Sie ihn auf keinen Fall, dieses Teil ist in den USA nur selten zu bekommen! Die Büros des amerikanischen Automobilclubs AAA und die Flughafenshops haben aber fast immer welche vorrätig.

# Feiertage

An den wenigen Feiertagen in den USA sind die Geschäfte trotzdem geöffnet, lediglich die Behörden, Banken und öffentlichen Gebäude bleiben geschlossen. Während der Route-66-Reisezeit sind von Interesse:

| | |
|---|---|
| Memorial Day: | letzter Montag im Mai |
| Independence Day: | 4. Juli (der amerikanische Nationalfeiertag) |
| Labor Day: | erster Montag im September |
| Columbus Day: | zweiter Montag im Oktober |

# Fotografieren

- ▷ Digitalkameras sind problemlos zu handhaben. Sorgen Sie für ausreichend Speicherplatz - es gibt viel zu fotografieren! Wenn Sie Ihre Fotos sichern und zusätzlichen Speicherplatz gewinnen wollen, können Sie die Bilder beispielsweise bei Wal-Mart innerhalb einer Stunde auf eine CD brennen lassen.
- ▷ Filmmaterial ist in Europa wesentlich günstiger zu kaufen als in den USA, sorgen Sie besser für genügend Vorrat. Vor allem Diafilme sind nicht überall zu bekommen. Die Sicherheitskontrollen auf den Flughäfen schaden den Filmen nicht.

# Geld

☺ Besorgen Sie sich einige kleine Dollarscheine schon zu Hause, um bei der Ankunft nicht gänzlich bargeldlos dazustehen! Nur wenige Banken in Großstädten tauschen Bargeld um.

▷ Sie können mit Ihrer **Bankkarte/Girokarte** plus Geheimzahl mit dem **Maestro-Symbol** an über 600.000 Geldautomaten (ATM genannt) Dollar erhalten. Die Gebühr dafür wird zu Hause von Ihrem Konto abgebucht (meist $ 3). Eine direkte Bezahlung mit dieser Karte können Sie aber vergessen!

▷ Amerika ist das Land der **Kreditkarten**. Visa- und Mastercard werden fast überall akzeptiert, im Gegensatz zu American Express oder Diners. Tankstellen-Automaten verlangen ausnahmslos zusätzlich eine **PIN** für Kreditkarten oder einen ZIP-Code (eine amerikanische Postleitzahl – wofür, warum, weshalb bleibt unergründlich).

▷ Sollte die Girokarte Ihrer Bank/Sparkasse oder die Kreditkarte (Visa, Mastercard) abhanden kommen, können Sie diese in den USA sofort unter ☏ 01149 / 116 116 oder gebührenfrei ☏ 1-800-847-2911 **sperren lassen**.

▷ **Banknoten** gibt es in den Werten: $ 1, $ 5, $ 10, $ 20, $ 50, $ 100, $ 500, $ 1.000. Die Scheine haben immer die gleiche Farbe und Größe - Sie müssen also genau hinsehen!

▷ **Münzen** haben die Werte und die geläufigen Bezeichnungen: 1 Cent (*Penny*), 5 Cent (*Nickel*), 10 Cent (*Dime*), 25 Cent (*Quarter*), 1 Dollar (ganz selten als Münze).

☹ Banknoten **über $ 50** werden wegen der großen Fälschungsmöglichkeit nur ungern oder gar nicht angenommen.

☹ Es ist schwierig bis unmöglich, ohne Kreditkarte auszukommen. Autovermietungen verlangen die Vorlage der Karte zur **Absicherung** und das **Einchecken** im Motel sowie Zimmerreservierungen sind ohne Karte nahezu ausgeschlossen.

☺ Im Internet können Sie sich eine **SOS-Info-Karte** ausdrucken. Auf dieser Karte stehen alle wichtigen Rufnummern zum Sperren von Kredit- und Mobilfunkkarten sowie Reiseschecks (💻 www.kartensicherheit.de).

# Gesundheit

Es gibt einige private Krankenkassen, die auch die Kosten für die medizinische Versorgung eines Notfalls in den USA übernehmen, meist ist das aber nicht der Fall. Prüfen Sie Ihre Versicherungsunterlagen, bzw. klären Sie das mit Ihrer Versicherung. Daher ist eine Auslandskrankenversicherung - beispielsweise vom ADAC - dringend anzuraten.

☺ Auf jeden Fall müssen Sie die hohen Kosten erst einmal vorstrecken (auch hierfür ist die Kreditkarte gut) und die Belege für Ihre Versicherung sammeln. Sollten Sie gesundheitliche Probleme haben, gehen Sie vor der Reise unbedingt noch einmal zum **Arzt** und lassen sich eventuell benötigte Medikamente verschreiben. Nehmen Sie dieses Rezept mit auf die Reise, um bei einer evtl. Kontrolle belegen zu können, dass es sich bei den Pillen nicht um Drogen handelt.

☺ Falls Sie bestimmte Medikamente regelmäßig einnehmen müssen, vergessen Sie nicht, diese in ausreichender Anzahl in der Originalverpackung mitzunehmen. Wie bei uns sind in den USA viele Arzneien verschreibungspflichtig und oft nur unter anderem Namen erhältlich - auf den Wirkstoff kommt es an!

☺ Auch eine **Zahnbehandlung** kann ein großes Loch in die Reisekasse reißen, also besser vor der Reise die Zähne überprüfen lassen!

☺ Brillenträger sollten unbedingt an eine **Reservebrille** denken.

# Infos Route 66

- Route 66 Association of **Illinois**, 💻 www.il66assoc.org/
- **Missouri** Route 66 Association, 💻 www.missouri66.org/
- **Kansas** Route 66 Association, 💻 www.carrollsweb.com/alynn/index.htm
- **Oklahoma** Route 66 Association, 💻 www.oklahomaroute66.com/
- Old Route 66 Association of **Texas**, 💻 http://rt66oftexas.com/
- Route 66 Association of **New Mexico**, 💻 www.rt66nm.org/
- Historic Route 66 Association of **Arizona**, 💻 www.azrt66.com/
- Historic Route 66 Association of **California**, 💻 www.route66ca.org/

# Diplomatische Vertretungen

- Deutsche Botschaft, 2300 M Street NW, **Washington D.C.**, ☏ 202-298-4000
- Deutsches Generalkonsulat, 676 N Michigan Ave., **Chicago**, Suite 3200, ☏ 312-202-0480
- Deutsches Generalkonsulat, 6222 Wilshire Blvd., Suite 500, **Los Angeles**, ☏ 323- 930-2703
- Österreichische Botschaft, 3524 International Court NW, **Washington D.C.**, ☏ 202-895-6720
- Österreichisches Generalkonsulat, Wrigley Bldg., Suite 707, 400 N Michigan Ave, **Chicago**, ☏ 312-222-1515
- Österreichisches Generalkonsulat, 11859 Wilshire Blvd., Suite 501, **Los Angeles**, ☏ 310-444-9310
- Schweizer Botschaft, 2900 Cathedral Ave. NW, **Washington D.C.**, ☏ 202-745-7900
- Schweizer Generalkonsulat, 737 N Michigan Ave., Suite 2301, **Chicago**, ☏ 312-915-4500
- Schweizer Generalkonsulat, 11766 Wilshire Blvd., Suite 1400, **Los Angeles**, ☏ 310-575-1145

# Karten

Sie sollten trotz der exakten Routenbeschreibung in diesem Buch nicht ohne aktuelle Straßenkarten losfahren. Umleitungen und Baustellen können Ihre Planung oft genug umwerfen. Lohnende Abstecher abseits der Hauptroute erfordern ebenfalls gutes Kartenmaterial.

- ▷ Als grobe Übersicht für die Planung, vor allem wenn Sie die USA und Kanada weiter bereisen wollen, eignet sich die Freytag & Berndt-Karte *USA - Südliches Kanada* (ISBN 978-3-7079-0332-4) im Maßstab 1:4.000.000 (also 1 cm auf der Karte = 40 km in der Natur) für € 10.
- ▷ In besserem Maßstab erhältlich sind die drei Busche-Karten *USA East* (ISBN 978-3-89764-179-2), *USA Central* (ISBN 978-3-89764-178-5) und *USA West* (ISBN 978-3-89764-177-8) im Maßstab 1:2.200.00 (1 cm = 22 km). Sie kosten je € 7,95.

▷ Ausgezeichnet in ihrem Maßstab 1:820.000 (1 cm = 8,2 km) sind die Busche-Karten *New Mexico* (ISBN 978-3-89764-151-8), *Arizona* (sogar mit der Nummerierung der Interstate-Exits und Übersichtskarten von Flagstaff und Grand Canyon; ISBN 978-3-89764-138-9) und *California* (ISBN 978-3-89764-137-2). Alle Busche-Karten kosten je € 7,95, sind sehr genau und haben ein klares und deutliches Kartenbild.

▷ Ein ganzes Kartenset (ISBN 978-3-89764-195-2) der 5 Busche-Karten Arizona, California, Nevada, Utah sowie die Karte USA-West kostet nur € 19.

☺ Karten des jeweiligen Staates bekommen Sie gratis in den *Visitor Centers* oder *Welcome Centers*. Diese Besucherzentren liegen im Allgemeinen kurz hinter einer Staatsgrenze - allerdings nur an den Interstates, nicht an der Route 66! Manchmal gibt's sogar spezielle Route-66-Karten, die oft aber nur künstlerischen Wert haben. Da die Interstates allerdings in den meisten Fällen parallel verlaufen, lohnt sich der kleine Abstecher meist, denn die Karten dort sind kostenlos und Sie erhalten zusätzlich noch jede Menge anderer Informationen. Hier sollten Sie sich auch Stadtpläne bzw. Stadtdurchfahrtspläne besorgen, denn in den Städten selbst ist die Ausschilderung oft nicht gut.

☹ Leider sind die Straßenkarten der einzelnen Staaten in den *Welcome Centers* in den letzten Jahren u. a. vom Maßstab her immer schlechter geworden, so dass deren Wert nur noch begrenzt zur Orientierung geeignet ist.

☺ Wenn Sie Ihre ADAC-Mitgliedskarte dabeihaben, können Sie auch ein AAA-Büro (Triple A genannt = American Automobile Association) aufsuchen und sich gratis mit den Staatskarten und speziellen *Tourbooks* versorgen lassen.

☺ Wenn Sie ein Navi zuhause haben, können Sie sich im Internet die USA-Karten herunterladen und so zu den Sehenswürdigkeiten und den Route-66-Highlights geleitet werden. Ich habe viele Koordinaten im Buch aufgeführt, die das Auffinden enorm erleichtern. Wenn Sie selbst kein Navi besitzen, können Sie sich ein solches Gerät mit den installierten USA-Karten für etwas über einen Euro pro Tag mieten. Die Menüführung ist auf Deutsch und die Anleitung auch. Die Abwicklung der Miete klappt hervorragend und zuverlässig.

♦ Navimieten24 CSS Halle GbR, ☏ 0345/515 3000,
💻 www.navimieten24.de

# Kleidung, Ausrüstung

Wenn Sie nicht beabsichtigen, in den Großstädten vornehm auszugehen, benötigen Sie nur legere Kleidung. Jeans, T-Shirt, bequeme Laufschuhe, im Frühling und Herbst wärmere Bekleidung für den Abend genügen. Viele Motels bieten eine Waschmöglichkeit mit Waschmaschine und Trockner (*Laundrette*) an, so dass Sie mit kleinem Gepäck reisen können.

Ihr Ziel ist das Meer und außerdem haben im Süden nahezu alle Motels einen Pool, vergessen Sie also nicht die Badesachen.

Im prüden Amerika sollten Sie niemals auf Ihr Bikini-Oberteil verzichten! Männer fallen im Land der knielangen Shorts in knappen und eng sitzenden Badehosen unangenehm auf und werden der Schwulenszene zugerechnet.

# Maße und Gewichte

| **Längen** | | **Gewichte** | **Hohlmaße** | | |
|---|---|---|---|---|---|
| 1 inch (in) | 2,5 cm | 1 ounce (oz) | 28 g | 1 pint (pt) | 0,5 l |
| 1 foot (ft) | 30 cm | 1 pound (lb) | 455 g | 1 quart (qt) | 0,95 l |
| 1 yard (yd) | 90 cm | | | 1 gallon (gal) | 3,8 l |
| 1 mile (Mi.) | 1,6 km | | | | |

*(alles leicht gerundet)*

# Mietfahrzeug

☺ An allen Flughäfen sind die Vertretungen der gängigen Vermieter wie z. B. Alamo, Avis, Budget, Dollar, Hertz und National zu finden. Sie können also ein Fahrzeug an Ort und Stelle mieten. Dabei besteht natürlich das Risiko, dass unerfahrene Reisende übervorteilt werden. Ich halte es für sinnvoller, das Fahrzeug schon zu Hause zu mieten, beispielsweise über das Internet, den ADAC oder über Reisebüros. Das Mindestalter für den Fahrer ist 21 Jahre.

Falls es zu Komplikationen kommt, ist Ihr Vertragspartner der heimische Reiseveranstalter. Außerdem können Sie die Preise in Ruhe vergleichen. Etliche Reiseveranstalter bieten Pkw, ☞ Motorrad und Wohnmobile (☞ Camping) an. Meist sind notwendige Versicherungen im Mietpreis eingeschlossen.

☺ Wenn Sie nach Ihrer Landung das Flughafengebäude verlassen haben, achten Sie auf die Shuttle-Busse der jeweiligen Mietwagenfirmen. Diese Pendelbusse fahren regelmäßig zwischen den verschiedenen Terminals und der Vermietstation hin und her. Die Beförderung ist kostenlos.

▷ Achten Sie darauf, dass der Mietwagen einen separaten Kofferraum *(Trunk)* und möglichst kein Fließheck *(Hatchback*, kommen leider immer häufiger vor) hat. Leider haben das auch schon die Vermietfirmen bemerkt und verlangen einen Aufpreis für solche Fahrzeuge, beispielsweise Alamo 2015. Im Kofferraum halten sich nämlich Lebensmittel und Getränke länger kühl, als wenn sie im Innenraum untergebracht sind.

▷ Autos mit Schaltgetriebe gibt es so gut wie gar nicht mehr als Mietwagen. Ein Wagen mit **Automatikgetriebe** wird normalerweise nur mit **D (für Drive)** und dem rechten Fuß gefahren (der linke wird gaaanz links abgestellt).

Mit **P (für Parking)** kann gestartet werden und dabei muss zusätzlich der Fuß auf der Bremse stehen. Der Schlüssel lässt sich nur mit **P** abziehen und gleichzeitig ist das Getriebe blockiert, so dass der Wagen nicht wegrollen kann. Auf abschüssigem Gelände sollte aber trotzdem die Handbremse zusätzlich angezogen bzw. die Feststellbremse getreten werden.

**R steht für Reverse** (Rückwärtsgang).

**N steht für Neutral** (alle Gänge raus, der Wagen kann rollen).

2, 3 oder L sind kleine Gänge, die bei starken Steigungen oder Gefällen (um die Bremsen zu schonen) benutzt werden sollten.

# Motorrad

▷ Das Verschiffen der eigenen Maschine von Europa nach USA schlägt mit ca. € 3.000 zu Buche. Zusätzlich muss eine Transportversicherung sowie eine Vollkaskoversicherung mit ca. $ 450 kalkuliert werden. Ein geliehener Bock dagegen kostet ca. $ 120 pro Tag plus einmalig $ 600 für die Einwegmiete.

▷ Rechnen Sie mit jedem Wetter. Unbedingt empfehlenswert ist Funktionsunterwäsche und wasserfeste Kleidung.

▷ Wollen Sie Ihre Maschine unbeaufsichtigt lassen, sollten die Taschen abschließbar oder leicht transportabel sein. Sonst haben Sie wahrscheinlich keine Ruhe oder erleben evtl. eine böse Überraschung. Praktisch ist ein Magnet-Tankrucksack, den man auch als normalen Rucksack verwenden kann.

▷ Nehmen Sie das wichtigste Werkzeug mit (u. a. ein gutes Multitool, im Flieger nicht ins Handgepäck!), außerdem Reifenpilot, Kabelbinder, Isolierband, Bowdenzug-Reparaturset, usw.

▷ Nützlich kann auch ein Schlauch zum Benzinabpumpen sein - nicht zum Klauen, sondern zum Teilen.

▷ Sehr wichtig: kleiner Verbandskasten.

▷ Adapter für die Steckdosen. Den bekommt man in den USA in kaum einem Elektro-Geschäft.

☺ Diese Motorrad-Tipps mit freundlicher Genehmigung von
💻 www.route66tour.de

# Post

Briefmarken für die Grüße nach Hause erhalten Sie selten dort, wo Sie Ansichtskarten kaufen. Aber auch in kleinen Orten gibt es Postämter (*Post Office*) oder Postagenturen.

# Rauchen

✋ Die Bestimmungen sind immer schärfer geworden. Rauchen ist in geschlossenen Räumen fast überall verboten. Bei Motels und Hotels haben Sie die Wahl zwischen Raucher- und Nichtraucherzimmern.

✋ Wenn Sie in einem Nichtraucherzimmer trotzdem rauchen, kann das teuer werden. Fast alle Motels berechnen dann nämlich um $ 200 für eine Grundreinigung des Zimmers und buchen die Summe ganz einfach von Ihrer Kreditkarte ab.

# Reisezeit, Klima

▷ Auf der Route 66 durchfahren Sie *mehrere Klimazonen*, so dass Sie sich auf die unterschiedlichsten Temperaturen einstellen müssen. Daher ist es schwierig, eine Empfehlung für die beste Reisezeit zu geben. Gleichmäßige Temperaturen werden Sie auf der Route 66 zu keiner Jahreszeit erleben. So wird es z. B. in der Mojave-Wüste (Arizona, Kalifornien) im Hochsommer manchmal über 50°C heiß, während Sie in Illinois (Chicago) an manchen Tagen einen Pullover zu schätzen wissen. Sie müssen daher vorher überlegen, was Ihnen bei dieser Reise wichtig ist und ob Sie sich eher bei hohen oder bei niedrigen Temperaturen wohlfühlen.

▷ Wenn Sie vorhaben, an Ihre Reise ein paar Tage Badeurlaub am Pazifik anzuschließen, sollten Sie im Sommer fahren, da die Temperatur dann an der Küste sehr angenehm ist. Dafür müssen Sie aber zu dieser Jahreszeit in einigen Gegenden Temperaturen von 50°C in Kauf nehmen.

▷ Fahren Sie dagegen im Frühling (März/April), können Sie in höher gelegenen Gebieten Arizonas und New Mexicos noch mit Schnee rechnen!

▷ Die Tornado-Saison an der Route 66 ist am gefährlichsten im Mai und Anfang Juni und die Vorwarnzeit beträgt nur etwa 20 Minuten – also aufgepasst!

▷ Zur Hurrikan-Saison im August/September können sich die Ausläufer der Wirbelstürme bis nach St. Louis oder Chicago mit Dauerregen auswirken, wie beispielsweise „Gustav" in 2008. Wenn Sie etwas Reservezeit eingeplant haben, können Sie das schlechte Wetter in einem Motel unterwegs ein paar Tage aussitzen und sich erholen.

▷ Als Beispiel habe ich die durchschnittlichen Temperaturen einiger Städte im Frühling, Hochsommer und Herbst angegeben, sowie die Bandbreite der tiefsten bzw. höchsten Temperaturen während des ganzen Jahres in ° Celsius (Umrechnung in Fahrenheit-Grade ☞ Temperatur).

| | Frühling | Sommer | Herbst | Bandbreite |
|---|---|---|---|---|
| Chicago | 15° | 24° | 16° | -7° bis +28° |
| St. Louis | 20° | 26° | 18° | -5° bis +33° |
| Tulsa | 16° | 28° | 17° | +3° bis +29° |
| Oklahoma City | 15° | 27° | 21° | +3° bis +27° |
| Albuquerque | 13° | 27° | 14° | -3° bis +35° |
| Flagstaff | 12° | 26° | 17° | -6° bis +32° |
| Kingman | 21° | 36° | 25° | -1° bis +48° |
| Los Angeles | 13° | 21° | 19° | +7° bis +24° |

▷ Das Symbol ⇧ im Routenteil zeigt die Höhe der Ortschaft in Metern an, was Rückschlüsse auf die herrschenden Temperaturen zulässt - je höher, desto kühler.

## Sicherheit

- Grundsätzlich sind Sie in den USA nicht gefährdeter als in deutschsprachigen Ländern. Vor allem in den ländlichen Gebieten und in den kleinen Städten ist die Kriminalitätsrate sogar recht niedrig. Leichtsinn ist natürlich auch nicht angebracht, aber das gilt genauso für das Verhalten im eigenen Land.
- Menschenansammlungen sind immer ein Paradies für Taschendiebe, tragen Sie daher Wertsachen wie Reisepass, Flugticket etc. am Körper. Besser als Brustbeutel sind flache Gürteltaschen geeignet, die man unter der Kleidung nicht so leicht sehen kann.
- Schließen Sie Ihr Auto immer ab und lassen Sie keine Wertgegenstände sichtbar im Wagen liegen.
- Es kann auch nicht schaden, wenn Sie teuren Schmuck oder die extravagante Uhr ganz zu Hause lassen.
- Wie bei uns auch, gibt es in den Großstädten der USA Gegenden, die man nachts besser meidet. Mit anderen Worten: Schalten Sie im Urlaub nicht Ihren Verstand aus und beachten Sie die gleichen Sicherheitsmaßnahmen wie zu Hause.

☺ Von allen wichtigen Dokumenten, wie z. B. Flugtickets und Ausweisen, sollten Sie eine Fotokopie machen, die Sie getrennt von den Originalen aufbewahren. Bei einer sogenannten „Ticketlosen Buchung" sollten Sie sich die Vorgangs- bzw. Rechnungsnummer notieren. Ebenso sollten Sie getrennt von der Kreditkarte die Telefonnummer für eine eventuelle Sperrung (aus USA: ☏ 011 49/116 116) mitnehmen.

## Sprache

Auf eine Liste der wichtigsten Redewendungen habe ich bewusst verzichtet, weil Sie diese Reise besser nur unternehmen sollten, wenn Sie über Grundkenntnisse der englischen Sprache verfügen. Die Amerikaner sind zwar sehr hilfsbereit und werden versuchen, sich mit Ihnen zu verständigen. Aber was wollen Sie zum Beispiel machen, wenn Sie irgendwo in der Einöde stehen und ein Problem mit dem Auto haben? Oder Sie wollen im Supermarkt einkaufen oder im Restaurant etwas bestellen? Ein ganz einfacher Wortschatz reicht aus. Die Grammatik ist in diesem Fall unwichtig, den Rest bewältigen Sie mit dem „Kleinen Sprachführer für Restaurant, Supermarkt und Auto" am Ende des Buches.

# Tanken

▷ Grundsätzlich: Auf alle Preise werden überall **Steuern** aufgeschlagen, ausgenommen beim Tanken!

▷ Beim **Tanken** muss vorher bezahlt werden - ohne Vorkasse läuft nichts mehr. Das geschieht am einfachsten, indem Sie Ihre Kreditkarte in den Automaten stecken, den Anweisungen auf dem kleinen Monitor folgen, den gewünschten Kraftstoff wählen (87er ist gut genug), die Zapfpistole (*Nozzle*) entnehmen, den Halter hochklappen und auffüllen. Nozzle wieder einhängen, Quittung (*Receipt*) drücken, Abfahrt.

▷ Alternativ können Sie aber auch in die Tankstelle gehen, Ihre **Kreditkarte** gewissermaßen als Pfand abgeben (nicht empfehlenswert!) oder die gewünschte Summe in bar abgeben. Die Zapfsäule wird dann entsprechend freigeschaltet.

☞ Ganz wichtig: Dieselzapfpistolen sind oft gelb oder grün, Benzinzapfpistolen habe ich nur in schwarz gesehen! Also unbedingt aufpassen und die richtige ergreifen!

# Telefon

▷ Wenn Sie von einer öffentlichen Telefonzelle aus telefonieren, sammeln Sie vorher genügend *Quarters* (25-Cent-Münzen). Außer bei Ortsgesprächen können Sie oft nicht selbst wählen, sondern müssen das Gespräch über den *Operator* vermitteln lassen. Wählen Sie die 0, dann werden Sie vom *Operator* aufgefordert, die Nummer zu nennen und man sagt Ihnen, wie viel Geld Sie einwerfen müssen. Dauert das Gespräch länger, meldet sich die Stimme wieder und fordert Sie auf, weitere Münzen einzuwerfen. Da geschlossene Telefonzellen wie bei uns nahezu unbekannt sind, hört sich das leichter an, als es ist. Oft hängen die Telefone, abgeschirmt durch etwas Plexiglas, an bevölkerten, lauten Orten. Es ist nicht sehr witzig, bei Straßenlärm zu versuchen, mit einem amerikanisch knarzenden Operator zu kommunizieren.

▷ Sie können von bestimmten Apparaten mit einer Telefonkarte oder Kreditkarte telefonieren. Falls Sie mit Karte telefonieren, richten Sie sich nach der Anleitung der Telefongesellschaft, die sie ausgegeben hat, bzw. nach der Instruktion am Apparat.

- ▷ Am bequemsten (aber auch am teuersten!) telefoniert man vom Hotelzimmer aus.
- ▷ Bei Telefonaten innerhalb der USA muss stets die 1 vorgewählt werden, dann die Vorwahlnummer. Die meisten Staaten haben mehrere Vorwahlnummern.
- ▷ Bei Gesprächen von den USA nach Hause wird so gewählt: nach D = 01149, A = 01143, CH = 01141, dann die Ortsvorwahl ohne null.
- ▷ Notruf 911 (Polizei, Feuerwehr, Notarzt)
- ▷ Telefonauskunft für örtliche Nummern 411, für auswärtige Nummern wählen Sie 001 + Ortsvorwahl + 555-1212, für gebührenfreie Nummern wählen Sie 001 + 800 + 555-1212.

*Hoteltelefon*

☺ 0800-, 0888-, 0877- und 0866-Nummern sind als kostenlose Servicenummern anzuwählen.

☺ Vieltelefonierer sollten sich in den Staaten ein billiges Handy mit Prepaidcard kaufen oder sich eine amerikanische SIM-Karte bei Cellion und ggf. ein amerikanisches Handy in Deutschland bestellen. Übrigens ist der Begriff „Handy" in den USA völlig unbekannt – die Dinger heißen hier *Cell Phone*.

♦ 💻 www.cellion.de

# Temperatur

Hier wird es kompliziert! Die USA messen die Temperatur nicht in Celsius-, sondern in Fahrenheitgraden. Der Danziger Physiker Gabriel Fahrenheit legte seine Körpertemperatur (schon 1708!) auf 100 Grad fest, das entspricht 37,7 Grad Celsius (offensichtlich hatte er leicht erhöhte Temperatur). Das ist noch halbwegs nachzuvollziehen. Was Herrn Fahrenheit allerdings bewogen hat, den Gefrierpunkt von Wasser auf 32° festzulegen und es 180° langsam bis 212° kochen zu lassen, bleibt wohl sein Geheimnis.

Man kann die Fahrenheitwerte in Celsiuswerte folgendermaßen umrechnen: Fahrenheit minus 32, geteilt durch 9, mal 5. Als kurze Übersicht:

| | | | | | | | | | | |
|---|---|---|---|---|---|---|---|---|---|---|
| Celsius | -5 | 0 | 10 | 15 | 20 | 25 | 30 | 35 | 40 | 45 |
| Fahrenheit | 23 | 32 | 50 | 59 | 68 | 77 | 86 | 95 | 104 | 113 |

☺ Wem das zu kompliziert ist, der kommt auch mit dieser Methode zu einem (ungenaueren) Ergebnis: Fahrenheit minus 30, dann durch zwei teilen.

# Trinkgeld

▷ Die Bedienungen in den Restaurants erhalten einen sehr geringen Grundlohn und leben hauptsächlich von den Trinkgeldern, den *Tips*. Üblich ist ein Betrag von 10 bis 15 % der Rechnungssumme. Das Trinkgeld können Sie in bar auf dem Tisch liegen lassen oder, falls Sie mit Kreditkarte zahlen, an der Kasse auf dem Beleg addieren. „Stimmt so" und den Betrag einfach aufzurunden, ist **nicht üblich**.

▷ Kontrollieren Sie aber vorher die Rechnung: Vor allem in Touristenhochburgen könnte das Trinkgeld schon im Endbetrag enthalten sein! Offensichtlich hat man die Erfahrung gemacht, dass Gäste, ohne *Tip* zu geben, verschwunden sind. Auf der Rechnung ist in diesem Fall vermerkt: *Gratuity* oder *Gratuity included*. In Fast-Food-Restaurants wie McDonald's und Co. wird kein Trinkgeld erwartet.

▷ Für kleine Dienstleistungen sollten Sie immer einige Dollarnoten passend haben. In Hotels erwartet der Kofferträger ein bis zwei Dollar (je nach Gepäckmenge) und das Zimmermädchen einen Dollar pro Tag. Im Taxi sollten Sie ebenfalls großzügig aufrunden.

# Unterkunft

▷ Motel- und Hotelpreise in den USA beziehen sich im Allgemeinen *auf den Raum*, unabhängig von der Anzahl der Personen. Sie sind wesentlich günstiger als bei uns. Auf den genannten Preis wird aber je nach Staat immer die übliche Steuer, die **Tax**, aufgeschlagen.

☹ Bei den Preisen wird seit ein paar Jahren gern geblufft, denn bei einem vermeintlichen Schnäppchen fürs Zimmer für nur $ 29,90 wird beim Einchecken aufgeklärt, es handele sich um den Preis für ein Einzelzimmer und natürlich zusätzlich Tax!

▷ Viele Zimmer haben ein oder zwei breite Betten, die je nach Breite *Kingsize* (ca. 190 cm breit) oder *Queensize* (ca. 150 cm breit) genannt werden, so dass man bei zwei Betten theoretisch mit vier Personen in einem Zimmer übernachten kann. Zimmer mit einem Kingsizebett werden im Allgemeinen als *Double* bezeichnet, während Zimmer mit zwei Betten als *Twin* bezeichnet werden.

▷ Viele typische Motels sind so angelegt, dass Sie mit dem Auto unmittelbar *bis vor die Zimmertür* fahren können. Wenn man aus dem Koffer lebt, ist das sehr praktisch. Wenn Ihnen das Hochtragen von Gepäck nichts ausmacht, sollten Sie allerdings lieber ein Zimmer im oberen Stockwerk nehmen - evtl. Getrampel von schwergewichtigen Personen, das Stakkato von Pfennigabsätzen oder das Quietschen von Dielenbrettern oder Bettfedern entfällt dann zumeist.

▷ Zimmer zu ebener Erde sind im *first floor*, die auf der ersten Etage im *second floor*. Zimmernummern beginnend mit einer zweihundert sind also im Allgemeinen im ersten Stock.

▷ Amerikanische Motelzimmer bieten guten Komfort *zu vergleichsweise niedrigen Preisen*. Die Ausstattung besteht meist aus ein bis zwei breiten Betten (siehe oben), einem Tisch, Stühlen, Sessel oder Couch, Dusch- oder Wannenbad, Klimaanlage, Fernseher und Telefon, Radiowecker (checken, ob die Weckfunktion abgeschaltet ist!), manchmal sogar einer Kaffeemaschine mit Kaffeefiltern, einem Fön, einem Bügelbrett mit -eisen und hier und da ist ein Kühlschrank vorhanden. Falls nicht, liefert eine Eiswürfelmaschine neben der Rezeption oder neben der Treppe die notwendige Kühlung für Essen und Getränke.

▷ Häufig findet man, vor allem im Süden, auch einen Swimmingpool - manchmal sogar mit Wasser drin - aber oft nur in der Größenordnung einer gut dimensionierten Badewanne.

- ▷ Wichtig kann sein, ob es eine *Guest Laundry* gibt, also Waschmaschinen und Trockner. Meist kosten diese Münzmaschinen nur je $ 1 pro Gang plus Waschpulver für ebenfalls $ 1. Erstaunlicherweise kommt die Wäsche sogar einigermaßen sauber wieder heraus, obwohl eigentlich nur ein primitives Rührwerk das Zeug hin- und herquirlt.
- ▷ Wenn Sie aufs *Internet* nicht verzichten können oder wollen und Ihren Laptop oder Tablet dabeihaben, achten Sie auf die Ankündigung WI-FI (Wireless Fidelity = wei-fi gesprochen), einen drahtlosen Internetzugang von Ihrem Hotelzimmer aus (bei uns als WLAN bekannt). Leider wird da oft mehr versprochen als gehalten und Enttäuschungen sind programmiert. Meist ist die WI-FI-Nutzung kostenlos, in vielen „Motel 6" beispielsweise muss allerdings zusätzlich $ 3 pro Tag für den Zugangscode bezahlt werden.
- ▷ In größeren Städten finden Sie Downtown vorwiegend Hotels aller Kategorien. Die Grundausstattung ist wie bei den Motels. In einigen Hotels in den größeren Städten wird allerdings manchmal eine Gebühr für den Parkplatz verlangt.
- ▷ Im Allgemeinen ist im Zimmerpreis der Motels und Hotels *kein Frühstück* enthalten. Hotels verfügen jedoch meist über einen *Coffee Shop*, Motels liegen oft in unmittelbarer Nähe von Restaurants (auch wenn Sie mit Mc oder Burger anfangen). Viele Motels werben allerdings mit *Continental Breakfast*. Sie erhalten dann kostenlos Kaffee/Tee, Toast, Butter und Marmelade/Honig und/oder Gebäck, oft auch Cornflakes, Orangen-/Apfelsaft und Milch. Manchmal können Sie sich auch selbst Waffeln backen und mit Sirup genießen.
- ▷ **Motel- und Hotelzimmer** werden immer im Voraus bezahlt. Am einfachsten ebenfalls per Kreditkarte. Außerdem wird oft eine „Ei-di" (ID) verlangt, also entweder der Führerschein oder der Personalausweis/Reisepass.
- ▷ **Zimmerschlüssel** gibt es kaum noch (nur noch in den kleinen und alten Motels). Als Schlüssel bekommen Sie eine **Plastikkarte** mit einem Magnetstreifen, die in einen Schlitz an der Tür eingeführt werden muss. Lässt sich die Tür nicht beim ersten Versuch öffnen, probieren Sie es noch einmal, indem Sie die Karte schneller rausziehen. Innen im Raum muss die Karte oft in einen Halter gesteckt werden, denn erst durch diesen Kontakt wird der Strom im Zimmer eingeschaltet: Klimaanlage, Lampen, Steckdosen und Fernseher haben dann erst „Saft".

▷ Sollte es doch einen Schlüssel geben, so passt dieser meist für das Schloss mit **drehbarem Knauf**. Türklinken sind so gut wie unbekannt. Man kann die Tür von innen verriegeln, entweder durch Eindrücken oder Drehen des kleinen Knopfes. Zusätzlich sollte nachts grundsätzlich ein Riegel oder eine Kette von innen vorgelegt werden. Ist keine Kette vorhanden, kann zur Sicherheit ein Stuhl oder Sessel „auf Kipp" gegen die Tür gelehnt werden.

▷ Meist sind in den **Bädern** nur Badewannen vorhanden. In dem Fall sollten Sie beim **Duschen** zuerst immer die gewünschte Wassertemperatur einregeln und dann den kleinen Knopf am unteren Einlaufhahn hochziehen. Es wird meistens „sprühgeduscht", denn es gibt so gut wie keine abnehmbaren Handbrausen. Duschkabinen statt Badewannen sind aber auf dem Vormarsch.

▷ Der Erfindungsreichtum der amerikanischen Designer hat mich fasziniert! In jedem Motel war ich jedes Mal aufs Neue darauf gespannt, wie und wo man die **Wand- und Tischlampen** anschaltet: Drehen (mal links, mal rechts herum), Hebel kippen, Bolzen durchschieben, Schnur ziehen, Schalter im Sockel, einmal drehen: linke Lampe, zweimal drehen: linke Lampe aus, rechte an, dreimal drehen: beide an ... usw. Sie finden sicher noch mehr Beispiele! In Gallup funktionierte der Fernseher nur bei eingeschalteter Deckenbeleuchtung.

▷ Auch die Vielfalt der **Sanitärsysteme** ist verblüffend. Ich habe nur selten zwei Duschen gefunden, die in gleicher Weise zu bedienen waren: Mal kam das heiße Wasser aus dem linken und mal aus dem rechten Hahn. Mal drehte man rechts herum auf, mal links herum. Mal musste der Mischhahn gedreht, mal gekippt und mal gezogen werden. Heute habe ich erstmalig sogar einen Hahn erlebt, der keinen solchen Knopf hatte: Ein Anruf in der Rezeption brachte Aufklärung: Bei dieser Konstruktion muss der Perlator (die Mischdüse) nach unten gezogen werden, um die Umschaltung zu erreichen. Toll, da soll man drauf kommen! Vielleicht handelt es sich aber auch nur um einen Intelligenztest für müde Reisende?

▷ Das **Toilettenpapier** ist immer so hauchdünn, dass es mindestens dreimal gefaltet werden muss – sonst geht das Wischen schief.

▷ Entlang der Route 66 werden Sie auch in der Hochsaison keine Probleme haben, ohne Reservierung ein Zimmer zu bekommen. Fahren Sie einfach in die Ortschaft, sehen Sie sich die Motels an und entscheiden Sie sich für eins davon. Den kleinen privaten Motels, die keiner bekannten Kette angehören, sollten Sie den Vorzug geben, sie gehören einfach zum Reiz dieser Reise.

▷ Bei der Vielzahl der Motels ist es unmöglich, alle in diesem Buch aufzulisten. Ich habe daher bei den meisten größeren Orten neben der Einwohnerzahl nur die Anzahl der Motels und Hotels angegeben, z. B. 12x 🛏 = 12-mal Unterkunft vorhanden.

☹ Leider liegen die meisten Motels in unmittelbarer Nähe der Eisenbahnschienen, auf denen Tag und Nacht Betrieb ist. Selbst einem Eisenbahnfan wie mir geht das oft gehörig auf den Wecker. Wirksame Abhilfe schaffen dabei eigentlich nur Ohrstöpsel wie Ohropax. Also nicht vergessen mitzunehmen!

☹ Auf meiner Reise 2015 habe ich es im Großraum von L. A. leider zweimal erlebt, dass sich die Rezeption (wie früher in Postämtern bei uns) hinter einer Glaswand befand und einmal sollte ich sogar durch ein Guckfenster draußen (!) abgefertigt werden. Was müssen in diesen Motels für rabiate Gäste verkehren, wenn sich der Eigentümer bzw. der Rezeptionist vor ihnen so schützen muss. Ich habe verzichtet und auf dem Absatz kehrtgemacht.

☹ Wenn Sie Zweifel an der Sauberkeit oder der Ausstattung haben, lassen Sie sich unbedingt vorher das Zimmer zeigen und lehnen ggf. dankend ab. Wenn Ihnen eine Besichtigung verweigert wird, können Sie davon ausgehen, dass was nicht stimmt. Vermeiden Sie bei der Auswahl Zimmer, die neben einer Treppe, Laundry oder einer Eiswürfelmaschine liegen.

☺ Buchen und bezahlen Sie niemals gleich für mehrere Nächte. Eine Erstattung (Refund) wird immer abgelehnt, wenn Sie doch früher als geplant weiterreisen wollen.

☺ Wenn Sie mit mehreren Leuten unterwegs sind, ist es an touristischen Orten - z. B. in der Nähe des Grand Canyons - sinnvoll, eine Reservierung vorzunehmen.

☺ Für Chicago sollten Sie auf jeden Fall buchen, ebenso für den Endpunkt der Reise in Santa Monica (alternativ evtl. Santa Barbara).

☺ Das **Internet** bietet beispielsweise unter *Trivago* oder *booking.com* eine mehr oder minder große Auswahl an Beherbergungsbetrieben an. Meist sogar mit Fotos, Beschreibung und Bewertungen von Hotelnutzern. Wobei diese oft mit Vorsicht zu genießen sind - es liegt manchmal der Verdacht nahe, dass der Hotelier selbst zur Feder gegriffen hat oder sich ein Gast wegen irgendetwas rächen will.

COTTON BOLL
MOTEL

WESTERN
MOTEL
VACANCY
CAN OWNED
MS * LOW RATES
TOR * MICROWAVE
CHANNELS * WI-FI

Hi-Line
MOTEL

MOTEL
VACANCY

SANDS
MOTEL
1/2
BLOCK

▷ Gute Stadthotels sind in den Angeboten vieler Reiseveranstalter (beispielsweise Meiers-Weltreisen, DER-Tours) enthalten. Einige Hotelketten haben Agenturen in Deutschland, dort können Sie eine Hotelliste anfordern und über eine kostenlose Telefonverbindung oder das Internet Zimmer reservieren lassen.

▷ In den Häusern der bekannten Ketten liegen sogenannte *Directories* aus, die Sie mitnehmen können. Diese Handbücher informieren über die Lage und den Preis aller angeschlossenen Häuser. Es ist empfehlenswert, sich schon zu Hause im Internet zu informieren, beispielsweise bei:

- Motel 6 — 💻 www.motel6.com
- Super 8 Motels — 💻 www.super8.com
- Best Western — 💻 www.bestwestern.com
- Travelodge — 💻 www.travelodge.com
- Knights Inn — 💻 www.knightsinn.com
- Days Inn — 💻 www.daysinn.com
- America's Best Value Inn — 💻 www.americasbestvalueinn.com
- Howard Johnson — 💻 www.hojo.com
- Choice-Hotels — 💻 www.choicehotels.com (EconoLodge, Quality Inn, Rodeway Inn)

☺ Beim Erfragen des Zimmerpreises an der Rezeption warten Sie zunächst die Antwort ab und fragen dann nach dem *Discount* für *Triple-A-Member*, der meist etwa 10 % beträgt. Der AAA (deshalb Triple-A = dreifach A) ist der amerikanische Automobilclub und dem ADAC durch ein Abkommen verbunden. Also Ihren ADAC-Mitgliedsausweis nicht vergessen! Auch sonst ist der Ausweis für manchen Discount gut, beispielsweise bei Eintrittspreisen. Fragen kostet nichts! Der ADAC gibt auch eine Discount & Awards-Karte aus, die sparen hilft.

# Updates

Der Conrad Stein Verlag veröffentlicht Updates zu diesem Buch, die direkt von dem Autor oder von Lesern dieses Buches stammen. Bitte suchen Sie vor Ihrer Abreise auf der Verlags-Homepage 💻 www.conrad-stein-verlag.de diesen Titel. Unter dem Link „mehr lesen“ finden Sie alle wichtigen Informationen.

Der abgebildete QR-Code führt Sie direkt zu der richtigen Seite.

# Verkehr

☺ Auf den Fernstraßen der USA fährt man wesentlich entspannter und gelassener als in Europa, was zum einen sicherlich an den Geschwindigkeitsbeschränkungen liegt und zum anderen daran, dass die Einhaltung wesentlich konsequenter kontrolliert wird als bei uns.

▷ Als *Highways* werden alle Überlandstraßen bezeichnet, *Freeways* sind kreuzungsfreie mehrspurige Autobahnen, mautpflichtige Autobahnen heißen *Turnpikes*. Die *Parkways* sind besonders schön angelegte und der Landschaft angepasste, geschwungene Highways, für die Lkw-Beschränkungen gelten. Die Klassifizierung reicht von County Roads (Kreisstraßen), über State Roads (Staatsstraßen), US-Highways (Bundesstraßen) bis zu den Interstate Highways (Autobahnen), die mehrere Staaten durchlaufen - eine Qualitätsaussage ist damit jedoch nicht verbunden.

▷ Das *Interstate-System* ist seinerzeit unter der Ägide des damaligen Präsidenten Eisenhower genial ausgedacht worden: Gerade Nummern bedeuten, dass die Interstate in Ost-West-Richtung verläuft (gezählt wird von Süden), ungerade Nummern verlaufen in Nord-Süd-Richtung (beginnend im Westen). Die jeweilige Richtung (N/S = North/South oder W/E = West/East) wird bei der Beschilderung entsprechend angegeben. Dreistellige Interstate-Nummern ergeben sich in Ballungszentren bei Stadtumfahrungen.

▷ Auf den *Interstates*, die in der Nähe großer Städte oft vier bis sechs Spuren in jeder Richtung haben, dürfen Sie links und rechts überholen. Vergessen Sie beim *Fahrstreifenwechsel* daher niemals, in beide Rückspiegel zu sehen und Blinkzeichen zu geben. Die Regel ist *„Keep your Lane"* (Bleib in deiner Spur). Bei einem Unfall ist meist derjenige schuld, der den Fahrstreifen gewechselt hat.

▷ Das Tempolimit ist in den einzelnen Staaten unterschiedlich, bei einer Bandbreite von 55 bis 75 Mph (90 bis 130 km/h). In Ortschaften gilt ein Limit von 35 Mph (manchmal sogar nur 25 Mph, besonders im Bereich von Schulen), auf Landstraßen im Allgemeinen 55 Mph. Die jeweils erlaubte Geschwindigkeit wird immer durch Schilder angezeigt. Sie sollten sich unbedingt an die Begrenzungen halten, denn die Strafen für zu schnelles Fahren können sehr hoch sein. Ortsschilder sind meist nicht zu sehen, auf jeden Fall zeigen sie nicht an, dass ab hier 35 Mph gilt.

▷ Ampeln stehen nicht vor einer Kreuzung, sondern dahinter – oder hängen in Kreuzungsmitte von oben herab. Sie müssen also schon vorher an der Stopplinie halten!

▷ Amerikaner sind **blinkfaul beim Autofahren**, also aufgepasst! Die Amis fahren oft nach dem Motto: Ich weiß, wo ich hin will, und alle anderen geht das gar nichts an!

▷ In den meisten Bundesstaaten muss bei Regen mit Abblendlicht gefahren werden – also grundsätzlich einschalten.

☺ Fahren Sie in der Nähe von Großstädten möglichst nicht auf der rechten Spur, sondern wählen Sie die Mittelfahrbahn. Die Ausfahrten sind oft so gestaltet, dass Sie sich plötzlich auf der Spur befinden, die ausfahren muss und auf dem Schild gelb unterlegt ist: „*Right Lane Must Exit*". Achtung: Es gibt manchmal auch Ausfahrten auf der linken Seite!

▷ Grundsätzlich dürfen Sie nur unterbrochene Linien überfahren. Eine *Doppellinie* darf unter keinen Umständen überfahren werden, auch wenn kein Verkehrsteilnehmer behindert wird.

▷ Die meisten Schilder sind in Schrift und erklären sich von selbst. Einige ähneln den europäischen Schildern, bis auf zwei sehr wichtige Schilder: Ein rechteckiges, weißes Schild mit der Aufschrift „Speed Limit" und einer Zahl zeigt die Höchstgeschwindigkeit (natürlich in Meilen) an, ein dreieckiges gelbes Schild mit der Aufschrift „No Passing Zone" bedeutet Überholverbot.

| | |
|---|---|
| Road Closed = Straße gesperrt | Yield = Vorfahrt gewähren |
| One Way = Einbahnstraße | Wrong Way = Einfahrt verboten |
| Do not Pass = Überholen verboten | Detour = Umleitung |
| Ped Xing = Fußgängerüberweg | Left Lane Ends = Linke Fahrbahn endet |
| Bump = Bodenwelle | Dead End = Sackgasse |
| No UW Turn = Wenden verboten | Merge Left = Links einfädeln |
| Buckle Up = Anschnallen | Pavement Ends = Asphalt endet |
| Dip = Senke | Speed Limit = Tempobegrenzung |
| Flagman ahead = Baustellenwarnung | Man Working = Straßenarbeiten |

▷ Es besteht **Anschnallpflicht** in allen Staaten. Schilder mit „Buckle up" weisen ständig darauf hin. Inzwischen ist noch die Warnung bzw. Androhung „Click it or Ticket" hinzugekommen. Mit dieser Kampagne sollen die Gurtmuffel von dieser Sicherheitsvorkehrung überzeugt werden.

- Eine **Helmpflicht** für Motorradfahrer besteht nicht in allen Staaten, auf der Route 66 beispielsweise nur in Missouri und Kalifornien.
- An Ampelkreuzungen darf man vorsichtig nach dem Anhalten bei **Rot rechts abbiegen**, vorausgesetzt, man beachtet die Vorfahrt der querenden Fahrzeuge und Fußgänger. Ausnahme: Wenn ein Schild anzeigt „*No turn on Red*", ist ein Abbiegen nicht erlaubt.
- Wenn Sie direkt hinter sich ein **Polizeifahrzeug** mit rot-blauem Blinklicht sehen, das die Sirene heulen lässt, haben Sie wahrscheinlich etwas falsch gemacht. Fahren Sie rechts ran, bleiben unbedingt im Wagen sitzen, öffnen die Seitenscheibe und legen die Hände auf das Lenkrad. Bleiben Sie gelassen und höflich und folgen Sie unbedingt den Anweisungen des *Officers*. Erwähnen Sie gern, dass Sie Touristen aus Germany sind und deshalb neu in diesem Land. Sie werden nun belehrt und bekommen wahrscheinlich ein *Ticket* (einen Strafzettel), auf dem vermerkt ist, wie und wo Sie die Strafe einzahlen müssen. Der Polizist selbst darf nicht kassieren.
- Teuer kann es auch werden, wenn Sie im **Halteverbot** parken. Halten Sie daher niemals an einer rot bzw. gelb markierten Bordsteinkante oder an einem Hydranten. Blaue Markierungen halten den Platz frei für Behinderte, grüne erlauben ein 10- bis 20-minütiges Parken. Achten Sie auch auf Schilder, die das Parken zu bestimmten Uhrzeiten verbieten. Das Schild „*Tow Away Zone*" (Abschleppzone) signalisiert, dass Falschparker sofort, konsequent und teuer abgeschleppt werden.
- Insgesamt fahren Amerikaner rücksichtsvoller als wir. Vor allem in der Nähe von Schulen gelten strenge Regeln: So dürfen z. B. haltende gelbe **Schulbusse** nicht passiert werden, wenn das Blinklicht eingeschaltet ist. Sie dürfen auch nicht aus der Gegenrichtung daran vorbeifahren. Die Sicherheit der Kinder hat Vorrang.
- In Europa undenkbar: **4-Way-Stop** (manchmal auch *All-Way-* oder *3-Way-Stop*). Das sind Kreuzungen, an denen an jeder Einmündung ein Stoppschild steht. Jeder muss anhalten. Wer zuerst da war, darf als Erster fahren. Kaum zu glauben, es funktioniert reibungslos - aber ein Fehlverhalten wird hart bestraft! Eine **rot blinkende Ampel** hat übrigens dieselbe Funktion, wie die vier Stoppschilder.
- Die **gelben Mittelfahrbahnen** mit den Pfeilen sind zum Ein- und Abbiegen zu den Einfahrten von Einkaufszentren, Motels, Tankstellen und Läden gedacht, also mit Vorsicht zu benutzen.
- Bei einer **Panne** fahren Sie weit rechts ran und öffnen die Motorhaube, das

signalisiert den anderen Autofahrern und der Polizei, dass Sie Hilfe benötigen.

▷ Den **Pannendienst** des Amerikanischen Automobilclubs AAA erreichen Sie unter ☏ 1-800-AAA-HELP oder 1-800-222-4357.

## Verpflegung

▷ Falls Sie Campingurlaub machen, werden Sie sich sicher selbst verpflegen. Das Angebot in den Supermärkten ist hervorragend und bietet für jeden Geschmack etwas. Eine kleine elektrische Kühlbox (an den Zigarettenanzünder anschließbar, kühlt aber nur bei laufendem Motor) hält die Lebensmittel frisch. Im Wal-Mart sind solche Geräte beispielsweise von Black & Decker schon ab $ 35 erhältlich. Eine Kühlbox aus Styropor tut aber auch gute Dienste. Würfeleis kann man an Tankstellen kaufen oder die Eismaschine in den Motels hat sie umsonst.

☺ Trotz gegenteiliger Aussagen kann man die zwar preiswerte, aber meist einfallslose und kalorienreiche Kost in den Fast-Food-Restaurants umgehen. Es gibt eine Vielzahl von Restaurants, *Diners* und *Coffee-Shops*, die einfache, aber gesunde und preiswerte Speisen anbieten. Empfehlenswert sind vor allem die *Family Restaurants* (beispielsweise *Sizzlers*, mit einer großen Salatbar).

▷ Eine wichtige Mahlzeit der Amerikaner ist das **Frühstück** (*Breakfast*), allerdings entsprechen die gehaltvollen Eiergerichte mit Fleisch und Speck und/oder kleinen Bratwürstchen nicht unbedingt europäischen Vorstellungen. Es ist aber oft durchaus möglich, sich ein paar Scheiben Mehrkorntoast, etwas Käse, Marmelade und Aufschnitt zu bestellen, auch wenn das nicht auf der Karte steht. Ein solches Frühstück ist auch oft im Übernachtungspreis der Motels inklusive und wird *Continental Breakfast* genannt.

▷ Das **Mittagessen** ist ein leichter *Lunch*. Die meisten Supermärkte und Tankstellen bieten für kleine Zwischenmahlzeiten *Sandwiches* und andere leichte Snacks an. In einigen Supermärkten gibt's eine heiße Theke, in denen beispielsweise Hähnchenteile, Würstchen und *Wedges* (Kartoffelspalten) angeboten werden.

▷ Die **Hauptmahlzeit** *(Dinner)* wird am Abend eingenommen. Auf den Speisekarten *(Menu)* finden Sie meist ein ausreichendes Angebot an Geflügel- und Fleischgerichten, die Sie selbst mit Gemüse, Salaten und anderen Beilagen kombinieren können.

▷ **Alkoholische Getränke** werden in vielen Restaurants nicht angeboten, denn dazu ist eine besondere Lizenz notwendig.

▷ In den meisten Restaurants ist es üblich, dass den Gästen ein **Tisch zugewiesen** wird: *„Please wait to be seated"*. Eine etwas lästige Prozedur, die an Restaurantbesuche in der DDR erinnert.

*In einem typischen Diner (Mr. D'z Diner in Kingman)*

▷ Die **Rechnung** zahlt man oft nicht am Tisch, sondern an einer Kasse am Ausgang. In Restaurants der gehobenen Preisklasse erledigt das jedoch häufig die Kellnerin oder der Kellner für Sie. (Trinkgeld ☞ S. 33)

▷ Üblich und nichts Besonderes ist es, nach einem *Doggie Bag* zu fragen, wenn die Mahlzeit zu groß und der Appetit zu klein war.

▷ **Eiswasser** gehört immer zu einer Mahlzeit und **Kaffee** wird meist gratis nachgeschenkt (dünn genug ist er ja).

▷ Wenn Sie nach der Toilette fragen, verwenden Sie nur das Wort **Restroom**.

▷ Selten sind sprudelnde **Mineralwässer** ohne Geschmack zu bekommen. Das Angebot an stillen Wassern in fast jeder Flaschengröße ist jedoch enorm.

▷ **Brot** gibt es überwiegend nur als weiches und pappiges Sandwich- oder Toastbrot. Selten erhältlich - und wenn dann nur in großen Supermärkten -

ist Brot mit einer herzhaften Rinde oder mit Käse aufgepeppter Kruste. Knackige Brötchen sind fast völlig unbekannt.

▷ **Bagel** sind ein ursprünglich jüdisches (aus Österreich stammendes) kringelförmiges Backwerk, das mit Mohn oder Sesam verfeinert wird. Oft wird es längs aufgeschnitten und beispielsweise mit Frischkäse und/oder Marmelade gegessen. Ein **Donut** sieht zwar ähnlich aus, ist aber ein Gebäck das in Schmalz oder Öl frittiert wird.

▷ In großen Supermärkten gibt es eine Wein- und Bierabteilung, während stärkere **Alkoholika** wie Whiskey nur in *Liquor Stores* (die aber auch Wein und Bier verkaufen) erhältlich ist. Der Kauf und das Trinken von Alkohol jeder Art ist unter 21-jährigen verboten!

Trinken Sie niemals **Alkohol in der Öffentlichkeit** - also mit 'ner Dose Bier in der Hand durch den Park oder am Strand entlang bummeln ist nicht! Im Auto darf Alkohol nicht im Fahrgastraum aufbewahrt werden (ab in den Kofferraum damit) und sowohl Fahrer als auch Beifahrer (!) dürfen im Auto keinen Alkohol trinken. Im Wohnmobil darf Alkohol nur außerhalb der Reichweite des Fahrers aufbewahrt werden.

# Versicherungen

▷ Eine Auslandsreise-Krankenversicherung ist zu empfehlen (☞ Gesundheit). Ebenso ist bei teuren Reisen eine Reisekosten-Rücktrittsversicherung sinnvoll, um hohe Stornierungskosten im Falle einer plötzlichen Erkrankung etc. zu vermeiden.

▷ Vor Abschluss einer Reisegepäck-Versicherung sollten Sie sich die Versicherungsbedingungen genau durchlesen. Oft sind diese so rigide, dass nur selten gezahlt wird.

# Zahlen

▷ Beim **Schreiben von Zahlen** ist zu beachten, dass eine „eins" nur mit einem senkrechten Strich – also ohne den kleinen Haken – geschrieben wird. Hat der Strich einen Haken, handelt es sich um eine „sieben" (der Querstrich wie bei unserer „sieben" ist unbekannt). Dezimalstellen werden mit einem Punkt abgetrennt und nicht wie bei uns mit einem Komma. Ein Doppelkreuz # (neudeutsch „hashtag") bedeutet Nummer.

# Zeit

- ▷ Die USA sind so groß, dass Sie auf der Route 66 mehrere Zeitzonen durchfahren. In den Staaten Illinois, Missouri, Kansas, Oklahoma und Texas gilt die *Central Time* (MEZ minus 7 Stunden), in New Mexico und Arizona die *Mountain Time* (MEZ minus 8 Stunden) und in Kalifornien die *Pacific Time* (MEZ minus 9 Stunden).
- ▷ Von April bis Oktober werden - wie bei uns - die Uhren um eine Stunde vorgestellt. Nur Arizona macht nicht mit, dort gilt immer die Pacific Time.
- ▷ Die Amerikaner kennen keine 24-Stunden-Uhr, sie taucht nur in Flugplänen und beim Militär auf. Die Zeit von 0:00 bis 12:00 mittags wird als a. m. (von lat. *ante meridiem* = vor Mittag) bezeichnet, die Zeit von 12:00 bis 24:00 (Mitternacht) als p. m. (*post meridiem* = nach Mittag).

# Zeitplanung

Wie lange braucht man für die Strecke? Diese Frage ist nicht allgemeingültig zu beantworten. Wenn man den ganzen Tag lang fährt und wenig Pausen macht, kann man in 9 bis 10 Tagen am Ziel angelangt sein. Realistischer ist es, pro Tag etwa 200 Meilen einzuplanen, nur dann haben Sie Zeit, die Reise zu genießen. Das sind 12 Tage für die Strecke. Rechnen Sie noch den Ankunftstag oder besser zwei dazu und ein bis zwei Strandtage in Santa Monica. Dann haben Sie 16 Tage, um die Route 66 in Ruhe zu bewältigen. Kleinere Besichtigungen von Sehenswürdigkeiten, die direkt an der Route liegen, sind schon eingeschlossen. Für jeden zusätzlichen Ausflug, z. B. zum Grand Canyon, sollten Sie einen weiteren Tag einplanen. Mit Hin- und Rückflug brauchen Sie einen dreiwöchigen Urlaub, sonst wird es Stress.

# Zoll

- ▷ Außer dem persönlichen **Reisegepäck** dürfen Waren im Wert von $ 100 in die USA eingeführt werden, darüber hinaus 200 Zigaretten und 1 Liter Spirituosen oder 2 Liter Wein (nur Personen über 21 Jahre). Bargeld im Wert von über $ 10.000 darf mitgebracht, muss aber deklariert werden.
- ▷ **Frische Lebensmittel** dürfen nicht eingeführt werden, desgleichen Fleisch und Fleischprodukte, Süßigkeiten mit Alkoholfüllung, Überraschungseier, Obst, belegte Brote etc.

▷ Bei der **Rückreise** nach Deutschland dürfen Sie pro Person Waren bis € 430 mitnehmen und zusätzlich 200 Zigaretten, 500 g Kaffee, 50 g Parfüm und 1 l Spirituosen bzw. 2 l Wein.

# Die Route 66

Chain of Rocks Bridge

# Routenvorbemerkungen

Da die Route 66, mit 2.448 Meilen (= genau 3.939 km), nicht mehr als durchgehende Straße existiert, ist eine Befahrung nicht so leicht, wie Sie es sich vielleicht vorstellen. Die *Route 66 Association* hat in allen acht Staaten über weite Strecken braun-weiße **Historic-Route-66**-Schilder aufgestellt, die im Zweifelsfall weiterhelfen sollen. Allerdings findet man diese Schilder gelegentlich nicht vor Kreuzungen oder Abzweigungen, sondern oft weit dahinter, praktisch zur Bestätigung, dass man auf der richtigen Straße ist. Leider fehlen die Schilder über weite Strecken völlig - was aber von Staat zu Staat unterschiedlich ist.

Bei den Stadtdurchfahrten ist es meist noch schwieriger. Während man in Kleinstädten im Allgemeinen dem *Business Loop* folgen kann, wird es in Großstädten kompliziert. Die Streckenführung (*Alignment*) wurde im Laufe der Jahre immer mal wieder den Gegebenheiten angepasst und verändert, so dass es fast immer mehrere Möglichkeiten gibt.

Ich habe mich auf meinen Touren jeweils für die Strecke entschieden, die große Teile der historischen Streckenführung mit der Möglichkeit einer Stadtbesichtigung verbindet und gleichzeitig leicht in die Stadt hinein- und wieder hinausführt.

An den wichtigen Kreuzungen oder Punkten an der Route habe ich den Meilenstand meines Mietwagens notiert. Dennoch werden Sie feststellen, dass Sie gelegentlich andere Angaben auf Ihrem Tacho haben. Das hat zwei Ursachen: Zum einen musste ich häufig wenden, weil die Streckenkennung in den erhältlichen Karten und Stadtplänen unklar war und die Beschilderung nicht ausreichte. Zum anderen basieren die Meilenangaben auf dem Tachometer meines Mietwagens. Diese „Meilenzähler" können selbst bei Fahrzeugen des gleichen Typs erheblich abweichen. Auf meiner zweiten Tour ergaben sich Abweichungen vom typgleichen Fahrzeug der ersten Reise von ca. 260 Meilen zwischen dem niedrigsten und dem höchsten Tachostand = fast 10 %! Dadurch ergeben sich natürlich auch Unterschiede zu Straßenschildern und Angaben auf Landkarten.

☺ Am besten vergleichen Sie Ihre Meilenstände nicht komplett mit meinen, sondern nehmen jeweils die **Differenz** zwischen zwei Angaben. Auf die Nennung von Kilometerständen habe ich logischerweise verzichtet, da die amerikanischen Mietwagen bzw. -motorräder sowieso nur Meilen anzeigen.

☺ Übernachtungsmöglichkeiten und Restaurants konnte ich wegen der Fülle der Möglichkeiten nicht alle aufführen (☞ Unterkunft, ☞ Verpflegung). Ich habe mich daher auf einige besondere beschränkt.

✋ Wenn Sie sich mal verfahren haben oder zum Essen, Einkaufen oder Übernachten von der Route abgebogen sind und den Anschluss suchen, folgen Sie nicht blind dem nächsten „Route 66"-Schild - es könnte nämlich in die entgegengesetzte Richtung nach Chicago zeigen. Vergewissern Sie sich immer nach dem Stand der Sonne, ob Sie noch in Richtung Westen unterwegs sind (Beispiel: ☞ Mi. 742)!

## Route durch Illinois 298 Mi.

ℹ Visitor Information Center, 78 E. Washington Street, **Chicago**,
☏ 312-744-2400, 💻 www.chicagotraveler.com/chicago_tourism.htm,
💻 www.choosechicago.com/Pages/default.aspx
💻 www.illinois.com
💻 www.enjoyillinois.com
💻 www.illinoisroute66.org

**Chicago**, fast 3 Mio. Einwohner, unzählige 🛏, KOA 🚐
Die Metropole entstand 1833 mit nur knapp 300 Einwohnern (heute drittgrößte Stadt der USA nach New York und Los Angeles) als Handelsposten an einer Wasserscheide zwischen den Großen Seen und dem Mississippi, an dem sich Transportwege kreuzten. Als Gründervater gilt der Frankokanadier DuSable.

1848 bereits verband ein kleiner Kanal den Nordatlantik mit dem Golf von Mexico, der 1900 erweitert wurde und heute eine viel befahrene Wasserstraße ist. 1870 wurden die ersten Schlachthöfe gebaut, durch die die Stadt später berühmt-berüchtigt wurde. Heute ist davon außer dem Eingangstor nichts mehr übrig geblieben, die Zeit ging darüber hinweg.

Auslöser für den Niedergang war, dass weiße Siedler sich nach der Freigabe des Indianerlandes ein Wettrennen um das beste Land in Oklahoma lieferten und das Weideland der Prärie durch Brandrodung in Ackerland umwandelten. Das Ende der Viehzucht war nahe und der Nachschub für die Schlachthöfe Chicagos blieb aus. Zunächst wurde von den Okies, wie die Siedler genannt wurden, Mais angebaut und dann Weizen, aber beide Pflanzen waren empfindlich gegen Dürreperioden. Bei heftigen Regenfällen wurde der Mutterboden fortgespült und bei den Stürmen wurde die Ackerkrume fortgeweht. Genau in diese Zeit der 1920er- und 1930er-Jahre fiel auch die Große Depression. Staubstürme unvorstellbaren Ausmaßes taten ein Übriges. Die Bevölkerung ganzer Landstriche verließ ihr Land, das längst an die Banken verpfändet war. Nach sicheren Schätzungen ist von bis zu einer halben Million „Flüchtlingen" in den vier Jahren ab 1934 nach Kalifornien die Rede.

Ein verheerendes Feuer vernichtete 1871 in einem zweitägigen Feuersturm mehr als fünf Quadratkilometer der Innenstadt von Chicago. Der Bauschutt wurde danach einfach in den See geschüttet und bildet heute ein schönes Parkgebiet am Michigansee, Grant Park und **Millenium Park**.

Im Mai 1886 wurden bei Streiks und Demonstrationen um den Achtstundentag und den darauffolgenden Auseinandersetzungen mit der Polizei bei einer Schießerei sieben Uniformierte getötet (merkwürdigerweise von Revolverkugeln aus den Waffen der eigenen Kameraden). Die Aufrührer wurden in einem skandalösen Prozess als Anarchisten gebrandmarkt, für schuldig befunden und vier von ihnen schließlich gehenkt.

Wenige Jahre später waren diese schwarzen Tage in der Geschichte der Stadt vergessen und eine Weltausstellung zeigte 1893 die Wunder der modernen Welt. 77 Länder waren vertreten, u. a. Deutschland, das eine riesige Kanone von Krupp ausstellte, die über 25 km weit schießen konnte.

Schon ein Jahr später gab es einen gemeinsamen Streik der weißen und schwarzen (!) Eisenbahnarbeiter um höhere Löhne, der zur Gründung der berüchtigten Gewerkschaft Industrial Workers of the World führte.

Mit der Prohibition in den 1920er-Jahren begann der Aufstieg Al Capones, der als 23-Jähriger aus New York herübergekommen war. Er beherrschte schließlich ganze Stadtteile und befehligte eine Armee von über 600 Gangstern, die sein Imperium von Spielsalons, Bordellen, Bars (*Speakeasy* = Flüsterkneipe genannt), Rennbahnen und Wettbüros mit abgesägten Gewehren und Maschinenpistolen kontrollierten und brutal verteidigten. Aus dem Geschäft mit dem Alkohol, der Prostitution und den Schutzgelderpressungen soll er ein geschätztes Vermögen von über 50 Millionen Dollar gescheffelt haben - eine für damalige Zeiten unerhörte Summe Geldes.

Nach dem Ende der Prohibition - man spricht von über 500 Morden während dieser Zeit, die meist ungesühnt blieben - brach eine wesentliche Einnahmequelle der Gangster schlagartig weg und man verlegte sich fast ausschließlich auf Schutzgelderpressung: Wer nicht zahlte, der flog samt Geschäft in die Luft. Da man ihm nie etwas anhaben konnte (erstaunliche Gedächtnisverluste plagten plötzlich potenzielle Zeugen) brach eine simple Steuerhinterziehung Al Capone das Genick und er wurde zu sieben Jahren Haft verurteilt. Aus gesundheitlichen Gründen vorzeitig aus Alcatraz (San Francisco) entlassen, starb er 1947 in Florida an einer Lungenentzündung.

Obwohl eine Route-66-Reise natürlich durchaus auch Richtung Osten in Los Angeles beginnen könnte (schließlich ist die Route 66 keine Einbahnstraße), stellt sich das echte „Route-Gefühl" erst ein, wenn man den Spuren der Menschen folgt, die mit dieser Straße eine Hoffnung verbanden: den Weg in den Westen, den Weg in eine - vermeintlich - bessere Zukunft. Machen Sie es genauso und beginnen Sie die Straße in Chicago und freuen Sie sich auf eine unvergessliche Reise in den Westen!

Bevor Sie die Reise antreten, sollten Sie sich aber ein paar Tage in Chicago, das wegen des ständigen Windes vom Lake Michigan auch „Windy City" genannt wird, gönnen. Durch die geografische Lage am Michigan-See wurde die Stadt Mitte des 19. Jahrhunderts zu einem bedeutenden Handelszentrum. Die sehenswerte Architektur wurde zum Vorbild der Gestaltung vieler Großstädte. Die Downtown wird vom **Loop** umrundet, einer Hochbahnschleife, von der viele Gebäude bestens zu sehen sind.

Der Loop entstand, weil ab 1888 drei Eisenbahngesellschaften aus drei Himmelsrichtungen ihre Linien von den Vororten aus Platzgründen nur bis zum Rand der Innenstadt bauten. Ein Umsteigen von einer Linie zur anderen war deshalb nicht möglich. Erst 1897 wurde der „Union Loop" auf Stelzen über den Straßen der City gebaut und noch heute verkehrt der *Elevated Train* (kurz EL) laut quietschend durch die engen Kurven über den Köpfen der Passanten.

Das kulturelle Angebot der Stadt ist derartig groß, dass ich hier nur exemplarisch einige Sehenswürdigkeiten nennen möchte:

Den mit 423 m Höhe erst 2009 fertiggestellten zweithöchsten amerikanischen **Trump Tower**, das Einkaufs- und Vergnügungscenter **Water Tower Place**, das Arts Institute of Chicago, den **Grant Park** (NRHP) am Lake Michigan mit dem schönen Brunnen „Buckingham Fountain" und nicht zuletzt die **Michigan Avenue**, wegen der vielen exklusiven Läden auch „Magnificent Mile" genannt.

*The Bean (die Bohne)*

Im **Millenium Park** steht seit 2006 die **Cloud Gate**, eine ungewöhnliche Skulptur von 20 m x 10 m x 13 m Größe und etwa 100 t Gewicht. Sie wurde von einem indischstämmigen Briten entworfen und aus 168 nahtlos unsichtbar verschweißten Edelstahlplatten erbaut. Wegen ihrer Form wird sie auch **The Bean** (die Bohne) genannt und ist bei Einheimischen und Touristen als Fotomotiv (auch Selfies) wegen der sich ergebenden verschiedenen Verzerrungen beliebt.

Hier steht auch das **Wrigley Building** (das Kaugummi-Hauptquartier), das nach Vorbild der Kathedrale von Sevilla erbaut wurde. Nebenan erhebt sich das Verlagsgebäude der Chicago Tribune, in das Elemente der Kathedrale von Rouen eingeflossen sind. Weitere Hochhäuser wurden von Mies van der Rohe, der in den 1930er-Jahren aus Deutschland flüchtete und bis zu seinem Tod im Jahr 1969 hier lebte, und seinen Schülern errichtet.

Der **Willis Tower** am Loop (gebaut 1974 als **Sears Tower**, seit 2009 durch den Verkauf an die Londoner Willis-Versicherungsgruppe in **Willis Tower** umbenannt) war mit 443 m Höhe und 110 Stockwerken 22 Jahre lang das höchste Bauwerk der Welt. Vom Skydeck auf dem 103. Stockwerk in 413 m Höhe kann man an klaren Tagen bis zu 80 km weit sehen und jährlich werden 1,3 Mio. Besucher gezählt. Besonders kitzlig sind die etwa 4 cm dicken Glasbalkone, die aus dem Gebäude herausragen. An Wochenenden ist der Besucherandrang so groß, dass bis zu einstündige Wartezeiten normal sind, um überhaupt eine Eintrittskarte für $ 20 zu ergattern (Öffnungszeiten 9:00 bis 22:00). Der Turm wurde schließlich von den Zwillingstürmen in Kuala Lumpur um gut 6 m übertroffen - doch auch dieser Gigantismus ist längst wieder überholt. 2015 bahnte sich ein neuerlicher Besitzerwechsel an. Der Finanzinvestor Blackstone machte ein Angebot von 1,5 Milliarden Dollar.

Weitere interessante und erwähnenswerte Gebäude sind das **John Hancock Center** mit 344 m Höhe, eine Stadt in einer Stadt (vom 45. bis 93. Stockwerk nur Apartments, soll auch umbenannt werden), sowie das 346 m hohe, weiß schimmernde Hochhaus **AON Center** (vorher Standard Oil/Esso).

## Where the Road begins!

An der Michigan Avenue ist der Anfangspunkt Ihrer Reise. Der Beginn der Route wurde allerdings mehrmals verändert. Die ganz alte Route begann am Jackson Boulevard/Ecke Michigan Avenue. Hier am Grant Park fand die Weltausstellung 1893 statt. Der Jackson Boulevard wurde mittlerweile zur Einbahnstraße degradiert und der Beginn der Route musste deshalb verlegt werden. Heute ist der Startpunkt an der Ecke Michigan Avenue/Adams Street, sogar mit einem Hinweisschild [🌐 N 41.8795, W 87.6246].

Die Straße verläuft zunächst durch nicht besonders attraktive Vorstädte Chicagos. Richtig schön wird die Strecke erst ab Joliet. Viele Abschnitte sind sogar vierspurig. Die *Route 66 Association* hat die Strecke recht gut ausgeschildert, daher ist die Fahrt durch diesen Staat relativ einfach und angenehm. Durch Illinois (Slogan: *Lincoln State*) führt die Straße hauptsächlich in südlicher Richtung nach St. Louis, Missouri.

**0** Ecke Michigan/Adams Street.

**1** Sie überqueren den Chicago River auf einer Klappbrücke der Adams Street und kreuzen die Canal Street. Linker Hand befindet sich die riesige unterirdische **Union Station**, der Fernbahnhof Chicagos, der einen ganzen Straßenblock einnimmt.

*Ausflugsboot auf dem Chicago River*

✕ Parallel zur Einbahnstraße Adams Street verläuft der West Jackson Blvd. an dem das **Lou Mitchells Restaurant** liegt (NRHP, Hausnummer 565). Seit 1949 wird das Restaurant gern zur Stärkung vor dem Route-66-Abenteuer genutzt. 1923 gab es bereits das originale Restaurant auf der anderen Straßenseite). Es ist nur von 5:30 bis 15:00 (montags bis samstags) und sonntags von 7:00 bis 15:00 geöffnet. Während dieser Zeit wird Frühstück und Lunch angeboten. Es liegt etwas unscheinbar zwischen höheren Häusern eingeklemmt zwischen Clinton und Jefferson Street [🌐 N 41.8778, W 87.6420]. Um trotz der Einbahnstraßen dorthin zu gelangen, biegen Sie von der Adams St. nach links in die Des Plaines Street ab und dann nach links in den Jackson Blvd; dort einen Block weiter auf der rechten Seite.

Fahren Sie weiter auf der Adams Street in westlicher Richtung.

2 Biegen Sie halb links auf die **Ogden Avenue** ein. An einigen Stellen sehen Sie braune „Historic-66"-Schilder, aber selten vor einer Kreuzung.

Die Fahrt führt durch Gewerbegebiete und Vorstädte, die zunehmend schmuddeliger werden. Der Gegensatz zu der gediegenen Pracht der Einkaufsstraßen in der City könnte nicht größer sein. Besondere Attraktionen habe ich hier nicht gefunden, ich war im Gegenteil froh, als ich diese Strecke hinter mich gebracht und Chicago verlassen hatte. Der Stadtteile hier heißen Cicero und Lyons und waren einst das Zentrum der Aktivitäten der Al-Capone-Bande.

Auf der linken Straßenseite passieren Sie den Castle Car Wash, einst eine Waschanlage für Autos. Das Gebäude liegt etwas zurück mit einem Parkplatz davor und der Turm mit Zinnen sieht aus, als wäre alles aus Naturstein erbaut [⊕ N 41.852524, W 87.720170].

☹ Es könnte sein, dass Ihnen die angegebene Wegbeschreibung nicht viel nützt, denn es gibt manchmal riesige Baustellen und somit Umleitungen (*Detour*). Sie sollten sich auf jeden Fall vor Ort einen Stadtplan besorgt haben, um ggf. wieder auf die richtige Straße zu gelangen.

10 Die **Harlem Avenue** kreuzt, fahren Sie links ab.

Nach wenigen 100 m stellt sich die Frage: Brauchen Sie was von **Aldi**? Sie haben richtig gelesen - hier haben Sie tatsächlich die erste Gelegenheit! An der Abzweigung Pershing Road erspähen Sie das typische Aldi-Süd-Schild. Der Markt liegt etwas versteckt nach hinten über einen P erreichbar [⊕ N 41.8206, W 87.8043]. Die Marktleiterin erzählte mir, dass sie schon seit über 20 Jahren bei Aldi arbeitet und sich die Kette seit 1976 langsam von Osten aus fast über die gesamte USA ausbreitet und heute 1.400 (!) Läden hat. Inzwischen gehört die Kette *Trader Joe's* zu Aldi Nord. Sie ist mit 350 Läden überwiegend im Westen der USA zu finden. Übrigens bereitet auch Konkurrent Lidl den Einstieg in den US-Markt mit anfangs 100 Standorten vor.

Ein paar Hundert Meter danach biegen Sie rechts in die **Joliet Road** ab, der Sie immer weiter folgen, um alsbald den Des Plains River zu überqueren.

20 Jetzt werden Sie (etwas kompliziert) automatisch auf die Interstate I-55 geführt, die an dieser Stelle genau auf der alten Route 66 (Joliet Road) gebaut wurde.

Am Exit 268 verlassen Sie die I-55 South (die deutlich für 66-Fahrer ausgeschildert ist), halten sich auf der zweispurigen Ausfahrt rechts und kommen so bei Meile ...

25 ... auf die South Joliet Road. Die Straße führt durch **Romeoville**, eine hübsche Kleinstadt, unauffällig abseits gelegen. Die Ähnlichkeit mit Shakespeares Romeo und Julia ist übrigens nicht ganz zufällig und entstand aus der Rivalität der beiden Orte in der Gründungszeit.

An der Joliet Rd. liegt auf der rechten Seite die *White Fence Farm* – ganz leicht am langen weißen Holzzaun zu erkennen. Dieses Restaurant ist seit der Gründung 1920 vor allem wegen seiner Brathähnchen in Teigkruste bekannt. Bei Amerikanern beliebt sind auch die aus einem Maisteig gebackenen Corn Fritters.

37 **Joliet**, 140.000 Einwohner.

Sie fahren weiter auf der 53, die zunächst Independence Blvd. heißt und später in die Broadway Street übergeht. Größter Arbeitgeber der Stadt und Sponsor u. a. bei kulturellen Projekten ist übrigens die Baumaschinenfabrik *Caterpillar*, kurz CAT.

*Die Blues Brothers*

Gleich am Ortsanfang links begrüßen Sie die *Blues Brothers* als lebensgroße Figuren auf dem Eiskremkiosk **Rich & Creamy**. Auf dem dazugehörigen

1
Chicago
Lake Michigan
ILLINOIS
N
W
O
S
94
90
41
88
355
66
268
55
294
57
80
52
45
Romeoville
Joliet
Elwood
Wilmington
Braidwood
Braceville
Gardner
Dwight
Odell
Pontiac
Chenoa
24
Lexington
Towanda
Normal
Bloomington
74
0 12,5 mi
0 5 10 15 20 km
© Stein Verlag

Parkplatz befinden sich mehrere Infotafeln, die über Sehenswertes in Joliet informieren. Beispielsweise wird die Lage mehrerer historischer Tankstellenzapfsäulen in der Stadt angezeigt.
Im 19. Jahrhundert entwickelte sich Joliet wegen seiner verkehrsgünstigen Lage zur Stahlstadt. Nach dem Niedergang sind heute nur noch die alten Fabrikhallen, Hafenanlagen und Brücken am Michigan-Kanal übrig geblieben. Eine Besonderheit sind die Brücken, die als Hub- und Klappbrücken gebaut wurden. Wenn ein Schiff passieren will, werden die Brückenteile nach oben gezogen bzw. gekippt.

**39** Nach ein paar Hundert Metern fahren Sie vor der katholischen Kirche links auf die Ruby Street und über eine Klappbrücke aus dem Jahr 1935. Dann geht's über die Chicago Street schräg rechts ab auf die Ottawa Street, deren Verlauf Sie ausgeschildert (rechts, links) folgen. Vor einer weiteren Klappbrücke über den Des Plaines River biegen Sie links auf die Ottawa Street ein.

Das inzwischen geschlossene, über 150 Jahre alte Gefängnis **Old Joliet Prison** mit den hübschen Türmchen in der N Collins Street diente u. a. dem Film „Blues Brothers" mit John Belushi als Eingangskulisse. Aber auch Sequenzen zu „Public Enemies" mit Johnny Depp, „Natural Born Killers", „Prison Break" und „Weeds" mit Nick Nolte wurden hier gedreht. Zum sehenswerten Gefängnis gelangen Sie auf der East Jackson Street nach fünf Häuserblöcken zur Collins Street, in die Sie nach links abbiegen. Nach knapp 2 Mi. haben Sie das Prison erreicht [N 41.5453, W 88.0733].

⌘ Schilder weisen auf das **Historische Museum** in der Ottawa Street hin, das auch zur Route 66 ausstellt (der Parkplatz ist rechts und das Museum 100 m weiter auf der linken Straßenseite) [N 41.5279, W 88.0830, www.jolietmuseum.org]. Neben ein paar Ausstellungsstücken zur 66 ist ganz besonders der Shop mit einem reichen Angebot an Souvenirs und Büchern sowie Bildbänden erwähnenswert.
Hier ist auch ein Prospekt namens „Joliet Klicks on 66" erhältlich, der zu einem Spaziergang entlang Sehenswertem in die Vergangenheit führt. Beispielsweise zu mehreren bereits erwähnten Benzinpumpenrepliken und zum berühmten *Rialto Square Theater* aus dem Jahr 1926 (102 N Chicago St). In diesem feinen Theater im Neobarockstil traten u. a. Johnny

Cash, die Beach Boys, Ray Charles, Dolly Parton, Duke Ellington und Kenny Rogers auf. Von Juni bis August kann das Theater zwischen 11:00 und 13:00 auf einer geführten Tour ($ 5) besichtigt werden.

Das Innere ist auch auf einer überaus eindrucksvollen virtuellen interaktiven Tour aus verschiedenen Blickwinkeln im Internet zu bewundern [💻 360comesalive.com/gallery02/RialtoSquareTheatre].

Hier in Joliet, an der Kreuzung der Chicago und Cass Street (also auf der Rückseite des heutigen Museums), kreuzte sich bis 1930 die Route 66 mit dem bereits 1913 eröffneten *Lincoln Highway* [💻 www.lincolnhighwayassoc.org/]. Diese heute fast vergessene Fernstraße führte über 3.390 Meilen (5.455 km) von New York nach San Francisco, erlangte aber nie den Mythos der Route 66.

**41** Verlassen Sie die Stadt auf der vierspurigen Chicago St/SR 53 nach Süden. Dieser Streckenteil bis Wilmington wurde im Zweiten Weltkrieg ausgebaut, um den Schwerlastverkehr mit Kriegsgerät und Munition besser aufnehmen zu können.

Joliet ist umgeben von Eisenbahnlinien. Bis kurz vor Los Angeles haben Sie bis auf kurze Stücke ständig die Eisenbahn in Sicht- und Hörweite. Das typische heulende Tuten der *Amtraks* und *Freight Trains* vor jedem Bahnübergang und jedem Bahnhof wird zu einem ständigen Begleiter Ihrer Fahrt werden.

**46** Sie passieren das abseits gelegene **Elwood**. Kurz vor dem Ort ist noch ein altes Teilstück der originalen 66 zu sehen, aus deren Fugen das Unkraut wuchert. Gegenüber der Heartland Bank biegen Sie links ab und dann sofort auf den Heritage Drive, einem kurzen Teilstück der alten 66.

Hinter dem Ort liegt rechts etwas abseits der *Abraham Lincoln National Cemetery*. Präsident Lincoln führte bereits im Jahr 1862 Nationale Friedhöfe ein, um gediente Soldaten, die Gefallenen der Kriege und ihre nächsten Angehörigen würdig unter die Erde zu bringen und ihnen so die letzte Ehre zu erweisen.

**56** **Wilmington**, 5.000 Einwohner.

Der Imbiss **Launching Pad** am Ortseingang mit der überlebensgroßen Raumfahrerfigur *Gemini Giant* aus den 1950er-Jahren war früher ein beliebter Stopp nicht nur für Biker. Bei meinem Besuch 2015 war der Diner geschlossen und stand zum Verkauf.

Gemini Giant

Die insgesamt etwa 150 überlebensgroßen Figuren wurden unter dem Namen **Bunyon Man** als Blickfang für verschiedene Läden und Werkstätten von einer Firma in Kalifornien hergestellt. Sie dienten als Blickfang und variieren alle ein bisschen im Aussehen, manche tragen einen Hotdog (für einen Imbiss) in Händen (☞ Mi. 151), andere einen Autoreifen für eine Autowerkstatt.

**58** Sie verlassen die Stadt auf dem Hwy. 53, fahren an den Bahngleisen entlang und erreichen auf der Front St. alsbald ...

**62** **Braidwood**, 5.000 Einwohner.

An der Ortseinfahrt an der Front Street finden Sie das *Polk-a-Dot Drive-In-Restaurant* im Stil eines Diners [N 41.2651, W 88.2098]. Polkadot ist ein Muster aus farbigen Kreisen, das früher in England als Stoff für Kinderbekleidung sehr beliebt war. Ein geschäftstüchtiger Mann bemalte in den 1950er Jahren seinen ausrangierten Schulbus mit dem Muster und verkaufte aus einer Miniküche Hamburger, Hotdogs und Eiskrem. Als das Geschäft überraschenderweise gut einschlug, erbaute er den Diner, der auch heute noch in Betrieb ist. Lebensgroße Figuren von Elvis (eine innen, eine außen, beide gut getroffen), James Dean (weniger gut) und den Blues Brothers sind zu bestaunen. Fahren Sie anschließend die Front Street weiter geradeaus am Kraftwerk vorbei auf dem Hwy. 35. Sie fahren weiter durch **Braceville**. Nach einer weiten Linkskurve biegen Sie rechts ab nach ...

**68** **Gardner**, 2.500 Einwohner.

Die 66 führt gut ausgeschildert durch den Ort, an dem Gefängnis aus dem Jahr 1906 mit nur zwei Zellen vorbei. Das schlicht eingerichtet *Two-Cell-Jail* ist zu besichtigen [N 41.1884, W 88.3049].

Gleich nebenan ist auch ein ehemaliger von Pferden gezogener Straßenbahnwaggon vom Anfang des vorigen Jahrhunderts sehenswert, der einst

zum Diner umgebaut wurde. Nach einer wechselvollen Geschichte verfiel der *Streetcar Diner* zusehends. Er wurde erst vor wenigen Jahren restauriert und wieder instand gesetzt, ist aber nicht in Betrieb.
Folgen Sie der guten Ausschilderung durch den Ort (Parker St, Sherman St), dann über die Eisenbahnbrücke und biegen Sie sofort danach links ab. Fahren Sie auf der linken Frontage Road, die unmittelbar zwischen der Interstate 55 und der Bahnlinie verläuft, weiter.

Unterkünfte an der 66 sind in dieser Gegend leider nicht reichlich vorhanden. Aber in der Nähe der Interstatekreuzung bei Dwight gibt es gleich zwei passable Etablissements: ein *Super 8 Motel* sowie das preisgünstigere *Classic Inn Motel*.

☺ Im weiteren Straßenverlauf sind zum ersten Mal Teilstücke der ganz alten Straße (jetzt gesperrt) neben der heutigen Route zu sehen. Über die nächsten zig-Kilometer tauchen immer mal wieder solche Teilstücke auf, aus deren Fugen und Rissen jetzt Gras und Unkraut sprießen.

☺ Die Straßen, die links und rechts der Highways verlaufen, heißen Frontage-, Service-, Business- oder Outer Road. Der Einfachheit halber bezeichne ich alle parallel zum Hwy. verlaufenden Straßen als „Frontage", auch wenn sie im Einzelfall einen anderen Namen haben sollten.

76 **Dwight**, 4.300 Einwohner, ⇧ 190 m.
Vor dem Städtchen biegen Sie links von der Umgehungsstraße (die eine neuere Version der alten 66 war) ab und durchqueren alsbald einen wohlsituierten Stadtteil mit gepflegten Häusern und Rasenanlagen. Nach einer langen Linkskurve erreichen Sie die an der Kreuzung Mazon Avenue gelegene herrliche *Ambler Becker Texaco* von 1932 (NRHP), einst auch als *Marathon Oil Station* bekannt. Sie wurde erst 1999 als Tankstelle aufgegeben und bis 2002 noch als Reparaturwerkstatt weitergeführt und war damals die am längsten geöffnete Tankstelle entlang der gesamten Route 66. Der damalige Eigentümer schenkte sie schließlich der Stadt Dwight, die das historische Stück zur alten Schönheit renovierte und ein Visitors Center einrichtete [N 41.0940, W 88.4395]. Sogar ein Picknicktisch kann benutzt werden. Drinnen steht noch ein Feuerwehrauto, das bestiegen und geläutet werden darf. Eine der Zapfsäulen zeigt noch den damaligen Benzinpreis an: 49 Cent für eine Gallone!
400 m weiter geradeaus über die Kreuzung ist eine ehemalige Autowerkstatt zu einer Route-66-Stätte mit vielen „antiken" Gegenständen

*Knallgelbe Shell-Tanksäulen*

aufgepeppt worden: Es sind drei knallgelbe ⛽ Shell-Tanksäulen außen und diverse Säulen anderer Marken innen sowie reichlich Schilder zu bewundern. Wie aus dem Ei gepellt präsentiert Ken Howard u. a. einen Straßenkreuzer und eine Tin Lizzie, die liebevoll gepflegt sind. An der Seite hat er außen eine Telefonzelle angebaut, in der eine flotte Puppe unentwegt telefoniert. Vor allem Kinder und Jugendliche fragen ihn verständnislos, wozu eine solche Zelle gut sein sollte. Empört erzählt er aber auch, dass schon dreimal bei ihm eingebrochen wurde und ganze Benzinsäulen und Neonreklamen abgeschraubt und gestohlen wurden.

Sehenswert wegen ihres ungewöhnlichen Baustils (durch einen Abstecher in den Ort leicht zu besuchen) ist die alte *Windmühle* an der E. South Street/Prairie Street, die Wasser aus einer Tiefe von fast 20 m nach oben pumpte und weit über zehntausend Liter bevorraten konnte. Sie liegt heute im hübschen Renfrew Park mit einem kleinen Teich davor [🌐 N 41.0988, W 88.4282].

Weiter auf der 66 gelangen Sie zu der Umgehungsstraße, die Sie vor dem Ort verlassen hatten. An der Einmündung sind links und rechts am Dwight

Lions Lake (mit Picknickplatz) noch Reste der alten 66 von Gras und Unkraut überwuchert entlang der Straße zu sehen. Sie führt noch meilenweit neben der heutigen Route 66 her.

84 **Odell**, 1.000 Einwohner.

Nach links auf die Odell Road. Sie passieren die alte, ungewöhnliche katholische Kirche *St. Paul's* aus rotem Backstein. Die Reste eines schmalen Fußgängertunnels (heute aufgefüllt) sind noch zu erkennen, der wegen des heftigen Verkehrs auf der 66 gebaut wurde - Kirchgänger und Schulkinder hatten sonst kaum eine Chance, die Straße sicher zu überqueren.

Ein Stück weiter gelangen Sie zu einer alten Tankstelle in der South West Street, *Standard Oil Gas Station* von 1932 auf der rechten Seite mit einer kleinen Touristinformation [N 41.0020, W 88.5288]. Die Tankstelle (NRHP) verkaufte ab 1932 Standard Oil Produkte (spätere Marke Esso). Die von John D. Rockefeller schon 1868 gegründete Company dominierte den Markt später in den gesamten USA. Ab 1940 wurde Phillips-66-Benzin und ab 1952 Sinclair-Produkte verkauft. Die Tankstelle war bis in die 1960er-Jahre in Betrieb, wurde dann noch ein paar Jahre als Reparaturwerkstatt geführt, bevor sie Jahrzehnte leer stand. Erst in den letzten Jahren wurde sie von der Gemeinde renoviert. Schöne Postkarten, Prospekte und Souvenirs werden angeboten, freundliche und herzliche Beratung.

*Standard Oil Gas Station*

Phillips wurde 1917 als Benzinfirma von den Brüdern Phillips in Oklahoma gegründet. Zehn Jahre später führte man mit einem kürzlich vorher raffinierten Benzin verschiedene Testfahrten auf der damals neuen Route 66 durch und erreichte eine Geschwindigkeit von 66 Meilen in der Stunde. Der Straßenname und das Tempo gaben der neuen Marke darauf den Namen und das Firmenlogo.

**90** Auch hier sind wieder alte Teilstücke an der rechten Straßenseite zu sehen. An einem sog. *Turnout* wird auf eine von Freiwilligen renovierte historische Scheune mit der Bemalung „Meramec Caverns" in Riesenlettern hingewiesen (☞ Stanton, Meile 375).

**94** Am historischen ✕ Restaurant *Log Cabin Inn* vor Pontiac biegen Sie links in die Pontiac Road ab [🌐 N 40.8985, W 88.6237]. An der Ecke steht das Blockhaus, das 1926 aus Telegrafenmasten erbaut wurde. Es hatte damals noch eine Tankstelle sowie einen Lunch Room. Als die Straße verbreitert und deshalb hinter das Blockhaus verlegt wurde, hob man das gesamte Gebäude an und drehte es mit Pferdekraft zur neuen Streckenführung hin. Wie auch später in anderen Städten gibt es eine Routenteilung der Streckenführung - hier von 1926-1930 und 1930-1939.

**95** **Pontiac**, 12.000 Einwohner, ⇧ 195 m, 4x 🛏

Fahren Sie auf der Pontiac Rd. und der Main St. ins Städtchen hinein, das nach einem Häuptling der Ottawa-Indianer benannt wurde – den meisten Amerikanern aber als Straßenkreuzer-Automarke bekannt ist. An der Kreuzung mit der Howard Street sehen Sie schon das ...

*Riesiges Route-66-Emblem*

⌘ *Hall of Fame Museum* über die Route 66, das Sie unbedingt besuchen müssen! Es ist untergebracht im ehemaligen Rathaus mit der Feuerwache auf der rechten Straßenseite, der P Parkplatz ist gegenüber [🌐 N 40.8810, W 88.6290, 💻 www.il66assoc.org]. Im rechten Teil des Gebäudes gelangen Sie durch einen Seiteneingang in das liebevoll gestaltete Museum mit i. Es werden über tausend Gegenstände ausgestellt, die aus dem vorigen Jahrhundert gesammelt wurden.
Eine Augenweide sind die großformatigen Fotos von Motiven der gesamten Route 66 in den beiden oberen Stockwerken. Auf der Rückseite des Gebäudes ist über die gesamte Höhe ein riesiges Route-66-Emblem gemalt. Fahren Sie mit Ihrem Auto auf den Parkplatz davor und - Klick per Selbstauslöser - haben Sie ein tolles Souvenir. Im selben Gebäude ist auch noch ein *Kriegsmuseum* zu besuchen und an zwei Stellen sind noch Teile von Arrestzellen zu sehen, denn früher gab's hier auch ein Polizeirevier neben der Feuerwache.

Übrigens sind noch eine Vielzahl weiterer *Murals* (Wandmalereien) in dem netten Städtchen zu bewundern, ein Spaziergang lohnt sich unbedingt. Im Museum ist ein Faltblatt erhältlich, auf dem diese abgebildet und verzeichnet sind.

☺ Jeden September findet in der Stadt übrigens ein *Blue-Grass-Festival* statt, bei dem meist acht Bands auftreten. Bluegrass ist eine besondere Spielart von Country and Western- und Folkmusic, die ursprünglich aus Kentucky und Tennessee stammt. Die typischen gespielten Instrumente sind das fünfseitige Banjo, Fiedel, Dobro, Mandoline, Gitarre und Kontrabass.
Am Museum zeigen Pfeile den weiteren Verlauf der Route 66 durch die Stadt an. Fahren Sie von der Howard Street über die Main Street am beeindruckenden Gerichtsgebäude mit dem riesigen Mahnmal für Kriegsgefallene vorbei bis zur Water Street. Hier biegen Sie rechts ab und fahren am Park am Vermilion River entlang. Über den Fluss führen Fußgänger-Hängebrücken (Suspension- oder Swinging Bridges), die aus den Jahren 1898 bzw. 1978 stammen. Über die Vermilion und die Reynolds Street erreichen Sie dann hinter den Bahngleisen den Hwy. 116, an dessen großer Kreuzung Sie links abbiegen.
Die Route führt an der Bahnlinie linker Hand entlang an **Chenoa** vorbei und erreicht eingequetscht zwischen Gleisen und der Interstate 55 ...

114 **Lexington**, 2.000 Einwohner.

Wenn die I-55 in einem starken Bogen nach rechts schwenkt, taucht auf der rechten Straßenseite ein altes Stück der originalen Route 66 mit rissigem Asphalt auf und führt neben dem Hwy. entlang. Hier hat man die Hälfte der alten Straße gepflegt und einen über 2,5 km langen *Walkway* angelegt.

Den Straßenrand säumen Infotafeln für interessierte Touristen sowie historische Reklametafeln für *Burma-Shave* (☞ Mi. 1924 und Mi. 2002). Die Parade Road war auch einmal eine Streckenführung der 66, jetzt hat man sie erhalten und pflegt sie als *Memory Lane* von 1926.

126 **Normal-Bloomington**, 125.000 Einwohner, ⇧ 245 m, 30x 🛏.

Hier wird es kompliziert durch drei verschiedene Streckenführungen, nämlich 1926-1930 mitten durch die City, dann 1930-1940 ähnlich als Variante und schließlich 1940-1977 im östlichen Bereich. Ich empfehle daher, die Stadt auf der I-55 in großem Bogen zu umfahren: bei Towanda Exit 171 rauf und bei Exit 154 wieder runter (bleiben Sie auf der I-55 und verirren Sie sich nicht auf die I-74). Das erspart eine Menge Frust und Zeit! In dem Fall weiter bei Mi. 142.

Wenn Sie es trotzdem versuchen wollen: Biegen Sie links in die Henry Street ein, dann nach einer Rechtskurve wird sie zur Pine Street (durch ein Viertel mit Baum-Straßennamen). An der Walnut Street steht das zweistöckige Gebäude der ehemaligen ⛽ *Sprague Super Service Station* (NRHP), aus dem Jahr 1931, im hübschen Tudor-Revivalstil. Sie hatte neben dem Tankshop ein Café und oben eine Wohnung für den Betreiber bzw. Eigentümer sowie eine überdachte Fahrbahn mit den Tanksäulen. Bis 1976 war sie als Tankstelle verschiedener Benzinmarken und Restaurants geführt, dann als Wohnhaus mit häufig wechselnden Läden. 2010 wurde sie renoviert - leider ohne die Tanksäulen. Heute steht alles leer und aus Geldmangel geht's nicht weiter [🌐 N 40.5176, W 88.9804]. Fahren Sie links in die Linden Street, dann rechts in die Willow Street, dann in die Main Street (SR 51, den Schildern Route 66 folgen).

⌘ Im ehemaligen imposanten Gerichtsgebäude in der 200 N Main Street ist das *McLean County Museum of History* untergebracht, das zur wechselvollen Geschichte dieser Region ausstellt.

✕ Mitten in der Stadt ist der *Lucca Grill* an der E Market Street (Nummer 116, fast Ecke Main Street) in einem alten Backsteingebäude zu finden.

2
ILLINOIS
N
W
O
S
Towanda
Normal-
Bloomington
Shirley
Funks Grove
McLean
Atlanta
Lawndale
Lincoln
Broadwell
Elkhart
Williamsville
Sherman
Springfield
Glenarm
Divernon
Farmersville
Waggoner
Litchfield
Mt. Olive
Staunton
Hamel
24
136
155
74
39
55
51
66
105
72
36
88
83
80
63
70
0 12,5 mi
0 5 10 15 20 km
© Stein Verlag

Der charakteristische Diner wurde 1936 von zwei italienischen Einwanderern gegründet und wird immer noch im Stil der damaligen Zeit betrieben. Typische Speisekarte, sehr nett und lebendig.

☺ Wenn Sie Funks Grove besuchen wollen, fahren Sie schon am Exit 154 von der I-55 ab in Richtung **Shirley**, denn Funks Grove selbst hat keine Ausfahrt, wohl aber einen schönen großen **P** Rastplatz (2015 geschlossen) an der Autobahn.

142 **Funks Grove**.
Ahornsirupliebhaber können bei einer kleinen Farm (Einfahrt ein paar Hundert Meter weiter auf der linken Straßenseite in den Wald) hausgemachten *Ahornsirup (Maple Sirup)* kaufen [⊕ N 40.3562, W 89.1176]. Funks Grove ist eine winzige Ansiedlung in einem Ahornwald. Seit der Gründung durch den deutschen Einwanderer Isaac Funk 1825 hatte die Siedlung nie mehr als 50 Einwohner. Die Familie Funk stellt in dieser Gegend seit Generationen Ahornsirup her. Zur Saison im Frühjahr sollen bis zu 3.000 Zapfeimer an den Bäumen hängen. Um einen Liter Ahornsirup zu gewinnen, werden etwa 40 Liter Baumsaft benötigt, die ein Ahornbaum in zwei Wochen abgeben kann.
Sogar Al Capone soll hier mit seiner Gang gestoppt haben und für sich und seine Mobster mehrere Dosen Sirup gekauft haben. Die Funks beschlossen daraufhin vorsichtshalber, dass sie niemanden erkannt und der ganze Vorfall gar nicht stattgefunden hatte.
Eine kleine Straße führt rechts an zwei alten Silos vorbei in den eigentlichen Ort hinein. Gleich hinter den Bahnschienen ist links ein ehemaliger Tante-Emma-Laden zu sehen, der zwischendurch auch schon mal als Antikshop fungierte. Heute ist nicht mehr viel Gutes dran und die Hütte verfällt langsam, aber sicher. Schräg gegenüber geht das ehemalige Bahnhofshäuschen einem ähnlichen Schicksal entgegen. Weiterhin ist noch eine kleine alte Kirche mit einem Friedhof nebenan zu sehen. Hier gibt's auch noch das Sugar Grove Nature Center mit einem eng mit Ahorn bestandenen Waldstück. Ab etwa Mitte Oktober scheinen die Bäume in einer Farborgie zu explodieren - der Indian Summer ist da.

147 **McLean,** 850 Einwohner, ⇧ 215 m (nicht verwechseln mit McLean in Texas).

*Ehemaliger Tante-Emma-Laden in Funks Grove*

Das *Dixie Trucker Plaza* existiert seit 1928. Es wurde seitdem mehrfach umgebaut und erweitert. In den 1930er-Jahren gab es dort Wochenendparties und Live-Entertainment. Heute bietet es ein Restaurant mit gutem und reichhaltigem Essen (Spezialität: „Dixie Roasted Chicken"), den unvermeidlichen Gift Shop und die „Hall of Fame" - in einem Durchgang anzusehen! Viele Motel- und Restaurantbesitzer, die sich um die Erhaltung der alten Straße bemühen, werden dort gewürdigt. Wenn der Magen knurrt, empfiehlt sich die riesige Auswahl am Büffet „All you can eat" für $ 10.

So kommen Sie wieder auf die Route 66: Ausfahrt links, vor der Eisenbahn links, dann wieder auf die rechte Frontage Road. Fahren Sie auf dem Lincoln Parkway bis ...

**151** **Atlanta**, 1.600 Einwohner, ⇧ 220 m.
Einfahrt rechts in den Ort auf der Sycamore St. und dann SW Arch St. Auf der rechten Seite in der SW Arch Street gleich hinter der SE Vine Street sehen Sie etwas versteckt den *Tall Paul*, eine riesige Statue aus Fiberglas, die einst für einen Schnellimbiss für Hotdogs warb.

⌘ An der Kreuzung befindet sich das *Atlanta Museum* und gegenüber steht das ✕ *Palms Grill Café* aus den 30er Jahren. Der Diner wurde 2009 restauriert und bietet ganztägig Frühstück an. Zwei kleine Läden machen sich hier Konkurrenz mit Route-66-Souvenirs.

⌘ Hier biegen Sie rechts in die Race St. ab und sehen schon das 20 m hohe *Hawes Grain Elevator Museum* vor sich, das in einem für die ehemaligen Prärielandstriche üblichen Getreidesilo untergebracht ist (2015 geschlossen) [🌐 N 40.2608, W 89.2339, 💻 www.haweselevator.org]. Dies ist eines der wenigen noch erhaltenen Silos aus Holz und wurde 1904 erbaut. Die Lage war insofern günstig, weil zwei Bahnlinien durch Atlanta führten und Chicago nicht weit war. Im Parterre fuhr ein beladener Pferdewagen hinein und kippte das Getreide in einen Aufzug mit vielen Schaufeleimern, der wie ein Paternoster funktionierte. Im obersten Stockwerk wurden die Körner ja nach Art und Qualität in verschiedene, fast bis zum Boden reichende, tonnenartige Behälter geschüttet, um später von dort in Eisenbahnwaggons verladen zu werden. Der Eintritt ist frei und geführte Touren sind möglich (besuchen Sie die o. a. liebevoll gestaltete Website).

Fahren Sie auf dem Lincoln Pkwy. eingequetscht zwischen I-55 und Bahnlinie nach Südwesten durch **Lawndale** hindurch. Der kleine Ort erlangte im Juli 1977 Berühmtheit durch eine Attacke von zwei großen schwarzen Vögeln auf einen draußen spielenden zehnjährigen Jungen. Einer der beiden Vögel, später von der Presse als *Thunderbird* tituliert, gelang es, den 25 kg schweren Jungen zu greifen. Seine Schreie alarmierten die Mutter, die den Knaben beherzt aus den Klauen des Untiers zu befreien versuchte. Nach 15 m Flug ließ der Vogel schließlich seine Beute fallen. Sieben Zeugen für den Vorfall gaben übereinstimmend die Größe des Tieres mit etwa 1,20 m für den Körper und über 2,60 m Geamtflügelspannweite an. Es hat davor und danach noch weitere Sichtungen riesiger Vögel gegeben. Waren es Adler, Geier oder Condore aus Südamerika? – es wurde nie aufgeklärt.

**159** Am Exit 133 geradeaus unter der I-55 durchfahren.

**164** **Lincoln**, 14.500 Einwohner, ⇧ 180 m, 9x 🛏.

Die Stadt wurde 1853 nach *Abraham Lincoln* benannt, noch bevor er der 16. Präsident der USA wurde. 1847 bis 1859 praktizierte er hier als Anwalt und machte sich einen Namen als „Honest Abe“. Als er erfuhr, dass die neue Stadt nach ihm benannt werden sollte, versuchte er das mit den Worten „Aus nichts, was den Namen Lincoln trug, ist bisher viel geworden" zu verhindern.

Lincoln war einer der bedeutendsten Präsidenten der USA. Er ist vor allem durch den Kampf um die Abschaffung der Sklaverei bekannt geworden, der zum Sezessionskrieg zwischen den Süd- und Nordstaaten führte. Elf der Südstaaten wollten die Sklavenarbeit beibehalten, sagten sich aus der Union los und gründeten die *Confederate States of America*. Der Bürgerkrieg tobte von 1861 bis 1865 und zunächst schienen die Südstaaten im Vorteil. Das Blatt wendete sich jedoch und wegen der militärischen Übermacht gewann der Norden die Oberhand. Insgesamt kamen etwa 618.000 Menschen auf beiden Seiten um – mehr als in allen nachfolgenden Kriegen der USA in aller Welt! Nur fünf Tage nachdem die Konföderierten kapituliert hatten, wurde Lincoln von einem Fanatiker im *Ford Theater* in Washington in seiner Loge hinterrücks erschossen.

Folgen Sie dem Business Loop 55 (grüne 55-B-Schilder) auf der Logan Street. Sie kreuzt die Clinton St. und geht in die 5th Street über. An der 5th Street Ecke South Washington St. ist eine gut erhaltene, kleine weiße ⛽ Texaco-Tankstelle zu sehen – leider heute ohne Säule [🌐 N 40.1467, W 89.3827]. Ein paar Hundert Meter weiter auf der 5th Street finden Sie die ℹ Tourist Information.
Im Ort steht das ehemalige Restaurant *The Mill* in der 738 S Washington Street (fünf Blocks südlich der 5th, neben einem Bahnübergang), das für seine Wiener Schnitzel berühmt war (Slogan: „Home of the Schnitzel"). Das Gebäude von 1929 mit den markanten (Show)-Windmühlenflügeln ist 10 Jahre lang dem Verfall preisgegeben gewesen. Route-66-Enthusiasten überzeugten schließlich die Gemeindevertreter, die Mühle zu übernehmen. Sie wurde renoviert und soll eines fernen Tages als ⌘ Museum [🌐 N 40.1433, W 89.3825] dienen. Inzwischen hat ein anderes 🍴 Restaurant in der 111 S. Kickapoo Street in einer Ladenzeile gegenüber dem Gerichtsgebäude, nämlich das *Hallie's on the Square*, den Slogan übernommen [🌐 N 40.146470, W 89.362850] und hat Schnitzel auf der Karte.
Die *City Hall*, das Rathaus der Stadt, hat etwas Besonderes, nämlich eine Telefonzelle (!) auf dem Dach. Sie soll in den 1960er-Jahren zu Zeiten des

Kalten Krieges und zur Warnung bei nahenden Unwettern als Ausguck genutzt worden sein. Mehrfache Versuche seitens der Stadtverwaltung, das Ding zu entfernen, scheiterten bisher am Widerstand der Bevölkerung [🌐 N 40.1460, W 89.3611]. Das Unikum steht an der Broadway Street Ecke McLean Street. Das Gebäude mit der Dachkuppel gleich gegenüber ist das Gerichtsgebäude des Logan County.

*Planwagen mit Lincoln auf dem Bock*

Wenn Sie den mehrspurigen Lincoln Parkway überquert haben, biegen Sie nach rechts auf den Parkplatz des Best Western Lincoln Inn ab. Hier steht eine ungewöhnliche Sehenswürdigkeit: ein riesiger *Planwagen mit Lincoln* auf dem Bock, ein Gesetzbuch in der Hand [🌐 N 40.1485, W 89.3873]. Die Abmessungen sind etwa 13 m Länge, 4 m Breite und 8 m Höhe, Lincoln selbst ist 3 m groß und wiegt fast 160 kg. Das ganze Gefährt würde ca. 5 t auf die Waage bringen und steht natürlich im Guinnessbuch der Rekorde.

**166** Fahren Sie den Lincoln Parkway 55 B nach Süden. Wenn der Parkway von der Bahnlinie nach rechts schwenkt, biegen Sie links auf die Frontage Road ab, also bevor Sie auf die I-55 gelangen.

Sie fahren an **Broadwell** vorbei. Hier erinnert nur noch ein Historical Marker an das *Pig-Hip-Restaurant* von Ernie Edwards, das 1937 eröffnet wurde, aber leider 2007 abbrannte. Es erlangte eine gewisse Berühmtheit wegen seiner Schinkensandwiches. Überliefert ist die Story von dem Texaner, der Ernie 1946 ein Sandwich an den Kopf warf, weil der einen schwarzen Soldaten bediente. Daraufhin wurde ein Schild in den Laden gehängt, dass jeder ohne Ansehen der Person bedient wird. Damals war das in der Gegend überhaupt nicht selbstverständlich.

Die Frontage Road verläuft weiter zwischen I-55 und Eisenbahnlinie.

*Tankstelle Old Station*

179 **Williamsville**, 1.400 Einwohner.
Am Ortseingang steht ein braunes Route-66-Schild, das nach links in die Elm Street weist. An dieser Straße steht noch eine alte ⛽ Tankstelle *Old Station* von 1930 mit zwei gelben Zapfsäulen und anderem alten 66-Zubehör [🌐 N 39.9550, W 89.5500].

An der mehrspurigen Main Street biegen Sie rechts ab und überqueren auf der Stuttle Road die I-55. Danach nehmen Sie die zweite Straße nach links, die Outer Road. Sie überqueren die I-55 und biegen kurz darauf rechts auf die mehrspurige 55 B ab. Folgen Sie den grünen Schildern 55 Business Loop auf dem S Sherman Blvd, der später zur Peoria Rd. wird. Folgen Sie den 55-B-Schildern, auch beim Bogen nach links. Überqueren Sie den Veterans Pkwy. und folgen Sie dem Route 66-Schild.

191 **Springfield IL**, 113.000 Einwohner, ⇧ 180 m, 25x 🛏, KOA 🚐
Kaum zu glauben: Nicht Chicago ist die Hauptstadt des Staates Illinois, sondern diese Kleinstadt - seit 1837 auf Betreiben von Abraham Lincoln, der hier lange Jahre wohnte! Ein weiteres Kuriosum ist, dass es insgesamt 64 Orte und Städte namens Springfield in 35 Staaten der USA gibt! Sogar der Nachbarstaat Missouri hat ein Springfield (Mi. 530). Außerdem leben die Simpsons in Springfield – doch in welchem?
Wenn Sie durch die Stadt wollen, fahren Sie auf der Peoria Road/Business Loop 55 weiter. Hier passieren Sie das ⛽ *Shea's Petroliana Museum*, das vor allem zu den verschiedenen Benzinfirmen der vergangenen Jahrzehnte (u. a. eine beeindruckende Anzahl von Tanksäulen und Schildern aller Art) ausstellt. Leider ist das Gelände mit einem hohen Maschendrahtzaun umgeben, so dass Fotografieren schwierig ist [🌐 N 39.8290, W 89.6383]. Nachdem der Eigentümer verstorben war, wurde die Ausstellung geschlossen und steht inzwischen zum Verkauf.

🍴 Folgen Sie den Schildern der I-55 Business nach Süden. Die Peoria Rd. wird zur 9th Street. Dann geht es rechts in die South Grand Avenue und gleich wieder links auf den Loop 55 B. Kurz nachdem dieser in die 6th Street verschwenkt, liegt auf der rechten Seite das *Cozy Dog Drive In* mit den beiden kuschelnden Würstchen, das in Riesenlettern „FOOD" ankündigt und dessen Spezialität Corn Dogs sind [🌐 N 39.7623, W 89.6487]. Die Würstchen dieser Hot Dogs werden in einer Maisteighülle frittiert und mit einem Holzstiel angeboten - ähnlich Eis am Stiel (Slogan: „Corn Dog on a Stick"). Die Amerikaner schwören darauf seit 1946. Daneben gibt's natürlich auch noch andere Gerichte.

⌘ Sehenswert ist das *Old State Capitol* an der 5th Street Ecke Washington Street [🌐 N 39.8011, W 89.6486] und das heutige Illinois State Capitol in der 401 2nd S Street [🌐 N 39.7984, W 89.6550]. Der Neubau mit der silbrigen Kuppel (Baubeginn 1867) des heutigen sechsten Capitols wurde erforderlich, weil das alte aus allen Nähten platzte. Beide Gebäude tragen eine Kuppel und können besichtigt werden.

⌘ Wenn Sie mit dem Haus *Abraham Lincolns*, in dem er von 1841 bis zu seinem Einzug ins Weiße Haus 1861 lebte (7th Street Ecke Jackson Street) [🌐 N 39.7978, W 89.6461], seiner Grabstätte auf dem Oak Ridge Cemetery und seinem Museum in der N 6th Street (Ecke E Jefferson Street, gegenüber dem Old State Capitol Plaza) nichts am Hut haben, empfehle ich auch in diesem Fall, die Stadt auf der I-55 zu umfahren. Am Ortsausgang der beiden 1930-1977-Routen müssen Sie sowieso für ein paar Meilen auf die I-55.
Wie auch in Normal-Bloomington gibt es verschiedene Streckenführungen aus den Jahren 1926-1930, 1930-1940 und 1940-1977.

☺ Beachten Sie bitte die im Kapitel **Abstecher & Alternativen** stehende Beschreibung zum folgenden Streckenverlauf unter **1** Alternative.

**198** Fahren Sie weiter auf der I-55 Business, die an einer Kreuzung mit der I-72 endet. Fahren Sie hier für ein paar Meilen auf die I-55 in Richtung St. Louis.

**202** Bei Exit 88 der I-55 biegen Sie auf die rechte Frontage (Palm Road) ab. Sie fahren jetzt immer parallel zur Interstate.

**207** Fahren Sie an **Glenarm** vorbei.

**209** Es geht bei Exit 82 wieder auf die I-55.

**211** **Divernon**. Bei Exit 80 wieder runter auf die rechte Frontage. Sie fahren durch **Farmersville** und **Waggoner** schnurgerade nach Süden.

**235** Bei Exit 63 überqueren Sie die I-55 und fahren auf die linke Frontage. Kurz darauf fahren Sie eingequetscht zwischen der Eisenbahnlinie und der Interstate auf dem Columbian Blvd. ein nach …

**240** **Litchfield**, 7.000 Einwohner, ⇧ 210 m, 8x 🛏
Kurz bevor die Straße vierspurig wird, biegen Sie links ab auf die Old Route 66 und passieren kurz darauf das *Skyview Drive In Cinema*, das seit den 1950er-Jahren an Wochenenden nach Einbruch der Dunkelheit von Mitte April bis Ende September Filme zeigt.

🍴 Nachdem Sie die Union Ave. gekreuzt haben, liegt an der Kreuzung nach links an der Straßenecke das *Ariston Cafe* aus dem Jahr 1935. Es ist das älteste noch existierende Restaurant an der Route 66 (seit 1924 stand es an anderer Stelle in Carlinville). Vor dem Lokal standen früher zwei Benzinsäulen, wie es sie häufig kombiniert mit einem Restaurant gab. Das

Äußere besticht durch eine gelb-braun verklinkerte Fassade, an die sich das eigentliche Gebäude schlicht anschließt. Das Ariston (NRHP) ist seit seiner Gründung immer noch im Besitz derselben Familie. Es ist ein Speiselokal mit geschmackvoller Dekoration und griechischen Einflüssen. Das Essen, auch in italienischer und mexikanischer Richtung, ist ausgezeichnet.

♦ Ariston Café, [🌐 N 39.1775, W 89.6669], 💻 www.ariston-cafe.com, montags geschlossen

🛏 Das nebenan liegende Super-8-Motel hat durchweg sehr schlechte Kritiken bekommen, während das Hampton Inn am Thunderbird Circle allgemein gelobt wird.

⌘ Schräg gegenüber auf der anderen Straßenseite (334 Historic Old Route 66) wurde 2013 das privat initiierte *Litchfield Museum and Route 66 Welcome Center* eröffnet. Es hat die Geschichte Litchfields und die der Route 66 in Illinois zum Thema und befindet sich noch im Aufbau. Das alte Neonschild „Vic Suhling - Gas for less“ weist nicht mehr auf eine Tankstelle hin, sondern ist restauriert ein Teil des Museums.

Fahren Sie weiter auf der Historic Old Route 66/County Rd. 150 überwiegend an der Bahnlinie entlang nach Süden bis …

**248** **Mount Olive**, 2.200 Einwohner.

Sie können den Ort auf der Old Route 66, die von 1940 bis 1977 in Betrieb genommen wurde, im Bogen umfahren.

Wenn Sie sich aber die sehenswerte und restaurierte ⛽ *Soulsby Shell Station* mit den beiden gelben Tanksäulen an der Ecke First Street ansehen wollen [🌐 N 39.0711, W 89.7353], biegen Sie links vor dem Ort dort ab, wo sich die Straße von der Bahn entfernt. Sie führt dann im Bogen durch den Ort, um sich außerhalb an der Bahnlinie wieder zu vereinen. Die Tankstelle war von 1926 bis 1991 in Betrieb und verkaufte ausschließlich Shell-Produkte. Sie befand sich einst direkt an der älteren Streckenführung der 66 (von 1930 bis 1940), bis die Umgehung gebaut wurde. Die Tankstelle wurde 2003 komplett renoviert und in den historischen Zustand versetzt (NRHP).

Der Ort wurde 1848 von dem deutschen Einwanderer Johannes Niemann gegründet. Später wurde er zur Kohlebergbaustadt, in deren Minen die Kumpel unter sklavischen Bedingungen ausgenutzt wurden. Aus Protest kam es 1898 zum Aufstand, der zu einem gewaltsamen Streik eskalierte und später unter dem Namen Virden Massacre bekannt wurde. Er forderte insgesamt 12 Tote, davon 7 streikende Arbeiter. Sie liegen auf dem *Union Miners Cemetery* [🌐 N 39.080, W 89.7326] in der nördlichen Lake Street begraben. Dies ist der einzige Friedhof in den USA, der einer Gewerkschaft gehört. Der protestantische Pastor hatte nämlich den Toten ein Begräbnis verweigert und die Streikenden als Mörder bezeichnet. Hier befindet sich auch ein Denkmal an Mother Jones, die damals die Miner tatkräftig unterstützte.

Verlassen Sie Mt. Olive nach Süden parallel zur I-55. Nach dem Unterqueren der Bahngleise überqueren Sie die Interstate und fahren wieder auf die rechte Frontage Road.
Wenn Sie vor dem Abbiegen hier nur 500 m geradeaus weiterfahren, erreichen Sie den ganz speziellen Autohändler *Russ Noel's Country Classic Cars* [🌐 N 39.0301, W 89.7498, 💻 www.countryclassiccars.com]. Er hat Hunderte von Oldtimern in verschiedenen Erhaltungszuständen zum Verkauf ausgestellt, die auch von Zeit zu Zeit versteigert werden.

252 **Staunton**, 5.000 Einwohner, ⇧ 190 m.
Um weiter der von endlosen Maisfeldern gesäumten Route 66 zu folgen, fahren Sie zunächst mit ein paar Schlenkern am Rand von Staunton entlang. Auf der rechten Seite taucht alsbald *Henry's Rabbit Ranch* auf, das als eine Art ℹ Visitor Center funktioniert und u. a. aus einer Replik einer alten ⛽ Tankstelle besteht (Slogan: „Hare it is" = „Hasen sind's", in Anlehnung an den alten Trading Post, ☞ Mi. 1792). Neben allerlei Route-66-Erinnerungsstücken, Tanksäulen, Lkw, Oldtimern etc. sind natürlich auch Karnickel in großer Zahl zu sehen.

Weiter geht's auf der Sievers Road. Verpassen Sie nicht den Abzweig zur Williamson Rd., die Sie auf die SR 4 bringt, der Sie in südlicher Richtung folgen. Vor der Auffahrt auf die I-55 fahren Sie rechts auf die SR 157 ab, sie führt direkt durch ...

262 **Hamel**, 800 Einwohner. Fahren Sie auf der SR 157 weiter.

⇔ **Alternative zum Routenteil Meile 191 bis 262,** ☞ **1** Kapitel Abstecher & Alternativen

**267** **Edwardsville**. Von der St. Andrews Ave. stoßen Sie auf die Vandalia St. und biegen rechts ab. Nachdem sie zur St. Louis Street geworden ist, biegen Sie links in die West St. ein, es ist immer noch die 157.

**276** Hinter Edwardsville führt die Route schön ausgebaut an der Uni vorbei. Fahren Sie vor der Kreuzung mit der I-270 auf der Chain of Rocks Road geradeaus über eine große Kreuzung in westliche Richtung weiter.

**281** **Mitchell**, 1.500 Einwohner.

Am Ortsausgang rechts befindet sich das *Luna Café*, das aus dem Jahr 1926 stammt und seitdem auch betrieben wird. Es wirkt etwas heruntergekommen und ist heute mehr eine gemütliche Kneipe mit Unmengen von Route-66-Trödel an Decken und Wänden. Schon vormittags sitzen hier einige Unentwegte beiderlei Geschlechts und trinken sich den Tag schön. Gerüchte besagen, dass es einst sogar ein Bordell war und der berüchtigte Al Capone sich hier herrumgetrieben haben soll.

An dieser Stelle gab es zwei große Umleitungen. Meilenangaben können dadurch verfälscht sein!

**289** Fahren Sie weiter unter der I-270 hindurch (lassen Sie sich nicht von dem 66-Schild irritieren, das Sie auf die Interstate führen will) und biegen Sie nach einer halben Meile rechts ab in die Maryville Road. An der folgenden T-Kreuzung biegen Sie links in die **Chain of Rocks Road** ab und überqueren später eine große Ampelkreuzung. Nach ein paar Hundert Metern erreichen Sie eine Straße (gekennzeichnet mit „Historic Route 66 Spur") mit einer Art Durchfahrtstor mit der Aufschrift *Chouteau Island*. Dahinter befindet sich eine Ampel, die die Durchfahrt über eine Einbahnbrücke regelt. Bei Grün fahren Sie zunächst über einen Mississippi-Kanal, der zur Wasserregulierung bei Hochwasser dient, und dann ein paar Meilen über Land.

Der Chouteau-Clan spielte ab dem 18. Jh. als Pelzhändler in der Erschließung und Besiedlung von Missouri eine wichtige Rolle. Die verschiedenen Familienmitglieder gründeten diverse Handelsposten. Aus dem wichtigsten erwuchs später das heutige St. Louis.

Hinweis: Wundern Sie sich nicht über die Chain of Rocks Road. Die wunderliche Streckenführung ist durch das Überbauen derselben mit dem Autobahnkleeblatt der I-270 entstanden.

291 Zum Schluss passieren Sie ein weiteres Tor und dann warnt ein Schild „Road Closed" vor der Weiterfahrt. Gleich anschließend befindet sich ein riesiger asphaltierter P Parkplatz, sogar mit WC, Abfallcontainer und einem Picknicktisch.

Vorsicht vor zwielichtigem Gesindel auf dem Parkplatz, es ist schon zu Autoaufbrüchen gekommen.

Hier beginnt die zehnbogige **Chain of Rocks Bridge** (NRHP), die Teil der ältesten Streckenführung der Route 66 ist und 1927/28 erbaut wurde. Die 1.632 m lange Brücke überquert zunächst ein Überschwemmungsgebiet und dann den Mississippi, der hier die Grenze zwischen den Staaten Illinois und Missouri bildet. Die bemerkenswerte Stahlfachwerkkonstruktion wurde im Jahr 1927 mit einem Knick von 22 Grad (abweichend von der Geraden) fast in der Mitte des Flusses von Privat gebaut und war deshalb anfangs eine Mautbrücke über den „Muddy River". Der Knick war erforderlich, weil bei einer gradlinigen Querung der Untergrund des Flussbetts für die Pfeiler nicht fest genug war. Abknickende Brücken sind relativ selten. Bekannt in Europa ist die Margaretenbrücke in Budapest, die um 30 Grad abknickt.

*Chain of Rocks Bridge*

Die in die Jahre gekommene Brücke wurde zwar inzwischen renoviert, darf aber seit 1998 aus Sicherheitsgründen nur zu Fuß oder per Rad überquert werden. Sie kann sich deshalb rühmen, eine der längsten Fußgänger- und Radlerbrücken der Welt zu sein.

Ganz in der Nähe der Brücke befindet sich eine Entnahmestation des Wasserwerks von St. Louis mitten im Strom. Sie wurde bereits 1894 errichtet und ist seitdem immer noch in Betrieb.
Unterhalb der Brücke gibt es einen Aussichtspunkt mit P Parkplatz, der gern von Anglern genutzt wird. Um dorthin zu gelangen, fahren Sie etwas zurück und biegen rechts in eine Schotterpiste ab.

**298** Weiterfahrt: Fahren Sie zurück bis zur großen Ampelkreuzung und dann auf die I-270 West. Von der I-270 fahren Sie die erste Ausfahrt hinter der Mississippibrücke ab, um im Staat Missouri zum dortigen i Welcome Center zu gelangen. Diese modernere Brücke, nur 600 m flussaufwärts der alten Brücke, wurde 1967 freigegeben. Ein Jahr später - nach 40 Jahren Dienst - wurde die Chain of Rocks Bridge geschlossen. Pioniere der Army schlugen vor, die alte Verbindung (als militärische Übung gewissermaßen) zu sprengen. Der Verfall der Schrottpreise kam zum Glück dieser Idee zuvor.

# Route durch Missouri 321 Mi.

- Missouri Tourist Info Center, I-270 N., St. Louis, www.visitmo.com/
- Missouri Tourist Info Center, I-44, Joplin

Der dünn besiedelte Staat Missouri (Slogan: „Show-me-State") ist landschaftlich geprägt durch die beiden großen Flüsse Mississippi und Missouri, den großen *Lake of the Ozarks* und die *Ozark Mountains*, einem riesigen Hochplateau zwischen den Appalachen und den Rocky Mountains. Der Name entstand vermutlich aus der Verballhornung des französischen „Aux arcs", das auf die häufig vorkommenden Regenbögen in dieser Region hinweist. In den Ozarks gehen die Uhren anders und die Menschen werden als eigenwillig, konservativ und schrullig angesehen – *Hillbillies* eben. Aus alter Tradition wird immer noch Square Dance zu Fiedel und Gitarre getanzt und des nachts heimlich *Moonshiner* (illegaler Whiskey) gebrannt.

Dieses Hügelland mit seinen Wäldern und kaum bewohnten Dörfern gehört zu den ärmsten Gegenden Amerikas. Bedeutung erhielt Missouri bei der Erforschung und Besiedlung des amerikanischen Westens. In St. Louis, seit Mitte des 18. Jahrhunderts ein wichtiger Handelsposten, weist der Gateway Arch auf die Bedeutung der Stadt als Tor zum Westen hin.

Fast das gesamte mittlere Drittel der heutigen USA gehörte im 18. Jh. zu Frankreich, also komplett die heutigen Staaten Louisiana, Missouri, Arkansas, Kansas, Oklahoma, Iowa, Nebraska und South Dakota sowie Teile von Texas, Minnesota, North Dakota, Colorado, Wyoming, Montana und New Mexico. Als der damalige Präsident Thomas Jefferson die Stadt New Orleans aus strategischen und ökonomischen Gründen kaufen wollte, bot Napoleon Bonaparte schließlich die gesamte damalige französische Kolonie Louisiana mit über 2 Mio. Quadratkilometern Land für \$ 22,5 Mio. zum Kauf an, das entsprach etwa \$ 7 pro Quadratkilometer Land. 1803 wurde der Kauf besiegelt, was prompt zu Streitigkeiten mit Spanien führte, das die Grenzen zu seinen Territorien New Mexico und Texas in Gefahr sah. Der Deal ging unter dem Begriff *Louisiana Purchase* in die Geschichte ein und war das größte Grundstücksgeschäft der Welt. Selbst der spätere Verkauf Alaskas durch den russischen Zaren im Jahr 1867 kam nicht annähernd an diesen Handel heran – 1,6 Mio. Quadratkilometer für nur \$ 7,2 Mio.

Die Fahrt durch die Dörfer und Kleinstädte Missouris führt durch eine reizvolle, hügelige Landschaft. Die alte Route 66 passt sich der Landschaftsform an. Viele mehr oder weniger sanfte Kurven führen entlang der Felder, Wälder und Weingüter und über die Hügel.

Vorläufer der Route 66 war der *Ozark Trail*, der aus vielen Einzelstücken bestand, die von Kommunen, Vereinen (Ozark Trail Association) und Privatleuten unterhalten und schließlich miteinander verbunden wurden. Er führte von St. Louis und Kansas City über Joplin, Oklahoma City bis nach Las Vegas, New Mexico.

Eine der Attraktionen Missouris sind die vielen Kalksteinhöhlen. Die bekanntesten sind die *Fantastic Caverns* bei Springfield (Mi. 534) und die *Meramec Caverns* bei Stanton, wo der Legende nach schon der berüchtigte *Outlaw* Jesse James Unterschlupf mit seiner Bande gefunden haben soll. Auf die Meramec Caverns wird schon in Illinois auf großen Reklametafeln, den sog. *Billboards*, hingewiesen. Die Höhlen waren seit den frühen Jahren der Route 66 eine Attraktion für Reisende. Einer der ersten Betreiber der Caverns war werbemäßig voll auf der Höhe, denn neben den *Billboards* erfand er auch die Stoßstangenaufkleber, die sog. *Bumper Sticker*, die seitdem in allen Variationen an den Autostoßstangen in den USA spazieren gefahren werden.

**298** Erste Ausfahrt auf der I-270 hinter der Brücke abfahren - achten Sie auf die Hinweisschilder zum i Welcome Center (hier gibt's Prospekte, Karten und einen Stadtplan von St. Louis). Anschließend fahren Sie unterhalb am Fluss auf dem Riverview Drive immer geradeaus weiter und über den Broadway bis zur Innenstadt.

P Parkmöglichkeiten finden Sie in der Nähe des Casinos und beim Gateway Arch. Nicht wundern: Die Route-66-Schilder sind in diesem Staat überwiegend in blau statt in braun gehalten.

Nirgendwo entlang der Route 66 wurden die Stadtdurchfahrten so oft gändert wie in St. Louis: von 1926 bis 1977 insgesamt 23-mal! Aber nicht nur hier war die Straße ständigen Veränderungen und Verbesserungen unterzogen und wurde so dem laufenden Verkehrsaufkommen angepasst, „Realignments“ genannt.

**308** **St. Louis**, 2,8 Mio. Einwohner, unzählige , KOA 

Wegen seiner Lage nur wenige Kilometer unterhalb des Zusammenflusses von Missouri und Mississippi entwickelte sich die Stadt ab 1764 schnell

zu einem betriebsamen Handelsplatz an der Kreuzung der Hauptverkehrswege. Das Aufkommen der Dampfschifffahrt förderte diesen Boom noch. Neben den gewaltigen Schaufelraddampfern im Flusshafen wurde die Stadt auch zu einem Eisenbahnknotenpunkt.
Später siedelten sich große Firmenimperien wie die Anheuser-Busch-Brauerei (Budweiser-Bier, wurde inzwischen von dem belgischen Konzern InBev übernommen, der weltgrößten Brauereigruppe), das Flugzeugwerk McDonnell-Douglas, Chrysler, General Motors und Ford (Werke inzwischen wieder geschlossen) sowie Energizer (Batteriehersteller und Erfinder der Taschenlampe) an.
St. Louis ist die wohl sportbegeistertste Stadt der USA: Baseball und sogar Fußball (in den USA Soccer genannt) sind sehr beliebt. 1904 fanden die Expo und die ersten Olympischen Spiele in den USA hier statt. St. Louis ist übrigens nicht die Hauptstadt von Missouri, sondern das weiter westlich gelegene Jefferson City, das 1826 zur Hauptstadt erkoren, nach dem dritten US-Präsidenten Jefferson benannt wurde und heute weniger als 50.000 (!) Einwohner hat.
Weltbekannt wurde die Stadt durch Charles Lindbergh, der 1927 den Atlantik von New York nach Paris in knapp 34 Stunden überquerte und sein einmotoriges Flugzeug „Spirit of St. Louis“ nannte - als Dank an die generösen privaten Sponsoren der Stadt.

⌘ Wenn Sie viel Zeit haben, sollten Sie den Besuch dieser Sehenswürdigkeiten in Betracht ziehen: die *Union Station* mit sehenswerter Architektur, heute eine interessante Shopping Mall (wurde 1894 eröffnet und war damals der größte und verkehrsreichste Bahnhof der Welt) oder die *Cathedral Basilica* [🌐 N 38.6421, W 90.2548], die von Papst Johannes IV. die „außergewöhnlichste Kathedrale Amerikas“ genannt wurde (sie hat über 800 m² Mosaiken, die von über 20 Künstlern gestaltet wurden).

⌘ Für Bierfreunde ist eine Besichtigung der *Anheuser-Busch-Brauerei* angesagt [🌐 N 38.5969, W 90.2097]. Die beiden Gründer Eberhard Anheuser aus Bad Kreuznach und Adolphus Busch aus Mainz-Kastel wanderten Mitte des 19. Jahrhunderts in die USA aus. 1852 gründeten sie die Budweiser-Brauerei, die ihr Bier statt aus Gerste aus Reis (!) herstellt. Inzwischen werden u. a. auch die deutschen Biermarken Beck's und Lowenbrau [sic!] in verschiedenen Variationen nach dem Deutschen Reinheitsgebot von Anheuser-Busch für den amerikanischen Markt gebraut.

Durch gute Werbung und Innovationen, beispielsweise die Einführung von Kühllastwagen und die Produktion des Dosenbiers 1936, wurde das *Budweiser* bald unschlagbar in den USA und hatte zeitweise einen Anteil von 60 % am nordamerikanischen Biermarkt. Heutzutage wird in zwölf Braustätten überall in den USA das „Bier" gebraut, das das deutsche Reinheitsgebot nicht bestehen würde: Es wird hauptsächlich aus Reis hergestellt und enthält einiges an Chemie, deshalb kann das Gebräu nur eiskalt genossen werden.

Legendär sind übrigens die Auseinandersetzungen und Gerichtsprozesse mit dem original-tschechischen Bier „Budweiser/Budvar" in den letzten hundert Jahren über die Namensrechte. Seit 2008 gehört die Marke zur belgischen InBev, zu der in Deutschland auch Hasseröder, Beck's, Haake-Beck, Gilde, Diebels, Löwenbräu, Spaten und Franziskaner gehören.

▷ Bekannte Töchter und Söhne der Stadt St. Louis sind Josephine Baker - Tänzerin/Sängerin und Schauspielerin, Miles Davis - Jazzmusiker, Chuck Berry - Rock 'n' Roller und Dwight Davis - Tennisspieler und Erfinder des Davis Cups.

*Gateway Arch*

⌘ Zum Besuch des **Gateway Arch** im Jefferson Expansion Memorial Park sollten Sie früh am Vormittag eintreffen, denn die Fahrt mit einer der acht fünfsitzigen Aufzugskabinen hinauf ist beliebt und es bilden sich schnell lange Warteschlangen. Inzwischen wurde bei den Besucherzahlen die 3-Millionenmarke überschritten. Rechnen Sie mit $ 10 Eintritt pro Nase und mit mindestens 1 Stunde Wartezeit inkl. Sicherheitskontrollen. Der Besuch des angeschlossenen *Museum of Westward Expansion* ist kostenlos. Es zollt sowohl den Eroberern und Abenteurern als auch den Büffeljägern und Trappern sowie den Indianern und Siedlern Tribut.

Der 192 m hohe Bogen wurde 1967 vom damaligen Präsidenten Lyndon B. Johnson eröffnet und soll die Öffnung in den ehemals unbekannten Westen des Kontinents symbolisieren. Dies wurde erst möglich, nachdem der damalige Präsident Jefferson das gesamte Gebiet des heutigen Louisana 1803 von Frankreich gekauft hatte. Von den Guckfenstern oben im Bogen haben Sie einen beeindruckenden Ausblick bis in eine Entfernung von über 40 km und über die Stadt, die sich bis zum Horizont hinzieht. Übrigens ist die Höhe des Bogens mit dem Abstand der beiden Säulen identisch.

**P** Falls Sie nur den Arch besichtigen und sich nicht länger in St. Louis aufhalten möchten, parken Sie am besten am Straßenrand etwas nördlich in dem historischen Stadtviertel *Lacledes Landing* mit alten Lagerhäusern und kopfsteingepflasterten Straßen in der Nähe des Bogens [🌐 N 38.6330, W 90.1821]. Dies hat den Vorteil, dass Sie anschließend leicht wieder aus der Stadt herausfinden. Für eine intensivere Beschäftigung mit der Stadt empfiehlt sich allerdings eine Übernachtung.

▷ Unterhalb des Arch liegen ein paar nachgebaute Schaufelraddampfer am Flussufer des *Big Muddy* (wg. seiner Wasserfarbe), sog. *Steam Boats* oder *Paddle Wheeler*, die als Ausflugsdampfer und Casinos fungieren und an Mark Twains Romane erinnern. Selbiger wurde als Samuel Clemens in der Kleinstadt Hannibal geboren und erwarb 1859 in St. Louis sein Kapitänspatent. Er bereiste Europa insgesamt dreimal und lebte längere Zeit in Heidelberg, Berlin und Wien. Zu seinen bekanntesten Werken gehören die Bücher über Tom Sawyers und Huckleberry Finn, die am Mississippi spielen. Mark Twain gefiel besonders Heidelberg bestens, aber sein Missfallen erregte „Die schreckliche deutsche Sprache", wie er ein in dieser Zeit verfasstes Buch nannte. In Hannibal erinnert ein Denkmal an Mark Twains Figuren Tom Sawyer und Huck Finn.

*Ausblick von der Gateway Arch, u. a. auf das Old Courthouse*

⌘ Neben der Eads Bridge am Fluss ist ein Denkmal an die Expedition von *Lewis and Clark* zu sehen, die durch die Erforschung des damals noch unbekannten amerikanischen Westens auf ihrer Überlandexpedition (1804-1806) an die Pazifikküste berühmt wurden. Es steht auf einer Plattform im Wasser und bei Hochwasser kann es vorkommen, dass nur der Kopf des mit dem Hut winkenden Abenteurers aus den Fluten schaut.

⌘ In Richtung Stadt ist als nächstes das *Old Courthouse* (erbaut von 1816 bis 1864, bis 1930 genutzt) zu sehen, das eine markante Domkuppel aufweist.

⌘ Dahinter in fast gerader Linie liegt die *City Hall* (das Rathaus, 1893 erbaut) und noch etwas weiter die *Union Station*, der Fernbahnhof, beide an der Market Street. Er wurde in den 1890er-Jahren in Betrieb genommen und von dem deutschstämmigen Architekten Theodor Link konstruiert [🌐 N 38.6286, W 90.2078]. Von außen besticht der Bahnhof durch einen Mix aus romanischer und normannischer Architektur mit vielen Giebelchen und Bögen sowie einem schlanken Turm. Von innen glänzt er durch eine ungewöhnlich schöne und elegante Gestaltung der Räumlichkeiten, ganz besonders der Grand Hall.

Eisenbahnfreunde dürfte das ⌘ *Museum of Transportation* interessieren, das auf einem ehemaligen Bahnhofsgelände im Südwesten von St. Louis untergebracht ist [🌐 N 38.5719, W 90.4635]. Gezeigt werden mehr als 190 große Ausstellungsstücke ab Mitte des 19. Jahrhunderts über Pullmanwagen und Nahverkehrstriebwagen bis zur 40 m langen und 350 t schweren Lokomotive (Big Boy). Das Museum liegt etwa 5 Mi. abseits der unten beschriebenen Route 66. (Anfahrt ☞ Seite 90)

311 Zur Weiterfahrt lenken Sie Ihr Fahrzeug unbedingt schon in der Innenstadt auf die I-44, es erspart viel Sucherei!
Fahren Sie am Exit 287 B (Kingsway Blvd) ab auf die Vandeventer Avenue und fahren Sie dann auf dem Kingshighway weiter, bis Sie auf die Chippewa Street stoßen. Hier biegen Sie rechts ein, und nachdem die Straße einen leichten Linksknick gemacht hat ...

... achten Sie auf eine mittlere bis große Menschenansammlung bei Haus 6726 auf dem linken Bürgersteig: Sie sind an *Ted Drewes Frozen Custard* angelangt („Druhs" gesprochen). Seit 1929 wird hier an der Route 66 eine besondere Eiscreme verkauft, die weit über die Stadtgrenzen bekannt geworden ist [🌐 N 38.5895, W 90.3074, 💻 www.teddrewes.com]. Das genaue Rezept ist natürlich nicht zu erfahren, aber sicher ist, dass der *Custard* u. a. aus Sahne, Eigelb und Honig besteht. Es gibt jeweils zwei Versionen der Kaltspeise: Beim *Sundae* sind die Zutaten oben drauf und beim *Concret* sind sie mixed-in. Bei meinem letzten Besuch hielten sogar zwei Busse mit Hochzeitsgesellschaften und taten sich an dem kalten Vergnügen gütlich. Lecker: unbedingt probieren!

Anschließend fahren Sie weiter auf der Chippewa Street, die über den Des Peres River führt, in die Watson Rd. (Hwy. 366) übergeht und schließlich nach 8 Meilen auf die I-44 führt. Vorher überqueren Sie den Hwy. 61, der als **Blues Hwy.** bekannt ist und vom Mississippidelta zum Lake Superior führt – einst eine wichtige und viel befahrene Nord-Süd-Verbindung, der Name anknüpfend an die Musik der Südstaaten.
Lassen Sie sich durch den nun folgenden Autobahnknotenpunkt, der durch die Kreuzung mit der I-270 gebildet wird, nicht verwirren und bleiben Sie auf der I-44. Kurz darauf überqueren Sie den Meramac River, der in riesigen Schleifen durch die Landschaft mäandert, um alsbald in den

Mississippi zu münden. Der Name Mississippi stammt übrigens aus dem Indianischen und bedeutet so viel wie „Großer Fluss", poetisch im Musical Showboat auch „Ol' Man River" genannt.

Wenn Sie dem vorher beschriebenen ⌘ *Museum of Transportation* einen Besuch abstatten möchten, fahren Sie so: Von der Watson fahren Sie nicht auf die I-44, sondern biegen auf die I-270 nach Norden ab und verlassen diese Interstate bereits wieder am Exit 8. Dort überqueren Sie auf der Dougherty Ferry Rd. die Autobahn und fahren bis zur Barrett Station Rd., in die Sie links abbiegen.

**335** Am Exit 266 der I-44 weisen zwar Schilder auf die Route 66 hin, doch handelt es sich lediglich um den **Route 66 State Park**, der das *Bridgehead Inn*, ein altes Roadhouse aus dem Jahr 1935 (heute 🛈 Visitor Center) [🌐 N 38.5057, W 90.5909], riesige Rasenflächen sowie ein altes Straßenstück der Route 66 und wieder eine Brücke über den Meramec River (gebaut 1932) enthält. Wegen ihres schlechten Zustands war die Brücke 2015 gesperrt. Picknicken ist auf dem weitläufigen Gelände erlaubt, Campen nicht.

An dieser Stelle befand sich einst der Ort *Times Beach*, dessen Stadtväter das Staubproblem auf den Naturstraßen durch das Sprayen mit Altöl (!) zu verhindern suchten. Als über die Jahre immer wieder Pferde starben, ergaben Tests, dass das Öl mit Dioxin verseucht war. 2005 wurden alle 2.000 Einwohner evakuiert und die oberste Erdschicht in einem speziellen Verfahren abgetragen und verbrannt. Seitdem soll es keine Kontamination mehr geben.

**337** **Eureka**. Am Exit 264 abfahren; dann rechts und sofort links einordnen (5th Street).

Fahren Sie durch einen Felseinschnitt auf die rechte Frontage Road, vorbei an *Phil's Barbecue*, am *Six Flags Park* (einem riesigen Vergnügungspark der Six-Flags-Kette mit Achterbahnen, Spiral-Rollercoastern, Wasserpark usw.), dann beim Exit 261 unter der I-44 hindurch und wechseln Sie gleich rechts auf die linke Frontage I-44-Loop (Osage Road). Sie passieren einen Route-66-KOA-Campground.

346 **Pacific**, 7.000 Einwohner, ⇧ 140 m.
Hier fällt besonders der ungewöhnlich geformte *Silica Mountain* ins Auge, der überwiegend aus Kieselerde (Quarz) besteht, das zur Herstellung von Glas Verwendung findet und hier abgebaut wurde.
Das *Red Cedar Inn* an der Osage Street [🌐 N 38.4818, W 90.7179] wurde komplett als Blockhaus aus Baumstämmen errichtet und diente fast 80 Jahre als Restaurant an der Route 66. Es wurde bereits 2005 geschlossen und soll als Geschäftsgebäude genutzt werden, ohne das Äußere wesentlich zu verändern.
Nicht zu übersehen in **Gray Summit** ist ein großes Neonschild, das ein Diamonds Restaurant und ein Gardenway Motel ankündigt [🌐 N 38.4829, W 90.82403]. Das Diamonds ist längst Vergangenheit und das Motel mit einem schönen alten Reklameschild an der Einfahrt hat auch schon bessere Tage gesehen und hat nur noch Dauermieter.
Merkwürdigerweise tragen die lokalen, meist nur kurzen County Roads (Kreisstraßen) statt Nummern hier Buchstaben wie AH, TT, AT usw. Im weiteren Verlauf überqueren Sie die I-44 fast unbemerkt, fahren auf rechter Frontage weiter und passieren alsbald **Villa Ridge**.

356 **Union**, 10.500 Einwohner.
Von 1820 bis zu Beginn des Ersten Weltkriegs ließen sich im Franklin County überwiegend Deutsche nieder. Namen wie Zimmermann, Hoffmann, Overschmidt, Alfermann, Schroeder und Voss belegen das noch heute.
Eine besondere Erfolgsstory war die Gründung einer Tabakpfeifenfabrik, die als ersten Auftrag eintausend Pfeifen herstellte. Innerhalb von acht Jahren stieg die Produktion auf 5 Mio Stück jährlich. Sie gehörte damit zu den größten Pfeifenproduzenten der Welt.
Die Kreuzung mit SR 50 überqueren Sie geradeaus und folgen weiter der rechten Frontage Hwy. North Service Road.

361 Wieder über die Interstate wechseln Sie auf die linke Frontage Commercial Ave..

362 **Saint Clair**. Sie bleiben auf der Commercial Avenue. An der I-44 stehen hinter einer riesigen Lagerhalle oder Fabrik am Crews Drive zwei Wassertürme mit der witzigen Aufschrift „HOT“ auf dem einen und „COLD“ auf dem anderen [🌐 N 38.3548, W 90.9906].

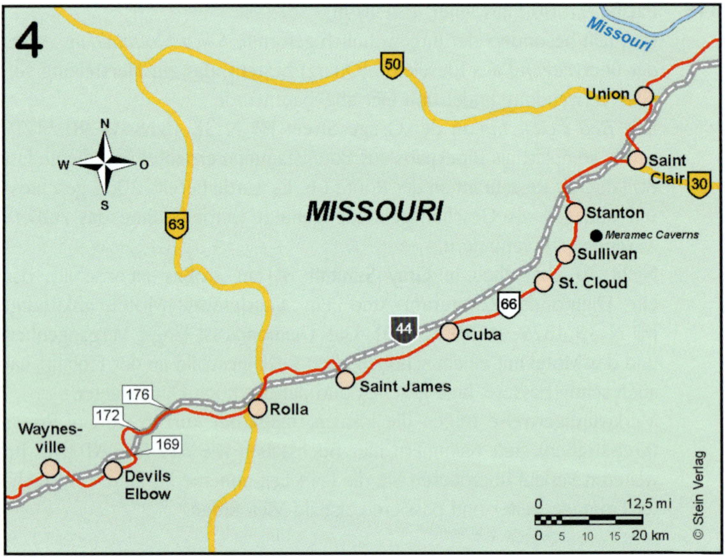


**365** Nach rechts geht es auf die SR 30, dann wieder rechts. Sie überqueren die I-44 und fahren nach links auf die Frontage (North Service Road/County Road W, rechte Frontage).

**366** Die County Road WW biegt nach rechts ab, Sie fahren geradeaus auf der North Service Road weiter.

**375** **Stanton**, KOA 🚐

Fahren Sie wieder über die I-44 auf die linke Frontage. Nun passieren Sie das *Jesse James Museum* (☞ unten). Danach kreuzen Sie den State Hwy. W, der direkt in den **Meramec Caverns State Park** in 4 Mi. Entfernung führt [🌐 N 38.2454, W 91.0909].

Wenn Sie bisher die 50 Reklametafeln an der I-44 mit den Stalagmiten (stehend) und Stalaktiten (hängend) übersehen haben sollten, spätestens hier werden Sie daran erinnert. Die Meramec-Höhlen sind über 7 km lang, schon seit 1935 eine beliebte Sehenswürdigkeit an der Route 66 (jährlich über 150.000 Besucher) und werden mit dem Slogan „Größte Show unter der Erde" vermarktet. 1935 wurden fünf weitere Etagen innerhalb des Höhlenkomplexes entdeckt und später zum großen Erstaunen festgestellt, dass über 40 km (!) Höhlenpassagen vorhanden sind. Während des amerikanischen Bürgerkriegs wurde in den Höhlen Salpeter abgebaut und zur Schießpulverherstellung verwendet.

♦ Meramec Caverns Motel, www.americascave.com, April bis Oktober

In dieser Gegend hat der berüchtigte Bankräuber und Revolverheld **Jesse James** in den 1870er-Jahren sein Unwesen getrieben. Er wurde schließlich 1882 erschossen. Ein *Wax Museum* am Exit 230 versucht, Kapital aus dem wilden Burschen zu schlagen. In den **Meramec Höhlen** versteckte sich der Outlaw inklusive seiner Männer und ihrer Pferde mehrfach vor seinen Verfolgern. Mindestens einmal soll er seinen Häschern auf dem durch die Höhle fließenden Meramec River durch die „Hintertür" entkommen sein. In einer Vielzahl von Hollywoodfilmen wird der skrupellose Verbrecher (teilweise als Rächer der Armen und Entrechteten) dargestellt: „Jesse James" von 1939 mit Henry Fonda und Tyrone Power, „Long Riders" von 1979 mit David Carradine, „American Outlaws" von 2001 (u. a. mit Ex-James-Bond Timothy Dalton) und 2007 mit dem unsäglichen Titel „Die Ermordung des Jesse James durch den Feigling Robert Ford" mit Brad Pitt. 1949 tauchte ein gewisser Alexander Frank Dalton auf, der sich für Jesse James ausgab. Der 100-jährige Greis gab an, statt seiner wäre ein gewisser Charlie Bigelow erschossen und beerdigt worden. Er selbst wäre aus den USA nach Südamerika geflüchtet, später zurückgekommen und habe unter falschen Namen hier gelebt. Es gibt keinerlei Beweise für diese Story und (fast) alle Fakten sprechen dagegen.

**380** **Sullivan**, 6.500 Einwohner, ⇧ 300 m, 3x
Nahe der Interstate gibt es mehrere Motels, reichlich Fastfood-Läden und allerhand Tankstellen sowie einen Wal-Mart. Das besondere an dem Ort ist, dass eine Initiative von Einwohnern die Hydranten an den Wohnstraßen ideenreich und teilweise gekonnt als Figuren angemalt haben - beispielsweise als patriotische amerikanische Flagge (Ecke Gray St/Ramsey Dr), als Eagles Football Player (235 N Clark St) oder als Uncle Sam (940 Mattox Dr).

Fahren Sie weiter auf der Springfield Road, die später zur South Service Road wird. Sie durchqueren **St. Cloud** und erreichen …

384 **Bourbon**, 1.400 Einwohner.
Auch wenn der große Tank mit der Aufschrift „Bourbon“ versehen ist – es ist nur Wasser drin. Fahren Sie weiter auf dem N Old Highway 66 aus dem Ort hinaus, auf der linken Seite der I-44.

398 **Cuba**, 3.400 Einwohner, ⇧ 300 m, 3x 🛏
Das Städtchen ist bekannt für seine inzwischen 16 Murals, riesige Wandgemälde, die über den Ort verstreut an Hauswänden prangen. Das ⌘ Museum in der N Smith Street hat einen informativen Flyer nebst Lageplan darüber.

🛏 Das *Wagon Wheel Motel* ist sehenswert und weicht mit den Cottages im Tudor-Baustil völlig von anderen Motels ab. Erbaut 1934, ist es heute wieder ein gepflegtes Haus, umgeben von Rasenflächen mit viel Blumenschmuck. Im Laufe der Zeit war es ziemlich heruntergekommen, so dass man dort noch 2008 für $ 20 übernachten konnte. 2011 wurden die Cottages komplett renoviert und sind nun wesentlich teurer. Die ehemalige Tankstelle (ohne Säulen) wird heutzutage als Rezeption und Souvenirshop genutzt. Ein paar Hundert Meter davor befindet sich das ✕ Restaurant Missouri Hick BBQ, das vor allem wegen seiner Spare Ribs bekannt ist.

♦ Wagon Wheel Motel [🌐 N 38.0646, W 91.3961, 💻 www.wagonwheel66cuba.com/]

*Hübsch restaurierte Phillips-66-Tankstelle*

⛽ Eine *Phillips-66-Tankstelle* aus dem Jahr 1932 steht an der Ecke Washington/Franklin Street - leider ohne Zapfsäulen - dafür aber hübsch restauriert mit einem bunten gelb/rot/blau gemusterten Dach und drei Murals an der Seite [🌐 N 38.0627, 91.4035].

*Bob's Gasoline Alley*

**401** Wenn Sie auf dem Hwy. ZZ aus dem Städtchen hinausfahren, biegen Sie nach rechts ab in in die unscheinbare Beamer Lane. Nach einer Meile finden Freunde historischer Tankstellen hier in ⛽ *Bob's Gasoline Alley* [🌐 N 38.0473, W 91.4604] jeweils zwei Dutzend Schilder, Tanksäulen etc. (im Freien und unterm Scheunendach). Diese Sammlung eines Privatmannes ist die größte entlang der gesamten Route 66, sowohl was Qualität als auch Quantität betrifft. Unbedingt sehenswert!
Fahren Sie anschließend zurück zum Hwy. ZZ und setzen Sie die Fahrt fort.

**402** **Fanning**. Der weltgrößte Schaukelstuhl (gut 12 m hoch und 6 m breit) steht seit 2008 neben dem *Outpost 66* und schaffte es auch ins Guinnessbuch der Rekorde. Hier werden Souvenirs und Geschenkartikel zur Route 66 verhökert, aber auch Alkohol aller Art. Im hinteren Teil befindet sich ein Laden, der Pfeil und Bogen verkauft, sowie ein Schießstand [🌐 N 38.0373, W 91.4693].
Fahren Sie weiter auf dem Hwy. ZZ, der linken Frontage, später KK. Eisenbahngleise begleiten Sie auf der linken Seite.

407 **Rosati**. Wegen der vielen italienischen Einwanderer wurde in der Gegend schon früh Wein angebaut. Zur Erntezeit gibt es Stände am Straßenrand an denen Weintrauben verkauft werden.

411 **St. James**, 3.800 Einwohner.
Am Ortsanfang sind Ecke Seymour St. auf der linken Seite noch die Überbleibsel einer alten ⛽ *Derby-Tankstelle* zu sehen. Die beiden Säulen sind arg verrostet und der Schuppen macht es auch nicht mehr lange [🌐 N 37.9999, W 91.6145].
Die Landschaft ist in dieser Gegend sehr viel hügeliger und die Straße nimmt jede Bodenwelle mit. Dafür ist sie aber natürlich auch um einiges reizvoller als die Interstate, die ständig in Sichtweite ist. Es gibt hier etliche Weingüter und an vielen Verkaufsständen am Straßenrand werden zur Erntezeit Weintrauben angeboten.
Fahren Sie auf dem James Blvd. weiter. Er wird dann zur Dillon Outer Rd. (linke Fontage).

416 **Dillon.**
Bevor Sie die I-44 wieder überqueren, verpassen Sie nicht den *Mule Trading Post* (am Exit 189) an einem Originalstraßenstück der Route 66 (heute ein Dead End). Sie fahren direkt darauf zu. Der riesige Laden ist voll mit Kuriositäten, 66-Souvenirs, Büchern und allerlei Krimskrams [🌐 N 37.9779, W 91.7217].
Kreuzen Sie jetzt die I 44 und fahren Sie auf der rechten Frontage Road weiter. In **Northwye** geht es auf die SR 63.

420 Wechseln Sie bei Exit 186 auf die linke Frontage Road. Folgen Sie der 44 B (die auch als 63/72 ausgeschildert ist) durch ...

422 **Rolla**, 16.000 Einwohner, ⇧ 340 m
✕🛏 Interessant ist am Ortsausgang der *Totem Pole-Trading Post* mit ⛽ Tankstelle, 66-Souvenirladen, Antiquitäten und Gasthaus aus dem Jahr 1933 [🌐 N 37.9425, W 91.7921]. Der Posten ist umgeben von einigen neueren Motels: Bestway Inn, Super 8 Motel, Quality Inn, Econo Lodge und Best Western Coachlight. Nicht zu übersehen ist das Restaurant Sirloin Stockade, das einen Bullen auf dem Dach als Blickfang hat (Sirloin ist ein dickes Rumpsteak und eine Stockade ist ein Fort, das mit angespitzten Palisadenstämmen eingezäunt und so gegen Angreifer geschützt war).

Bleiben Sie auf dieser Straße (Martin Springs Drive Outer Road, Eisenhower St) durch den Ort **Doolittle** bis zum Exit 176, dort müssen Sie ein kurzes Stück auf die Interstate. Der Ort wurde nach Jimmy Doolittle benannt, der als Vergeltung auf den japanischen Überfall auf Pearl Harbour ein paar Monate später eine Flotte von 16 B-25-Bombern vom Flugzeugträger USS Hornet zum Bombardement auf Tokio führte.

Auf der anderen Seite der Interstate am Exit 179 befindet sich das Restaurant Cooking from Scratch, das ein bodenständiges Essen auf einer reichhaltigen Karte anbietet ( http://cookinfromscratch.biz/Menu.html). Berühmt ist das Haus wegen seiner *King of the Road Burger Challenge*. Wenn ein Herausforderer einen fast 1,8 kg schweren Hamburger im Brötchen mit 9 Scheiben Käse sowie 670 g Pommes Frites im Wert von $ 37 innerhalb von 66 Min. komplett aufisst, braucht er nicht zu zahlen. Übrigens liegt der Rekord bei unglaublichen 27 Min. und 22 Sek.! Etwas Ähnliches können Sie in Amarillo in Texas (Mi. 1143) mit einem Riesensteak probieren.

**428** Bei Exit 172 fahren Sie wieder raus auf die rechte Frontage und beim Exit 169 wechseln Sie zurück auf die linke Frontage.

Ein Straßenstück trägt hier die Bezeichnung *Trail of Tears* und erinnert an die Vertreibung der Indianer der Stämme der Cherokee, Seminolen, Creek, Chicksawa und Choctaw, die 1830 durch den Indian Removal Act aus ihrer Heimat nach Westen ins heutige Oklahoma umgesiedelt wurden - übrigens willkürlich, entgegen geltendem Recht. Von den 17.000 vertriebenen Indianern kamen ein Viertel, vornehmlich Alte und Kinder, bei dem Treck ums Leben. Zu verantworten hatte das Verbrechen der damalige Präsident Andrew Jackson, der allgemein als Indianerhasser bekannt war und den Siedlern mit ihrer Gier nach Land nachgab.

Fahren Sie auf die County Road Z, die bald zu einer autobahnähnlichen Straße wird (ein Vorläufer der Interstate 44), die von 1942 bis 1981 in Betrieb war.

**431** Achten Sie auf das Schild „Elbow Inn" auf der linken Seite, gleich hinter dem Einschnitt **Hooker Cut** durch den Berg.

Wenn der grasige Mittelstreifen der County Road Z endet, also am Ende der vierspurigen Straße, dann haben Sie die Abfahrt *Devil's Elbow* verpasst. Deutlich ist an dieser Stelle zu sehen, wie die alte Route-66-Trasse einfach oberhalb mit den neuen Interstate-Fahrbahnen überbaut wurde.

Biegen Sie an dem Schild links ab auf die Teardrop Road, die am alten Gasthaus *Elbow Inn* aus dem Jahr 1929 vorbeiführt [🌐 N 37.8494, W 92.0634]. Dieses Etablissement wurde von Mr. und Mrs. Moss erbaut, die nach Fertigstellung der Interstate den Laden aufgaben und nach Lebanon verzogen. Dort eröffneten sie das Munger Moss Motel (☞ Mi. 473). Die Fahrt über die Straße am **Devil's Elbow** gehört zu den reizvollsten Abschnitten der Strecke, nicht nur wegen der alten Brücke und dem vor allem bei Bikern beliebten ✕ Wirtshaus mit dem herzhaften Essen (Außengrill) das auch wegen seiner reichhaltigen BH-Sammlung an der Kneipendecke berühmt-berüchtigt ist. Der Name „Teufels-Ellenbogen" stammt von damaligen Flößern, die Probleme mit einer besonders scharfen Kurve und einem Felsen im Fluss hatten, da sich hier die geflößten Baumstämme stauten und verkeilten.
An der dritten Straße links hinter der Brücke ist seit über 70 Jahren in einem Holzhaus das Post Office mit dem Krämerladen *Sheldens Market* untergebracht.
Als in den 1940er-Jahren das Fort Leonard Wood als Trainingscamp für die Army eingerichtet wurde und der Verkehr stark zunahm, war die alte Eisenbrücke von 1923 über den Big Piney River, überlastet. Man baute schließlich eine neue vierspurige Straße (damals ein Novum) mit neuer Brücke als Abkürzung, *Hooker Cut* genannt.

Bleiben Sie auf der Teardrop Road. Sie führt auf die County Road E Hwy. 66, bei **St. Robert** als linke Frontage.

435 **St. Robert**, 4.400 Einwohner, ⇧ 315 m, 12x 🛏
Die Stadt dient als Basis für das 5 Mi. südlich gelegene *Fort Leonard Wood Training Center* der US-Armee. Deshalb wohl auch die große Anzahl an Motel-Unterkünften. Nach Beginn der Kriege in Irak und Afghanistan wurden mehrere Bataillone von Deutschland hierher verlegt. Während des Zweiten Weltkriegs waren deutsche und italienische Soldaten als Kriegsgefangene im Fort interniert.
Eine Besonderheit ist, dass der Kaufmarkt der *Conoco-Tankstelle* in der Missouri Ave. als nationaler Testmarkt für einige amerikanische Firmen fungiert. Wenn beispielsweise Nestlé, Hersheys, Gatorade oder Kraft neue Produkte auf den Markt bringen wollen, wird hier die Akzeptanz und das Kaufverhalten der Kunden getestet und ausgewertet.

Nur gut 100 Meter vor der Auffahrt zur I-44 steht rechts hinter Bäumen etwas versteckt das Alpine Haus Motel, das durch seine Bauweise auffällt, denn es sieht aus, als habe man drei Häuser übereinander gestapelt.

437 Kurz vor Waynesville überqueren Sie die I-44 und wechseln so automatisch auf die rechte Frontage.

439 **Waynesville**, 4.700 Einwohner, ⇧ 250 m.

▷ Die Straße führt als Business Loop 44 durch die Stadt. Interessant ist das *Pulaski County Courthouse* von 1903, das ehemalige Gerichtsgebäude im Herzen der Stadt (NRHP) direkt an der alten 66 links neben dem pompösen Neubau. Es beherbergt heute in seinen 12 Räumen ein ⌘ Museum, das zur Geschichte der Stadt und des Landkreises ausstellt [🌐 N 37.8290, W 92.2010].

▷ Der weiße, einstöckige, gleich um die Ecke Lynn Street liegende *Stage Coach Stop* diente in der wechselvollen Geschichte seit 1850 als Postkutschenstation, als Hotel, als Krankenhaus und auch als Busstation. Zum

Stage Coach Stop

Schluss stand es viele Jahre leer und sollte abgerissen werden. Interessierte Bürger entschlossen sich jedoch, das Gebäude wieder herzurichten. Heute strahlt es in altem Glanz und steht unter Denkmalschutz (NRHP). Am letzten Samstag im Juli wird der Old Settlers Day zelebriert, ein Volksfest mit historischem Flair.
Schwer zu erkennen ist die ehemalige ⛽ *Rigsby Standard Oil Station* (leider ohne Säulen) an der Ecke Benton Street, die seit den 1920er-Jahren betrieben wurde [🌐 N 37.8288, W 92.2018]. Bei meinem letzten Besuch war hier ein Landvermesser eingezogen.
Die Old Route 66/B 44 führt weiter über den Roubidoux Creek nach Westen. Bleiben Sie auf dem Hwy. 17.
Wenn Sie links Gascozark Trading Post lesen, müssen Sie rechts abbiegen und auf der I-44 weiterfahren. Beim Exit 140 fahren Sie wieder auf die linke Frontage.

**467** Wechseln Sie am Exit 135 wieder auf die rechte Frontage.

**473** **Lebanon**, 14.700 Einwohner, ⇧ 385 m, 6x 🛏
Das Städtchen nennt sich selbst die „Used Car Capital of the World", was die vielen Gebraucht- und Oldtimerautohändler glasklar belegen.
🛏 Am Ortseingang sehen Sie das beliebte und sehr gepflegt wirkende Munger Moss Motel aus dem Jahr 1946 an der linken Straßenseite - sogar mit Swimming Pool. Ein großes nostalgisches Neonschild wirbt für das Haus, das die Eigentümer seit 50 Jahren führen. Von anderen Reisenden wird es als sauberes und authentisches Motel an der 66 gelobt. Übrigens gab's das Munger Moss zuerst am oben erwähnten Devils Elbow - bis der Hooker Cut gesprengt, die 66 begradigt und am Elbow vorbeigeleitet wurde.
♦ Munger Moss Motel, [🌐 N 37.6864, W 92.6390, 💻 www.mungermoss.com/], einige Räume als 66 Thema dekoriert.

Ein Stück weiter die Straße entlang befand sich auf der rechten Seite der Wrink's Food Market, ein Krämerladen, der über 60 Jahre im Besitz der Familie Wrinkle war. Sogar Clint Eastwood erstand hier auf der Durchreise ein paar Kleinigkeiten. Inzwischen ist auch hier alles vorbei und der Laden steht leer.
⌘ Später kreuzt die Jefferson Avenue. Hier können Sie links abbiegen und zur modernen County Library (in einem ehemaligen K-Mart untergebracht,

auf der rechten Straßenseite etwas abseits mit P und Shoppingcenter) fahren, die auch zur Route 66 ein liebevoll gestaltetes Museum hat [N 37.6726, W 92.6555]. Gezeigt wird u. a. eine alte Tankstelle mit Säulen, ein Oldtimer aus den 1950er-Jahren sowie eine Sammlung von Salz- und Pfefferstreuern aus diversen Route-66-Dinern und -Restaurants. 66-Schilder, -Bücher und -Karten sind auch zu sehen und können teilweise auch erworben werden.

Eine kuriose Begebenheit in der Geschichte Lebanons war die Entdeckung des Magnetischen Wassers. Beim Ausheben eines Brunnens entdeckte ein Arbeiter, dass seine Werkzeuge durch das Wasser magnetisiert worden waren. So konnte er damit Nägel und kleinere eiserne Gegenstände anziehen und aufheben. Dem Wasser wurden prompt Heilkräfte nachgesagt, sowohl bei interner als auch bei externer Anwendung. Um den einsetzenden Heiltourismus zu fördern, wurde 1890 das Gasconade Hotel errichtet. Es bot 500 Gästen Platz, die vom Bahnhof per Elektrischer Straßenbahn zum Hotel transportiert wurden. Das Hotel schlug allerdings nicht wie erwartet ein und brannte bereits nach zehn Jahren nieder.

Fahren Sie wieder auf den Business Loop 44 (Elm St). Sie passieren das „Motel Historic Route 66 Inn“ (erst 2009 renoviert) mit dem Restaurant „Catfish and BBQ“ nebenan.
Die Straße County Road W führt rechts vor der I-44 am Days Inn vorbei und geht über in die rechte Frontage.

*Sanft gewellte Landschaft*

487 Wechseln Sie beim Exit 118 **Phillipsburg** auf die linke Frontage, die Straße heißt zunächst County Road C.
In riesigen Lettern wird von einer Halle verkündet „World Largest Gift Store“ und nebenan „Candy Factory“.
Rechts gegenüber der Einfahrt zum dazugehörigen P befindet sich in einer stillgelegten Tankstelle eine i Touristinformation, die vor allem in lokalen Fragen Rat weiß.
Rechts um die Ecke beginnt der Hwy. CC, dem Sie folgen. Hier nimmt die Straße jeden Hügel und jede Senke der sanft gewellten Landschaft mit und führt links neben der I-44 entlang. Später gerät die Interstate außer Sicht.

506 **Marshfield**, 6.600 Einwohner, ⇧ 455 m.
Die Stadt ist Geburtsort von Edwin P. Hubble (1889-1953), dem großen amerikanischen Astronomen, der bewies, dass das Universum unendlich weit hinter die Milchstraße reicht. Ein Modell des Hubbel-Teleskops im Maßstab 1:4 steht vor dem Gerichtsgebäude Clay St. Ecke Madison St. [🌐 N 37.3385, W 92.9071] und erinnert an den Sohn der Stadt.
Die Straße führt geradeaus weiter, heißt jetzt County Road OO und nähert sich wieder an die I-44.

524 **Strafford**, geradeaus weiter auf dem Hwy. OO, der später zu 744/E Kearney St. wird.

530 **Springfield MO**, 158.000 Einwohner, ⇧ 395 m, 21x 🛏 KOA 🚐
Nicht zu verwechseln mit der Hauptstadt von Illinoi! Die bisherige Straße OO wird in Springfield zur Kearney Street/744 und ist gleichzeitig Business Loop 44.

🛏 Das 1938 erbaute Hotel *Best Western Route 66 Rail Haven* in der 203 S Glenstone Ave/Ecke St. Louis Street, hat einen Pool, ist renoviert und bekommt Leserlob (ab $ 90). Weniger gut schneidet das *Rest Haven Court* mit seinem nostalgischen Neonschild aus den 40er Jahren in der 2000 E Kearny St. ab. Der Übernachtungspreis ist mit $ 35 zwar unschlagbar, aber die Zimmer sind arg abgewohnt.
Die St. Louis Street immer geradeaus erreichen Sie das Kuriosum Shrine Mosque, direkt neben dem Expo Center gelegen. Das fünfstöckige, wuchtige Gebäude mit zwei Kuppeln wurde an den architektonischen Stil einer Moschee angelehnt, hat aber nichts mit dem Islam zu tun. Der Schrein wurde 1920 auf Initiative und mit Unterstützung der Freimaurer an der E. St. Louis Street Ecke S. Kimbrough Ave. erbaut [🌐 N 37.2095, W 93.2862]. In seinem großen Saal mit Platz für 4.000 Besucher finden Events und Konzerten statt – Elvis Presley, Ronald Reagan und Franklin Roosevelt waren schon hier.
In Springfield, mit dem Beinamen „Tor zu den Ozarks", gibt es ein paar architektonisch reizvolle Gebäude, beispielsweise das kleine **Gillioz Theater**. [🌐 N 37.2090, W 93.2905] an der Park Central East. Es wurde 1926 im spanischen Kolonialstil erbaut und beeindruckt durch seine Terrakotta-Kacheln an der Fassade. Auch das Innere fasziniert durch seine Architektur und Dekoration. 1980 wurde das Haus nach einer letzten

Vorstellung von La Traviata geschlossen und der Verfall begann. Vagabunden und Landstreicher besetzten schließlich das Gebäude, wärmten sich im Winter mit Lagerfeuern in Ölfässern und gingen nicht gerade pfleglich mit der Einrichtung um. 1991 beschloss eine Gruppe von Bürgern, dem Theater wieder zum alten Glanz zu verhelfen. 2006 wurde das Gillioz zum zweiten Mal als Bühne und Kino eröffnet.

Weiter geradeaus fahren Sie um einen kleinen Park herum.
Achten Sie in der W. College Street auf eine Anlage aus neun einzelnen Cottages, die 1945 als Motel unter dem Namen *Rock Fountain Court* erbaut wurde [🌐 N 37.2086, W 93.3250]. Im Gegensatz zu den verstreut angeordneten Chalets des Wagon Wheel Motels in Cuba (☞ Mi. 398) sind diese Cabins mit den Felssteinfassaden im Halbkreis um einen längst verschwundenen Springbrunnen gruppiert. Nach dem Niedergang der Route 66 wurde das Motelgeschäft aufgegeben und die Anlage in die Melinda Court Apartments umgewandelt (NRHP) und dauervermietet.
Der Ort erlangte 1865 traurige Berühmtheit durch das Revolverduell zwischen dem notorischen Revolverhelden Wild Bill Hickok und David Tutt wegen einer Taschenuhr. Hickok musste sie im Pokerspiel an Tutt als Pfand aushändigen, mit der Maßgabe, dass Tutt sie nicht zur Schau stelle. Provozierend trug dieser die Uhr jedoch am nächsten Tag spazieren. Bei der Begegnung der beiden Männer kam es dann zu einer Schießerei, bei der Tutt als Erster schoss, Hickok aber verfehlte. Dieser schoss Tutt mitten ins Herz. Hickok wurde wegen Notwehr freigesprochen. 1876 wurde er allerdings in South Dakota hinterrücks beim Pokerspiel erschossen – dass er nicht wie sonst beim Poker mit dem Rücken zur Wand saß, wurde dem 39-Jährigen dabei zum Verhängnis.

**532** Folgen Sie dem Business Loop 44 nach links auf die Glenstone Avenue.

**534** Der Business Loop 44 führt nach rechts in den Chestnut Expressway 44 B, dem Sie immer weiter folgen.

⇔ **Abstecher zu den Fantastic Caverns,** ☞ **2** Kapitel Abstecher & Alternativen

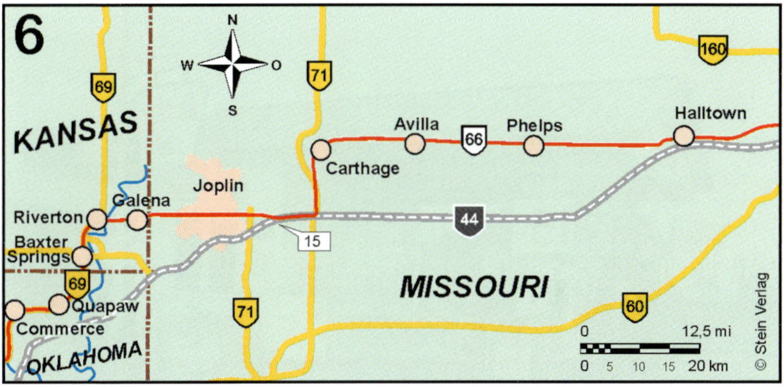


541 Am Ortsausgang von Springfield überqueren Sie auf dem Business Loop 44 die I-44 bei deren Exit 72. Die Straße heißt jetzt SR 266. Sie bleiben in westlicher Richtung auf dieser Straße.

Achten Sie im späteren Verlauf auf die schönen, lang geschwungenen Bodenwellen der Straße, die keine Senke und keinen Hügel auslassen.

555 **Halltown.** Auf der rechten Seite sehen Sie den *Whitehall Mercantile*, der mit Antiquitäten, Trödel und Kuriositäten vollgestopft ist. Das Gebäude wurde schon 1900 gebaut und war lange Zeit als Gemischtwarenhandlung und Pub Treffpunkt des Dorfes. Nachdem Thelma White als Lehrerin in Pension ging, funktionierte sie den Laden langsam in einen Antik- und Trödelshop um. Nach einem Schlaganfall 2007 führte ihr Ehemann Jerry das Geschäft weiter. Thelma starb 2010 nach schwerer Krankheit. Der Laden ist innen und außen nicht mehr in gutem Zustand.

558 In **Paris Springs Junction** steht eine wunderschön nachgebaute ⛽ *Sinclair-Tankstelle*, mit der Gary Turner als echter Route-66-Fan sich einen Traum erfüllte. Die originale Tankstelle, Gay Parita genannt (nach der Frau des ersten Eigentümers), brannte 1955 ab. Gary erwarb das Grundstück und baute die alte Tankstelle fast originalgetreu wieder auf [🌐 N 37.1944, W 93.6793]. Ab 2006 war die kleine Station Treff- und Informationspunkt für Route-66-Traveller. Leider ist der 66-Enthusiast Gary 2015 verstorben. Seine Tochter soll ab 2016 sein Vermächtnis fortführen.

*Sinclair-Tankstelle in Paris Springs Junction*

**559** Überqueren Sie die alte *Turnback Creek Stahlbrücke* auf der SR 266, eine dreiteilige sog. *Pony Truss Bridge*. Kurz danach kreuzen Sie am Stoppschild über die SR 96 hinüber auf die SR N (und machen ein kleinen Umweg).

**560** An einer Abzweigung (nach nur ½ Meile) fahren Sie nach rechts über eine Stahlbrücke des Johnson Creek auf die Farm Road Lawrence 2062 und an einer alten ⛽ Philips-66-Tankstelle in **Spencer** vorbei [🌐 N 37.1845, W 93.7026]. Zur damaligen Zeit kostete eine Gallone Benzin (Regular genannt) 12,4 Cents und das verbleite Ethyl 14,7 Cents!

**561** Am Stoppschild fahren Sie nach links auf die SR 96 West.

Auf der rechten Straßenseite begleitet Sie ein Stück der uralten 66 (heute Farm Road Lawrence 2059, gewissermaßen als Frontage) ein paar Meilen, bis sie endet und in die SR 96 aufgeht.

Das County Lawrence wurde übrigens nach dem Marineoffizier James Lawrence benannt, der im Amerikanisch-Britischen Krieg 1812 das Wort prägte „Don't give up the Ship" - was den meisten JAG- und NCIS-Serienfans bekannt vorkommen dürfte.

Die Route 66 führt dann schnurgerade nach Westen weiter durch Mini-Dörfer, die schon bessere Tage gesehen haben: **Heatonville, Albatross, Phelps, Rescue, Plew**.

583 **Avilla**. Sie bleiben auf der SR 96. Einen Häuserblock nach rechts steht an einer Kreuzung das Post Office, das seit 1956 in Betrieb ist. Davor war hier seit 1915 die Bank of Avilla untergebracht. Bei einem bewaffneten Raubüberfall 1932 wurde der Kassierer gekidnappt und bei Carthage aus dem Auto geworfen.

*Vor sich hinrostende Oldtimer auf dem Red-Oak-II.-Gelände*

☺ **Red Oak II.**

Wenn Sie das Gelände besuchen wollen, müssen Sie von der SR 96 ca. drei Meilen vor Carthage bei einem Propan-Vertrieb rechts abbiegen (wenn Sie die Conoco-Tankstelle sehen, sind Sie 1 Meile zu weit gefahren). Vom Propanschild geht's eine Meile nach Norden und dann nach links ein paar Hundert Meter auf der Kafir Road entlang [🌐 N 37.2087, W 93.3265, 💻 www.redoakiimissouri.com/].

Red Oak II. ist am ehesten als Freilichtmuseum zu beschreiben - ohne Rummel, ohne Eintrittsgeld, ohne Besucherscharen, aber seit über 30 Jahren mit sehr viel Liebe von dem Künstler Lowell Davies gestaltet und aufgebaut. Er lebt heute in dem ehemaligen Haus der notorischen Gangsterbraut Belle Starr, das von Carthage hierher gebracht wurde.

Es sind eine Vielzahl an Gebäuden gerettet und aufgebaut worden, beispielsweise eine ⛽ Philips-66-Tankstelle in leuchtend Grün und Rot, ein Marshall-Office, eine Kirche, ein Kindergarten, eine alte Tram und noch viele andere Gebäude. Dazwischen stehen verstreut vor sich hinrostende Oldtimer und Kunstwerke. Mittendrin laufen Gänse und Hühner herum - eine ländliche Idylle aus längst vergangenen Zeiten. Wenn Sie die Zeit und Muße haben, sollten Sie unbedingt einen Besuch einplanen!

592 **Carthage**, 14.300 Einwohner, ⇧ 306 m.
Die SR 96 wird nach einer Rechtskurve zur Central Avenue. Interessant sind einige historische Gebäude aus der Zeit um die vorletzte Jahrhundertwende, beispielsweise das *Jasper County Court House* (NRHP) am Carthage Square von 1894 [🌐 N 37.1765, W 94.3106]. Es wurde im Wesentlichen aus Marmor aus der Umgebung in einem ans Neoromanische angelehnten Stil erbaut und erinnert mit seinen vielen Türmen, Türmchen und Bögen an ein mittelalterliches Schloss.

▷ Die Stadt ist der Geburtsort von *Belle Starr* (1848-1889), einer der populärsten und berüchtigsten Räuberbräute des Wilden Westens. In ihrem wechselvollen Leben – u. a. auch als Spionin der Konföderierten - überlebte sie drei Ehemänner und einen Liebhaber, die alle eines gewaltsamen Todes starben, bis sie schließlich selbst vom Pferd geschossen wurde. Ihr Mörder wurde nie gefasst.

⌘ Gleich nebenan in der Grant Street Ecke 2nd Street erinnert das *Civil War Museum* an den amerikanischen Bürgerkrieg, der im Juli 1861 in und um die Stadt tobte und unter dem Begriff *Battle of Carthage* in die Annalen einging. Insgesamt waren auf beiden Seiten 53 Tote und 151 Verwundete zu beklagen [🌐 N 37.1775, W 94.3099].

🛏 Biegen Sie dann in die Garrison Avenue ab. An der Ecke steht das *Boots Motel* sehr hübsch und schön zentral gelegen. Es wurde 1939 in damals sehr modernem Stil erbaut und warb damit, dass jedes Zimmer über ein eigenes Radio verfügte (hat's auch heute noch – dafür kein TV). Clark Gable soll einmal in Zimmer 6 genächtigt haben. Es ist zu hoffen, dass die jetzigen Eigentümer das Gebäude pflegen und erhalten. Reisende sind voll des Lobes über dieses Haus, das erst 2012 renoviert wurde. Gegenüber ist das ehemalige Boots Drive In (ein Imbiss von 1946) zu erkennen, das heute schön renoviert von einer Bank genutzt wird. Es warb damals damit, dass zu jeder Tageszeit dort gefrühstückt werden könne.

♦ Boots Court, 107 S Garrison Ave, 🌐 N 37.1782, W 94.3144, 💻 www.bootsmotel.homestead.com, ab $ 70. Großes Lob

⌘ Zwei Blocks weiter biegen Sie in die Oak Street ab. Fahren Sie dann vorsichtig über eine merkwürdig hoch gewölbt gebaute Eisenbahnbrücke. Sie überqueren anschließend die I-49. Kurz darauf sehen Sie rechts das *Powers Museum* [🌐 N 37.1769, W 94.3349], das im Wesentlichen zur Stadt ausstellt, aber auch etwas zur Route 66 (sonntags bis dienstags geschlossen).

▷ Kurz darauf knickt der Old 66 Boulevard nach links ab, dem Sie folgen. Nur 400 m nach dem Knick ist auf der rechten Seite ein **P** Parkplatz, der zum *Ruby Jack Trail* gehört. Der Trail ist 16 Mi. lang und führt über Oronogo bis zur Staatsgrenze von Kansas. Er verläuft auf einer ehemaligen Bahntrasse, der man Schienen und Schotter genommen hat, und wird gern als Mountainbiketrail genutzt.

Wenig später befindet sich auf der rechten Seite das *Route 66 Drive In Theater*, das jahrelang geschlossen war, aber 1998 wieder eröffnet wurde. Inzwischen wurde es als historisches Baudenkmal deklariert (NRHP). Das Autokino zeigt auf seiner 20 m hohen „Leinwand" immer zwei Filme hintereinander: freitags, samstags und sonntags nach Sonnenuntergang von April bis September (NRHP). Der Ton wird nicht über die früher üblichen kleinen quakigen Lautsprecher übertragen, sondern über eine bestimmte Frequenz im Autoradio gesendet. Mit dem Siegeszug des Fernsehens begann der Niedergang der einst über viertausend Autokinos in den USA.

**600** Nach einer scharfen Rechtskurve überqueren Sie die autobahnähnliche SR 171 geradeaus und dann fahren nach links in die Index Road ab, die später wieder Old 66 Blvd. genannt wird.

**603** Wenn Sie auf die Pine Street stoßen, fahren Sie links ab, bis Sie in **Carterville** auf die Main Street treffen, in die Sie rechts abbiegen. Fahren Sie auf dem State Hwy. HH bis …

**605** **Webb City**, 10.000 Einwohner, ⇧ 305 m.
1875 entdeckte ein Farmer beim Pflügen Bleierz und innerhalb kurzer Zeit förderten Hunderte von Minen das Schwermetall und später auch Zink.

Bevor Sie in Webb City die Main Street auf der Broadway Street kreuzen, können Sie einen Block nördlich das Gebäude der *Bruner Pharmacy* sehen [🌐 N 37.1473, W 94.4632]. An deren Seite ist ein **Mural** (Wandgemälde) angebracht, das neben dem Bogen von St. Louis, das Jasper County Courthouse, die betenden Hände und ein Route-66-Schild zeigt.

Interessant und einen Besuch wert ist die gegenüberliegende *Bradbury Bishop Deli*, ein urig gestaltetes Restaurant für Breakfast und Lunch im Diner-Stil der 1950er-Jahre (sonntags geschlossen). Im Sommer versammeln sich hier am zweiten Samstag im Monat Oldtimerfans zu einer Rallye durch die Stadt, die von lautstarken Marching Bands begleitet wird.

Wenn Sie die Main St. nach Süden fahren, passieren Sie die *Minerva Candy Company*, die 1913 von griechischen Einwanderern als Bonbonfabrikation gegründet wurde. Das Unternehmen wurde renoviert und seit 2013 wird wieder produziert. Angeboten wird auch eigene Eiskrem, Sandwiches und Kaffee. Ein Stückchen weiter steht das Route-66-Theater, ein Kino im Art- Deco-Stil.

Am Ende gelangen Sie in den *King Jack Park*, in dem noch Schienen einer einstigen elektrischen Straßenbahnlinie (Southwest Missouri Electric Railroad) zu sehen sind, die zwischen Carthage, Carterville, Webb City, Galena, Baxter Springs und Joplin auf einer Gesamtlänge von über 90 Meilen verkehrte.

Auf einem Hügel sind die riesigen „Betenden Hände" (frei nach Dürer) zu sehen, gefaltet für den Frieden in der Welt [🌐 N 37.1398, W 94.4660] – mit der Inschrift „Hands in Prayer, World in Peace". Der kniende Minenarbeiter ist eine andere Statue, die an die Minenvergangenheit der Stadt erinnert.

Nachdem die Route 66 auf dem East Broadway die Main St. gekreuzt hat, biegen Sie links ab in die Webb St. und nach einem Block nach rechts in die West Broadway St. Hierbei passieren Sie eine ehemalige Tankstelle, die heute als i Route 66 Visitor Center funktioniert [🌐 N 37.1464, W 94.4638]. Fahren Sie über die Broadway St. und Powell Drive aus der Stadt hinaus.

**608** Sie biegen dann rechts auf die SR 171 ab, fahren am Joplin Airport vorbei und biegen kurz darauf in die SR 43 nach links in die Main Street ab. Sie führt direkt in die Innenstadt von ...

609 **Joplin**, 50.000 Einwohner, ⇧ 305 m, 21x 🛏, KOA 🚐
Im Mai 2011 zerstörte ein gewaltiger Tornado etwa 30 % der Stadt - über 130 Tote waren zu beklagen! Die Schneise der Verwüstung war 10 km lang und knapp 1 km breit. Die Innenstadt, vor allem um die Main Street und die 20th Street, musste komplett neu aufgebaut werden.
Dies ist das Gebiet im Mittleren Westen, das *Tornado Alley* (Tornado-Gasse) genannt wird. Im Verlauf der Route 66 reicht es von den Staaten Missouri und Kansas bis nach Oklahoma und Texas hinein (☞ Oklahoma City).
Die Industrie- und Bergwerkstadt (Zink- und Bleiminen) wurde 1839 von dem Prediger Harris G. Joplin gegründet. Sie bietet heutzutage eigentlich nichts Besonderes, obwohl sie zu den Boomzeiten der Blei- und Zinkminen eine wilde Stadt mit Saloons, Spielhöllen und Bordellen gewesen ist. Als der Preis der Metalle zum Ende des Zweiten Weltkriegs verfiel, bedeutete dies den Niedergang der Stadt.

Ein Hauch von Geschichte streifte das Städtchen im April 1933, als *Bonnie und Clyde* sich 14 Tage in einem angemieteten Haus in der 34th Street versteckt hielten (heute noch vorhanden, konnte früher besichtigt bzw. zum Übernachten gebucht werden, seit dem Tornado privat fest vermietet). Ihr Verhalten erregte aber den Argwohn der Nachbarn und als die Polizei sie befragen wollte, wurden zwei Polizisten erschossen und den Verbrechern gelang die Flucht. Alle Papiere der Gang nebst neuer Fotos blieben in der Eile zurück, so dass die Polizei mit aktuellen Fahndungsfotos auf Jagd gehen konnte. Im Mai 1934 wurden sie auf offener Straße durch einen Hinterhalt der Polizei von mehr als 50 Kugeln im fahrenden Auto förmlich durchsiebt. Der Film mit Faye Dunaway, Warren Beatty und Gene Hackmann aus dem Jahr 1967 stellt das Leben des Gangsterpärchens mehr oder weniger wahrheitsgetreu dar.

Die Entwicklung der Stadt wurde wesentlich von deutschen Einwanderern begründet, ein „Deutscher Turnverein Germania" und die „Germania Social and Literary Society" hatten regen Zulauf. Generell genossen die deutschstämmigen Immigranten und ihre Familien großes Ansehen. Peter Braeckel, Eduard Zelleken und der in Baden-Baden geborene Karl Schifferdecker gehörten dazu. Zu seiner Trauerfeier 1915 schlossen alle Geschäfte und Büros der Stadt. Ein großer Park (mit Campingplatz und einem Museumskomplex) am Westende der 4th Street wurde nach ihm benannt. Sein ansehnliches Wohnhaus steht in herrschaftlicher Umgebung an der Ecke 5th Street und Sergeant Street, sechs Blocks westlich der Main Street [🌐 N 37.0869, W 94.5203].

Der Eintritt der USA in den Ersten Weltkrieg schürte die Hysterie gegen alles, was deutsch war. Es kam zu Übergriffen durch den Mob, beispielsweise gegen Gustav Brautigam an seinem Delikatessen- und Backwarenladen, sodass nachts bewaffnete Patrouillen zum Schutz der Bürger eingesetzt wurden.

**612** Biegen Sie rechts ab in die SR 66 (W 7th Street), die als Business Loop durch Joplin führt.

Einen Block vorher steht das siebenstöckige Frisco Depot, einst ein Eisenbahnbürogebäude der San-Francisco-St.-Louis-Railway (1876 bis 1980) nebst *Harvey House Restaurant*.

Dieses Restaurant war eines von insgesamt 84 *Harvey Houses* in den USA, die als Bahnhofshotels und – restaurants für gehobene Ansprüche von dem eingewanderten Briten Fred Harvey geführt wurden. Es waren damals die Zeiten, als Bahnfernreisen noch etwas Besonderes waren – vergleichbar den späteren Linienflugreisen. Auch in Needles bei Mi. 2096 steht eines der *Harvey Houses*.

Übrigens wurden rechtzeitig vor Ankunft Speisekarten im Zug ausgegeben, nach denen bestellt werden konnte. Die Order wurde dann telegrafisch durchgegeben, so dass den Bahnreisenden beim Eintreffen umgehend von den *Harvey Girls* aufgetischt wurde. Serviert wurde mit Geschirr aus Porzellan, dazu schweres Besteck und Kristallgläser – und es blieben nur 20 Minuten Zeit zum Speisen.

Das weiß gewandete weibliche Servicepersonal wurde aus den zahlreichen Bewerberinnen sorgfältig ausgewählt: sie mussten unverheiratet sein, gut aussehen, gute Manieren sowie einen guten Leumund haben. So suchte Mr. Harvey seine Girls in Zeitungsanzeigen:

Wanted young Woman 18-30 Years of age, of good moral character, attractive and intelligent, to waitress in Harvey Eating Houses on the Santa Fe Line in the West. Wages $ 17,50 per month, with room and board. Liberal tips customary. Experience not necessary. Write Fred Harvey, Union Depot, Kansas City, Missouri.

Hintergrund für die Beliebtheit der Jobs soll für die Mädchen neben dem guten Lohn auch gewesen sein, sich einen wohl situierten Ehemann unter den Bahnreisenden zu angeln. Mit der Zunahme des Autoverkehrs und der Einführung von Speisewagen sowie dem folgenden Niedergang der Bahnreisen verloren die Hotels-Restaurants immer mehr Kunden, so dass sie 1949 eines nach dem anderen geschlossen wurden.
1946 wurde sogar der MGM-Film „The Harvey Girls" mit Judy Garland in der Hauptrolle gedreht.

**615** Am Ortsende wird die 7th Street zum vierspurigen Highway.

**617** Biegen Sie in einer Linkskurve nach rechts ab, ein Schild *Old Route 66* weist den Weg. Teilweise ist hier die Route 66 noch im Originalzustand erhalten und Sie überqueren alsbald die *Kansas State Line* und fahren auf der Front Street weiter.

## Route durch Kansas 13 Mi.

i www.kansas.gov/tourism
♦ www.kansastravel.org

Fast mit der Staatsgrenze läuft das Plateau der Ozark Mountains aus und die große Ebene der **Great Plains** von Kansas (Slogan: *„Sunflower State")* beginnt. Hier hat die Landschaft eher steppenähnlichen Charakter mit großer Sommerhitze und überaus heftigen Gewittern, wenn feuchte Luft aus der Golfregion mit den hier vorherrschenden trockenen Luftmassen aufeinandertrifft.

Auf der einen Seite wird der Staat als „Brotkorb der Nation" bezeichnet (wegen der großen Getreideproduktion) auf der anderen Seite weiden Zigtausende von Rindern über großen und ergiebigen Erdgasfeldern. Leider wird der Staat auch von gewaltigen Tornados heimgesucht, wie im Juni 1966 in der Hauptstadt Topeka, wo innerhalb von 11 Tagen 59 verschieden starke Tornados wüteten und 18 Menschen das Leben kosteten.

Die Mentalität der Bewohner kann nur als extrem konservativ-religiös bezeichnet werden, glauben die meisten Menschen tatsächlich fest daran, dass mit Adam und Eva vor etwa dreitauend Jahren die Welt begann und Darwin ein Spinner war, der mit seiner Evolutionstheorie nur dummes Zeug verbreitete.

Übrigens wurde in Kansas als letztem Staat der USA die Prohibition erst 1948 aufgehoben, aber durch Verordnungen in einzelnen Countys teilweise wieder eingeführt. Die Route 66 führt genau durch einen solchen „trockenen" Landkreis, das Cherokee County. Das Besondere an Kansas ist, dass 30 % seiner Bewohner angeben, deutsche Vorfahren zu haben. Herausragendstes Beispiel dafür ist der General und spätere Präsident Dwight David Eisenhower, dessen Ur-Ur-Großvater mit Familie aus Karlsbrunn (heutiges Saarland) 1741 in die USA auswanderte.

Die Route 66 durch Kansas ist zwar nur 13 Meilen lang, aber dafür besonders eindrucksvoll. Die Einwohner sind stolz auf ihr kleines Stück der historischen Straße und pflegen es liebevoll. In Kansas hat man noch mehr als in den anderen Staaten das Gefühl, auf einer Zeitreise zu sein. Diese 13 Meilen ursprünglicher „Mother Road" könnte man zwar in einer Stunde durchfahren. Aber gerade dieses Teilstück sollten Sie genießen, denn endlich sind Sie abseits der ansonsten allgegenwärtigen Interstates.

Sie passieren drei kleine Ansiedlungen, die Filmkulissen für einen Western sein könnten. Wenn Sie in der Hauptsaison unterwegs sind, flimmern die Straßen in der Mittagshitze, die meisten Menschen haben sich in die Häuser zurückgezogen. Nur die Autos und die Auslagen in den Geschäften zeigen Hinweise auf das 20. Jahrhundert.

Obwohl heute alles sehr ruhig und friedlich wirkt, kann man sich mühelos vorstellen, dass in dieser Gegend einmal berühmte Outlaws wie die Dalton-Brüder ihr Unwesen getrieben haben.

**619** Die Front St. folgt einer Eisenbahntrasse rechter Hand. Nachdem Sie eine Eisenbahnbrücke aus dem Jahr 1923 überquert haben, stoßen Sie an einer T-Kreuzung auf die Main Street von Galena und biegen hier links ab. Rechts führt die Straße ins ehemalige **Empire City**, heute ein Teil von Galena und fast eine Ghost Town.

**620** **Galena**, 3.500 Einwohner, ⇧ 275 m.

Direkt an der Ecke Front St/Main St. steht links die *Kan-O-Tex-Tankstelle,* die heute als Route-66-Souvenir- und Andenkenladen „Cars on the Route" fungiert. Ehemals waren es vier Eigentümerinnen, die bei dem Disney/Pixar-Zeichentrickfilm „Cars" beratend mitwirkten [🌐 N 37.0803, W 94.6388, 💻 www.kansastravel.org/4womenontheroute.htm]. „Tow

*Route-66-Souvenir- und Andenkenladen „Cars on the Route"*

Tater", das Vorbild für „Hook", den Abschleppwagen aus dem Film, steht vor der Tür. Snacks und Drinks werden in der ehemaligen Tankstellenwerkstatt auch noch angeboten.

Auf der anderen Seite der Straßenkreuzung steht das heruntergekommene *Steffleback House*, ein einstiges Bordell. Die überwiegend männliche Bevölkerung der Boomstadt trug nicht gerade zur Sittsamkeit des städtischen Lebens bei und die Bars, Bordelle und Spielhöllen wurden vom Mob frequentiert, der des Öfteren außer Rand und Band geriet. Mord und Totschlag, meist aus Habgier, waren damals an der Tagesordnung. Als besonders hemmungslos und gierig tat sich eine *Mrs. Steffleback* hervor, der ein zweistöckiges Bordell gehörte, das sich großer Beliebtheit erfreute. Als ihr die Einnahmen aus den Liebesdiensten, dem Glücksspiel und dem Whiskeyverkauf nicht reichten, lockte sie einen betrunkenen Prospektor in ein Hinterzimmer, wo ihr Sohn dem Opfer aus dem Hinterhalt mit einem Beil den Schädel spaltete. Das Gold wurde versteckt und der Leichnam in einem verlassenen Minenschacht versenkt. Fortan wurde dieses Geschäftsmodell über die Jahre verfeinert und ausgebaut. Nach dem Streit mit einer ihrer Huren und deren Hinauswurf flog die Geschichte auf und man entdeckte nach langer Suche über 30 Leichen in diversen Schächten. 1897 wurde *Mrs. Steffleback* zu lebenslanger Haft verurteilt. Das Geheimnis über das Versteck nahm sie 1909 mit in den Tod - Gold und Geld blieben bis heute verschwunden.

Leider hat auch diese ehemalige Blei-, Zink- und Goldbergbaustadt schon einmal bessere Tage gesehen. Der schleichende Verfall ist deutlich sichtbar. 1935 brachte ein Streik der Minenarbeiter heftige Unruhen, die sich über Jahre hinzogen. Von der Bergbaufirma angeheuerte Streikbrecher wurden 1937 bei Auseinandersetzungen angegriffen, so dass die Nationalgarde einschreiten musste. Neun Tote und mehrere Verletzte waren die Folge. Die letzten Minen wurden in den 1970er-Jahren geschlossen und hinterließen mit ihren Abraumhalden und Minenschächten ein ökologisches Katastrophengebiet.
Fahren Sie die Main Street hinunter, die wegen ihrer unzähligen Saloons und Spielhallen einst als „Red Hot Street“ bekannt war. Biegen Sie dann an der 7th Street rechts ab. Interessant ist die amerikanische Kleinstadt-Architektur - doch leider nicht mehr lebendig, sondern im Sterben begriffen. Im weiteren Verlauf der Main St. biegen Sie nach rechts in die 7th Street ab.

⌘ Zwei Blocks weiter kommen Sie am *Galena Mining and Historical Museum* vorbei, das im alten MKT-Bahnhof (Missouri-Kansas-Texas-Railroad) untergebracht ist - von außen schon erkennbar an einer alten, grüngelben Rangierlok und einem der Bremserwagen (*Caboose*), die immer am Ende eines Zuges fuhren [N 37.0749, W 94.6416]. Drinnen sind neben einer Unmenge an alten Fotos und verschiedenen Erzen und Mineralien auch ein 1919 Model-T-Ford, eine Münzsortiermaschine, eine Kutsche und eine Schuhputzmaschine zu sehen. Einer der freiwilligen Museumsführer erzählt, dass es einst weit über 200 Minen in der Umgebung gab und dass die Stadt damals fast 25.000 Einwohner hatte. Ein Schwarzweißfoto der Main Street verdeutlicht dies anschaulich. Der historische Innenstadtdistrikt ist denkmalgeschützt als NRHP.
Sie fahren auf der 7th Street weiter nach Westen, überqueren den aufgestauten Spring River auf einer vierspurigen Straße und erreichen ...

**625** **Riverton**, 900 Einwohner, ⇧ 250 m.

▷ Bevor die 66 wieder zweispurig wird, befindet sich direkt an der Straße der *Food Market / Eisler Brothers Old Riverton Store*, der im Jahr

*MKT-Bahnhof*

1925 als *Standard Oil Tankstelle* nebst Diner und Tante-Emma-Laden als *William's Store* erbaut wurde (NRHP). Seit 1973 werden von den Eislers neben Lebensmitteln auch Sandwiches, Blumen sowie Pops und auch Route-66-Souvenirs angeboten [N 37.0751, W 94.7027, www.eislerbros.com].

Am Ortsausgang kreuzen Sie auf einem Kreisverkehr den Hwy. 400/69 und fahren gegenüber in die Beasley Road. Auf der rechten Seite sehen Sie kurze Zeit darauf dann die ...

**626** *Rainbow Curve Bridge*. Diese sogen. *Marsh Arch Bridge* ist die letzte noch erhaltene an der Route 66. Die Beton-Bogenbrücke über den Brush Creek wurde 1923 nach Plänen des Ingenieurs James B. Marsh erbaut. Es gab seinerzeit Hunderte von Brücken dieser Art, die drei noch erhaltenen in Kansas stehen heute unter Denkmalschutz (NRHP). Von 1926 bis 1960 führte die Route 66 über die Brücke, heute ist sie nur noch als Einbahnbrücke befahrbar. Nachdem sie in den vergangenen Jahren wegen der

*Marsh Arch Bridge*

vielen Schmierereien „Graffiti-Brücke" genannt wurde, erstrahlt sie seit 2008 nach einer Renovierung in leuchtendem Weiß. Auf den Asphalt wurden mehrere schöne Route-66-Logos gemalt. Folgen Sie der 50th Street weiter.

**629** Fahren Sie hier am DX-Tankstellenschild schräg nach links und dann an der *Conoco-Tankstelle* an der Military Ave. nach rechts in Richtung Innenstadt von …

**631** **Baxter Springs**, 4.500 Einwohner, ⇧ 290 m.
Während des Bürgerkriegs war die Meinung in Kansas über die Sklaverei zwiegespalten, so dass ein brutaler Guerillakrieg zwischen den beiden verfeindeten Lagern entbrannte. 1863 kam es zu einem Überfall, bei dem etwa 100 Männer der Südstaaten von regulären Truppen der Union niedergemetzelt wurden. Es ging als das *Baxter Springs Massacre* in die Geschichte ein. Nach Ende des Bürgerkriegs normalisierte sich das Leben in der Stadt, nur die nach Norden durchziehenden Cowboys mit ihren Viehherden brachten es durch Saufereien, Raufereien und Schießereien in Verruf.

⌘ Das *Baxter Springs Heritage Center*, das Historische Museum, befasst sich u. a. intensiv mit dem Amerikanischen Bürgerkrieg (Baxter Springs Massacre) und der lokalen Geschichte. Die 8th Street führt von der Military Ave. fast direkt auf das Museum zu [🌐 N 37.0279, W 94.7334].

ℹ Das Route 66 Welcome Center befindet sich an der Military Ave. Ecke 10th St. in einer ehemaligen Tankstelle, die 1933 von der ⛽ *Phillips 66 Petroleum Company* im Tudorstil erbaut und bis 1960 betrieben wurde. Im Laufe der Zeit wechselte sie mehrfach den Besitzer und wurde als Geschenkboutique, Hundepflegeladen und Chiropraktikerpraxis betrieben. Sie wird heute, liebevoll renoviert, als Touristeninformation für Route-66-Reisende genutzt. Das Gebäude mit seinem leuchtend roten Dach gehört

*Phillips 66 Petroleum Company*

zu den schönsten noch erhaltenen Häusern aus den Boomzeiten der Route 66 (NRHP) [🌐 N 37.0258, W 94.7348].

An der Kreuzung 12th/Military Rd. befand sich in dem gelb-roten Gebäude zuletzt *Bill Murphey's Restaurant*, das als Mobiliar noch Teile der Baxter National Bank (die schon 1952 schloss) verwendete, und 2005 aufgegeben wurde. Die hübsche Neonwerbung außen am Gebäude wurde längst entfernt. Die Dekoration innen bestand aus Teilen der alten Bankeinrichtung, auf den Tischen lagen unter Glasplatten alte Schecks und Aktienpapiere, z. T. noch aus den 1920er-Jahren. Die Ladies Restrooms waren ganz sicher im Tresorraum untergebracht (sogar mit Blümchentapete). Dem Vernehmen nach ist ein Umbau zum Restaurant nicht geplant Und ja, auch diese Bank wurde ausgeraubt. Baxter Springs erntete deshalb den Beinamen „Meistausgeraubte Stadt Amerikas" auch deshalb, weil es den Räubern schnell gelang, über eine der nahe gelegenen Staatsgrenzen (wahlweise Oklahoma oder Missouri) zu verschwinden. Bei den insgesamt 14 Überfällen waren auch Bonny & Clyde sowie die Dalton-Brüder mit dabei. Aber auch der notorische Jesse James besuchte den Ort 1876 und erleichterte die Crowell Bank unter dem Vorwand, eine 5-Dollarnote zu wechseln, um etwa 3.000 Dollar (was 1876 ein Batzen Geld war) - während Bonnie und Clyde sich mit dem Ausrauben des General Stores begnügten.

In den Räumen der Crowell Bank (erbaut 1870) an derselben Kreuzung befindet sich heute das *Café on the Route*, das an den Überfall erinnert und 2015 umgebaut wurde.

Zwei Häuserblocks weiter steht an der Kreuzung mit der 12th Street der Neubau der American Bank. An deren Rückseite zum Parkplatz hin ist an der Hauswand ein großes, sehenswertes Relief angebracht, das die Geschichte der Stadt zum Thema hat.

**633** Am Ortsende fahren Sie bei McDonald's und WalMart halb links ab, um gleich wieder rechts im Bogen auf die US 69 Military Road zu fahren und links einzubiegen. Alsbald befinden Sie sich – nach Überqueren der Stateline Road - im Staat Oklahoma und fahren auf der US 69 weiter.

## Route durch Oklahoma 389 Mi.

Visitors Bureau, 189 W Sheridan, **Oklahoma City**, www.okccvb.org/

Visitors Bureau, 616 S Boston, **Tulsa,** www.2chambers.com/tulsa1.htm

Bis in die 80er-Jahre des 19. Jahrhunderts galt Oklahoma (Slogan: „*The Sooner State*") als nutzloses Land, gerade gut genug für Indianer vom Stamm der Choctaw. Sie nannten sich Okla Homma - Rote Menschen. Viele östliche Indianerstämme wurden später hierhin umgesiedelt bzw. vertrieben. Aber viele weiße Siedler drängten auf neues Land, und so gab die Regierung 1889 öffentliche Ländereien zur Besiedlung frei. An einem einzigen Tag wurde das Land durch Tausende von Siedlern gestürmt, die sich alle ein besonders gutes Stück Boden sichern wollten. Der Tag ging als *Oklahoma Run* in die Geschichte ein. Das Wort *Sooner* bezeichnet jene Männer, die schon vorher heimlich eingedrungen waren, um vor den anderen das Land unrechtmäßig in Besitz zu nehmen.

Inzwischen ist das Land durch neuartige Techniken zu fruchtbarem Weide- und Ackerland geworden. Durch die zentrale Lage in den USA treffen aber auch hier viele klimatische Extreme aufeinander: Wie im Nachbarstaat Kansas ziehen durchschnittlich über 50 Tornados im Jahr übers Land, die oft schwere Schäden anrichten.

Reich wurde Oklahoma vor allem durch Erdöl. Sogar unter dem Capitol von Oklahoma City sollen sich Erdölvorkommen befinden - so kommt es, dass im Vorgarten des Regierungssitzes als reine Show ein Förderturm steht.

Der Staat dürfte einer der wenigen sein, die ihren State Song (ihre Hymne seit 1953) einem Musical verdanken: dem 1943 in New York erstaufgeführten Stück „Oklahoma!" von Rodgers/Hammerstein. Es wurde zweimal verfilmt 1955 (vier Oscars), 1999 mit Hugh Jackman in der Hauptrolle. In der schmissigen und stimmgewaltigen über zweistündigen Aufführung sind neben dem Titelsong u. a. noch „Oh What a Beautiful Mornin" erwähnenswert.

Ab Oklahoma erhält die Route 66 eine besondere geschichtliche Bedeutung. In den 1930er-Jahren machten sich viele verarmte Landarbeiter auf den Weg ins vermeintlich bessere Kalifornien. Sandstürme, Missernten und die Übermacht der reichen Farmer mit ihren neuen Agrartechniken ließen ihnen in ihrer alten Heimat keine Chance auf ein menschenwürdiges Leben. Die Route 66 war für sie die Straße der Hoffnung, die Main Street of America, die sie in ein besseres Leben führen sollte.

Um die Tragik dieser Zeit besser zu verstehen, sollten Sie vor Antritt Ihrer Reise John Steinbecks „Früchte des Zorns" gelesen haben - oder sich den Schwarzweißfilm von 1940 mit dem jungen Henry Fonda in der Hauptrolle ansehen. Steinbeck erzählt die Geschichte der Landflucht am Beispiel der Erlebnisse der Familie Joad, die so viel Hoffnung in die „Mother Road" setzte und in Kalifornien erkennen musste, dass alle Qualen umsonst gewesen waren. Wie Tausende von armen „Okies" machten sich die Joads mit einem uralten, völlig überladenen Truck auf den Weg, ständig auf die Motorgeräusche lauschend und in der Hoffnung, dass die Reifen die Strapazen der Fahrt durchhalten würden.

In einem schönen neuen Auto mit Klimaanlage ist es allerdings schwierig, dies alles nachzuempfinden. Wenn Sie jedoch mit dem Motorrad, in einem alten Auto oder in einem offenen Cabrio fahren, fühlen Sie die Straße förmlich. Sie spüren die unbarmherzige Sonne, ertragen die Hitze, erleben gelegentlich kleinere Sandstürme und können sicher besser verstehen, was das besondere Flair dieser Straße ist.

Die Route 66 ist in Oklahoma teilweise gut, aber überwiegend schlecht ausgeschildert und hat die meisten noch befahrbaren historischen Teilstücke zu bieten. Leider verlaufen diese größtenteils als Service- oder Frontage Road parallel zur I-44, was ihren Reiz ein wenig schmälert.

**638** **Quapaw**, 950 Einwohner, ⇧ 260 m.
Der Ort wurde nach einem Indianerstamm aus dieser Gegend benannt. Über das Dorf verteilt finden sich an diversen Hauswänden einige inzwischen arg verblichene Murals. An jedem Nationalfeiertag der USA (4. Juli) findet hier ein großes *Powow* mit Tänzen, Wettbewerben und Musik der Indianer statt.
In dieser Gegend soll auch ein *Phantom Dog* genannter schwarzer Hund nachts sein Unwesen treiben und schon mehrere Hundert Autounfälle verursacht haben. Er hat es besonders auf Trucks abgesehen, die er aus dem Nichts anspringt und so die (wahrscheinlich übermüdeten) Fahrer erschreckt. Genauso schnell ist er wieder verschwunden und für seine Existenz gibt es auch keinerlei Beweise.
Ein weiteres Phänomen ist das *Spooklight*, ein tanzender, hüpfender Ball aus Licht in wechselnden Farben, der nachts erscheint und über die Landschaft geistert. Die besten Sichtungen sollen von der Oklahoma East Road 50, 4 Mi. südlich des Punktes, an dem die Grenzen von Oklahoma, Kansas und Missouri zusammenstoßen, und 10 Mi. östlich von Quapaw möglich sein. Google Maps markiert die Stelle auf seiner Karte: [🌐 N 36.9441, W 94.6245]. Manchmal sind mehrere Hundert Autos dort geparkt, deren Insassen auf die Erscheinung warten. Sogar das Militär war dort zur Untersuchung, konnte aber keine Erklärung finden.

**641** Bleiben Sie auf der US 69.

**644** **Commerce**, 2.500 Einwohner, ⇧ 250 m.
Als 1934 bekannt wurde, dass sich Bonnie und Clyde von Quapaw kommend der Stadt näherten, sollte es zur Sache gehen und die Army sagte Hilfe zu. In einer Kurve wurde ein Hinterhalt aufgebaut und ein schweres Maschinengewehr postiert. Als der Ford-V8 des Pärchens wegen der Kurve langsamer fahren musste und das Schussfeld frei war, hatte das Gewehr leider Ladehemmung. Die beiden gaben Vollgas und waren den Häschern mal wieder entkommen.

*Conoco-Tankstelle*

Am Ortseingang biegen Sie nach rechts in die Commerce Avenue ab. An einer T-Kreuzung mit der Main St. fahren Sie direkt auf eine ehemalige *Marathon Oil Tankstelle* von 1931 - erbaut im damals beliebten Cottage-Stil - zu. Heute beherbergt sie einen Imbiss/Eisladen Dairy King, der zwar noch geöffnet ist, aber auch schon bessere Zeiten gesehen hat [🌐 N 37.9330, W 94.8779].

Gegenüber sind noch die traurigen Reste einer alten *Conoco-Tankstelle* in der seltenen kontrastreichen Farbgebung rot-grün zu sehen. Sie wurde seinerzeit aus Kostengründen einfach an die Ziegelsteinrückwand des letzten Gebäudes in der Commerce Street gebaut.

Fahren Sie auf der Main St. weiter nach Süden und fädeln Sie sich in die Fortsetzung des Hwy. 66 ein (den Sie vor dem Ort verlassen hatten). Sie folgen dem Hwy. bis ...

**646** **Miami**, 13.500 Einwohner, ⇧ 240 m.

Obwohl der Bevölkerungsanteil an Indianern relativ gering ist, haben mehrere Stämme (als größter die Cherokees) ihre Verwaltung in der Stadt. Durch ein Ausnahmegesetz ist es den Indianern erlaubt, Spielcasinos zu betreiben, die zu einem beliebten Anziehungspunkt für Spieler aus Nah

und Fern geworden sind. Ein großes Anliegen der Indianernationen ist es, ihre Geschichte und das kulturelle Erbe wach zu halten. Im Brennpunkt steht dabei die gewaltsame Vertreibung 1838 aus den angestammten Siedlungsgebieten weiter im Westen. Trotz anders lautender Gerichtsurteile wurde damals der öffentliche Druck und die Gier nach Land - auch offizieller Stellen bis hoch zum Präsidenten - immer größer. Der einjährige, als *Pfad der Tränen* in die Geschichte eingegangene Exodus nach Westen begann. Vor allem 4.000 Alte und Schwache, Kinder und Frauen kamen bei dem Treck vor Hunger und Erschöpfung elendig um.
Eine Besonderheit an der Main Street ist der *Waylan's Ku-Ku-Burger*, der letzte Imbiss seiner Art, der jede volle Stunde einen Kuckuck ausrufen ließ. Es gab damals in den 1960er-Jahren fast 200 dieser Fastfood-Restaurants, die aber über die Jahre sang- und klanglos verschwanden.

*Coleman Theater*

Das *Coleman Theater* in der Main Street Ecke 1st Ave. wurde als Revue- und Tanztheater (Vaudeville) 1929 von der Familie Coleman gebaut. Später wurde es ein Kino, in dem auch heute noch Filme gezeigt werden. Zur Unterstützung der damaligen Stummfilme wurde eine Orgel, als *Mighty Wurlitzer* bekannt, installiert, die heute noch spielbereit ist [N 36.8766, W 94.8778, www.colemantheatre.org].

Diese besondere Sehenswürdigkeit der Stadt wirkt allein schon durch das stilvolle Äußere und die Eingangshalle ist so beeindruckend, wie das Foyer eines Opernhauses. Im Theaterraum finden über 1.500 Menschen Platz und außerdem können Besucher die Vorstellung von drei prachtvollen Balkonen aus genießen. Stars wie Bing Crosby, Will Rogers und Bob Hope traten hier einst auf. Die Deckenverzierungen sind reich mit Blattgold überzogen. 1998 wurde es u. a. wegen eines Wasserschadens renoviert. Eine kleine Route-66-Ausstellung befindet sich in der ersten Etage. Leider ist es montags geschlossen (NRHP).

⌘ Im *Route 66 Vintage Motorcycle Museum* etwas weiter in der Main Street werden über 40 Oldtimer-Motorräder (u. a. Harleys, Indians, Triumphs) ausgestellt, die vor allem Biker und Liebhaber alter Maschinen anziehen. Eine besondere Attraktion sind die Bikes und Accessoires von Steve McQueen, der nicht nur als Schauspieler einen Namen, sondern auch als Rennfahrer Erfolg hatte [🌐 N 36.8723, W 94.8776, 💻 www.route66vintageiron.com].

⛽ 1929 wurde eine *Transcontinental Oil Tankstelle* ein Stück weiter die Main Street (zwischen 3rd und 4th Ave. auf der linken Seite) hinunter eröffnet, die wenig später von Marathon Oil übernommen wurde. Sie wurde im neo-klassischen Stil mit zwei das Dach tragenden Säulen erbaut. Nach einer gelungenen Renovierung wurden die drei Marathon-Tanksäulen wieder aufgebaut (NRHP).

**648** Fahren Sie weiter auf der Main St. und überqueren Sie den Neosho River. Ab hier heißt die Straße East Street SW. Wenn sie endet, biegen Sie rechts ab auf die E 130 Road [🌐 N 36.8301, W 94.8826, ], dann links auf die S 540 Road und dann rechts auf die E 140 Road. Nach 1 Meile erreichen Sie die SR 69. Diese „Straße" verkommt zu einem extrem schlechten und uralten, 2,5 Meilen langen Teilstück der Route 66 (Schlaglöcher, Schotter, weggebrochener Asphalt bei nur 2,70 m Breite) und führt wieder auf die SR 69. Interessant ist, dass die rechtwinkligen Kurven (gebildet durch die Parzellen der Farmer) mit kleinen „Bögen" entschärft wurden. Die geringe Breite der Straße war der Kostenersparnis geschuldet. Der Staat Oklahoma stand damals vor dem Problem: „Entweder wir asphaltieren nur die Hälfte der Länge oder die Hälfte der Breite." Dieser Abschnitt erhielt – wegen der geringen Breite der Fahrbahn – den Namen *Sidewalk Highway* oder auch *Ribbon Road*.

*Schlechter Zustand der Route 66*

☺ Wenn Sie diese Tortur vermeiden wollen, fahren Sie einen Block vor der erwähnten Tankstelle rechts ab auf die 3rd Ave, überqueren den Neosho River und weiter auf der SR 69.

Im Internet gibt's zu verschiedenen Sektionen der Route 66 auf Youtube kleine Filmchen, die den Zustand der Rüttelpiste verdeutlichen [💻 www.youtube.com/watch?v=11SzvsMQXuo].

**654** Von links mündet die E 140 Road ein (das eben beschriebene schlechte Teilstück).

**660** Wenn Sie der Straßenabschnitte in schlechtem Zustand nicht geschreckt hat – hier gibt's eine weitere Möglichkeit, sich durchrütteln zu lassen: Biegen Sie vor der Interstate-Unterführung nach rechts auf die E 200 Road ab, dann nach links auf die S 520 Road. Auf diesem Teil der Route hat man sich nicht die Mühe gemacht, die Schlaglöcher auszubessern, sondern einfach Schotter und Kies über die ganze schmale Fahrbahn gekippt. Überqueren Sie die I-44 und die Eisenbahnschienen und Sie sehen bereits die SR 69 vor sich, der Sie nach rechts nach Afton folgen.

**660** Als Alternative unterqueren Sie die I-44, die hier *Will-Rogers Turnpike* heißt und eine Mautautobahn ist. Sie fahren jetzt auf der linken Seite der Interstate. Alsbald passieren Sie die Einmündung der S 520 Road.

**663** **Afton**, 1.200 Einwohner.

⌘ Die Häuser entlang der Hauptstraße sind in einem desolaten Zustand. Ein Schild „Approved Packard Service" weist auf ein Museum hin, das alte Packard-Automobile in einer ehemaligen ⛽ *Eagle-DX-Tankstelle* von 1933 ausstellt [🌐 N 36.6942, W 94.96202, 💻 www.aftonstation66.com]. Packard war damals ein Luxusautomobil der Sonderklasse und wurde von 1899 bis 1952 von Chrysler gebaut. Weitere Chrysler-Automarken aus jener Zeit waren De Soto, Dodge und Plymouth. Außerdem ist eine umfangreiche und bemerkenswerte Sammlung von Postkarten, die sich auf die Route 66 beziehen, zu bestaunen. Souvenirs sind ebenfalls zu erwerben.

**665** Fahren Sie weiter auf der SR 60 West / SR 69 South.

**668** Die Straße macht eine scharfe Rechtskurve, *Dead Man's Corner* genannt. Sie fahren weiter in Richtung Vinita.

**674** Ziemlich unscheinbar steht an einer Einmündung die ⛽ *McDougal Independent Station*, eine ehemalige Tankstelle (renoviert, aber leider ohne Säulen). Sie wurde 1940 aus dunklen und hellen Sandsteinfelsen erbaut, die mit schwarzen Fugen versehen sind, daher wohl der Name Giraffenmusterung.

**676** Fachwerkbrücke über den Little Cabin Creek von 1926. 2011 wurde eine neue Brücke neben der alten gebaut, deswegen darf die alte nicht mehr befahren werden. Im Folgenden passiert der Hwy. mehrere Pecan-Plantagen der Little Cabin Pecan Company. Die beliebten und wohlschmeckenden Pecannüsse gehören zur Familie der Walnüsse und kommen ausschließlich in den südlichen USA und Mexiko vor.

**677** Vor Vinita unterqueren Sie die I-44, hier Will Rogers Turnpike (eine Mautstrecke) genannt. Diese etwa 140 km lange Autobahn führt von der Staatsgrenze Missouri/Oklahoma bis Tulsa. Sie wurde von einem privaten Konsortium finanziert und 1957 eröffnet. Das war noch bevor das Interstatesystem allgemein eingeführt wurde. Erst ein Jahr später wurde sie als I-44 integriert. Mehr zur Person von Will Rogers ☞ Mi. 714.

**678** **Vinita**, 5.800 Einwohner, ⇧ 210 m.
Diese Kleinstadt mit typischen Western-Gebäuden ist die zweitälteste Stadt Oklahomas und bietet ein besonderes Flair. Hier steht quer über die I-44 (Will Rogers Turnpike) als Brücke mit einem gelben Bogen gebaut die einst größte *McDonald's-Burger-Braterei* der Welt - inzwischen überholt von Moskau und Peking [🌐 N 36.6232, W 95.14787]. Wenn Sie dort einkehren möchten, biegen Sie links in die 7th Street/S 4410 Road ab, am Holiday Inn vorbei und vor der Interstate rechts ab.

Auf der Illinois Ave. passieren Sie auf der linken Straßenseite Clanton's Cafe von 1927, das mit seinem riesigen „Eat"-Schild nicht zu übersehen ist. Zwei Blocks weiter führt die Route 66 nach links in die S Wilson Street und weiter auf der SR 60/69.

Jedes Jahr Ende August wird seit 1935 in der Kleinstadt das viertägige *Will Rogers Memorial Rodeo* veranstaltet, das Zuschauer aus Nah und Fern anzieht [💻 www.willrogersmemorialrodeo.com].

Ungewöhnlich für europäische Gaumen ist das *Calf Fry Festival*, ebenfalls im August. Die Spezialität sind gegrillte Rinderhoden, die verschämt als „Prairie Oysters" angeboten werden.

Ab Vinita ist die 69/60 als überwiegend autobahnähnliche Straße ausgebaut. Nachdem Sie den Big Cabin Creek überquert haben, kommt auf der linken Seite das preisgünstige Park Hills Motel mit RV-Park in Sicht.
Bis Claremore gerät die I-44 völlig außer Sichtweite und Sie können das idyllische Oklahoma genießen.

**682** Hier zweigt die US 69 nach links ab, Sie bleiben auf der US 60.

**683** Die US 60 biegt nach rechts ab, Sie bleiben auf der SH 66. Die 66 wird später vierspurig. Kurz vor Chelsea fahren Sie über den Pryor Creek.
Nur wenige Hundert Meter vor den beiden verschiedenen Brücken über den Bach biegt links die Straße S 4260 Road ab. Dies ist die alte Streckenführung der Route 66 mit der alten **Pryor Creek-Fachwerkbrücke** von 1926 (NRHP), deren Belastung auf 3 t begrenzt wurde. Sie können diese Straße weiterfahren und kommen nach kurzer Zeit wieder auf die Route 66/Walnut Street zurück, der Sie nach links folgen.

**696** **Chelsea**, 2.400 Einwohner, ⇧ 220 m.
Ursprünglich befand sich der Ort 15 Mi. westlich des heutigen Standorts. Er wurde Ende des 19. Jahrhunderts von einem gewaltigen Tornado

komplett zerstört und an der heutigen Stelle neu aufgebaut. Das ehemalige *Chelsea Motel* mit nur sechs Zimmern aus dem Jahr 1936 ist kaum noch an seinem großen Neonschild am Highway identifizierbar und wird auch nicht mehr als Beherbergungsbetrieb geführt. Es verfällt zusehends.

Die 66 wird wieder vierspurig bis hinter Claremore. Sie fahren entlang von Bahngleisen durch **Bushyhead** nach ...

705 **Foyil**, 300 Einwohner.
*Totem Pole Park*. Ein Leser schreibt: „Ein Abstecher auf der 28 A zum 4 Mi. entfernten Totempfahlpark lohnt nicht". Stimmt. Weiter geht's auf der 66 über **Sequoya** nach ...

714 **Claremore**, 17.500 Einwohner, ⇧ 180 m, 5x 🛏
In der Stadt wird die 66 zum Davis Blvd, der im Zentrum den Will Rogers Blvd. kreuzt.

🛏 Das *Claremore Motor Inn*, 1709 N Lynn Riggs Blvd, [🌐 N 36.327320, W 95.607424] ist ein älteres Motel mit zivilen Preisen, Leserlob.
1905 wurden bei Ölbohrungen zufällig warme Schwefelquellen entdeckt, denen eine gewisse Heilwirkung zugeschrieben wurde. Mehrere Badehäuser, auch in den Hotels, versorgten die maladen Bürger und Touristen mit dem Heilwasser. Als einziges ist heute nur noch das *Mendenhall Bath House* (NRHP, später in Keller's Bath House umbenannt) in der E 7th Street erhalten geblieben; heute ein Apartmenthaus. In den 1930er-Jahren ebbte der Gesundheitsboom ab und der Spitzname „Radium Town" gehörte bald der Vergangenheit an.

⌘ Das Städtchen war Heimat von *Will Rogers*, einem Anfang des vorigen Jahrhunderts sehr bekannten Schauspieler und Humoristen indianischer Abstammung (Cherokee). Sein Elternhaus liegt etwa 10 Mi. nördlich am Oolagah Lake im Will Rogers State Park. Im *Memorial Museum* werden u. a. Ausschnitte aus einigen seiner 71 Filme sowie diverse Fotos und persönliche Gegenstände gezeigt [🌐 N 36.3208, W 95.6323, 💻 www.willrogers.com, Eintritt frei].
Die Amerikaner verehren ihn wegen seiner Schlagfertigkeit, seines Humors, seiner Weisheit und seines menschenfreundlichen Denkens und Verhaltens sowie wegen seiner trickreichen Fähigkeit, mit einem Lasso umzugehen. Ab 1922 schrieb er täglich eine Kolumne, die in weit über

200 Tageszeitungen in den ganzen USA abgedruckt wurde. Er starb 1935 im Alter von 56 Jahren bei einem Flugzeugabsturz in Alaska. Dem Namen Will Rogers werden Sie im Laufe der Reise noch häufiger begegnen.

⌘ Im *J.M. Davis Arms and Historical Museum* können Waffennarren voll auf ihre Kosten kommen. Über 20.000 Ausstellungsstücke aus aller Welt und allen Zeiten sind hier im größten privaten Waffenmuseum der Welt zu besichtigen [🌐 N 36.3152, W 95.6156, 💻 www.thegunmuseum.com]. Zu sehen sind Revolver, Pistolen, Gewehre, indianische Speerspitzen aus Stein und kunstvolle Henkerknoten. Außergewöhnlich ist auch die Sammlung von 1.200 Bierkrügen („beer steins" genannt), überwiegend aus Steingut, mit und ohne Zinndeckel in allen Größen und Farben. Es liegt direkt an der Route 66 mit einem Panzer am Parkplatz und da es vom Staat Kansas geführt wird, ist der Eintritt frei.

*J.M. Davis Arms and Historical Museum*

725 Die *Twin Bridges* (Zwillingsbrücken) überquerten einst den Verdigris River parallel nebeneinander und sahen fast identisch aus. Leider musste die rechte der beiden schönen Brücken (Baujahr 1936) wegen einer neuen

*Die rechte der Twin Bridges steht jetzt auf einem kleinen Hügel*

Verkehrsvorschrift (drei Fuß zu schmal für den heutigen Verkehr) 2011 abgebaut und durch eine neue Betonbrücke ersetzt werden. Weil sie unter Denkmalschutz stand, konnte sie nicht einfach verschrottet werden. Stattdessen wurde eine Rampe gebaut und vier Kräne hoben den Brückenbogen und ein kleineres Brückenteil einen Hügel hinauf. Da steht sie nun und dient als Zufahrt zu Molly's Steak und Seafood Restaurant, das beim Publikum überaus beliebt ist und eine sehenswerte und kuriose Inneneinrichtung hat.

**726** **Catoosa**, 6.800 Einwohner, ⇧ 190 m.
Der Hafen der Stadt ist das Endstück des Arkansas River Navigation Systems, das den Golf von Mexico über den Mississippi mit diesem zweitgrößten Binnenlandhafen der USA verbindet. Der Wasserweg benutzt Flüsse, Seen, Stauseen und Kanäle auf seiner 702 km langen Strecke. Um eine dauerhaft ausreichende Wassertiefe zu gewährleisten und Höhenunterschiede des Geländes auszugleichen, wurden 17 Schleusen gebaut.
Der *Blue Whale Swimming Park,* einst eine Attraktion an der Route 66, wurde 1988 geschlossen [🌐 N 39.1934, W 95.7328]. 1997 wurde der fast 25 m große begehbare blaue Wal mit Wasserrutschen in einen Teich zwar renoviert, sieht aber heute schon wieder nicht mehr allzu gut aus - Schwimmen ist verboten.

**729** Vor der I-44 endet die SR 66 und Sie müssen für ein paar Hundert Meter auf die Autobahn. Weil die Auffahrt und die Abfahrt (Exit 240 A) unmittelbar aufeinander folgen, fahren Sie sofort (!) wieder ab und nach links unter der Interstatebrücke hindurch auf die 193rd Avenue/N 23rd Street. Dann biegen Sie 1 Meile weiter rechts auf die 11th Street ab. Sie fahren jetzt geradeaus nach Westen in die Stadt ...

*Begehbarer blauer Wal*

**730** **Tulsa**, 395.000 Einwohner, ⇧ 195m, 35x 🛏, KOA 🚐
Die zweitgrößte Stadt Oklahomas verdankt ihren Aufschwung den Erdölvorkommen, die Anfang des 20. Jahrhunderts entdeckt wurden. Doch der Boom ist lange vorbei und seitdem ging's nur noch bergab.
Der 23 m hohe *Golden Driller* steht am Eingang des Expogeländes (*State Fair*) [🌐 N 36.1339, W 95.9312] Ecke E 21st Street/S Yale Avenue und wurde 1953 anlässlich einer internationalen Petroleum Expo zu Ehren der Erdölarbeiter errichtet. Sein lässig ausgestreckter Arm ruht auf einem originalen Förderturm.

1921 kam es aus unbedeutendem Anlass zu Rassenunruhen, bei denen der Stadtteil Greenwood von einem aufgeputschten weißen Mob unter Führung des Ku-Klux-Klan niedergebrannt wurde. Nicht nur Hunderte von

Wohnhäusern, sondern auch Hotels, Zeitungshäuser, Kinos, Restaurants, eine Post und eine Schule wurden in Schutt und Asche gelegt. Eine Untersuchungskommission kam später zu dem Ergebnis, dass über 250 Tote - vornehmlich Schwarze - zu beklagen waren. Niemand wurde dafür jemals zur Rechenschaft gezogen und der Vorfall wurde unter den Teppich gekehrt. Er ging später als *Tulsa Race Riot* in die Annalen ein.

✞ Besondere Sehenswürdigkeiten - außer einigen Museen - hat Tulsa nicht zu bieten. Beeindruckend ist aber die Unmenge der Kirchen und Gebetshäuser der vielen Konfessionen und Sekten. Besonders auffällig ist die *Boston Avenue United Methodist Church* im modernen Art-Deco-Stil mit ihrem spitzen hohen Turm [🌐 N 36.1474, W 95.9900]. Das Kircheninnere ist gediegen mit schlichten, aber kostbaren Details ausgestattet, die einen europäischen Kirchenbesucher in Erstaunen versetzen.
Die vielen Kirchen sind ein deutliches Indiz dafür, dass Sie sich mitten im *Bible Belt*, dem streng religiösen Bibel-Gürtel der USA, befinden.

✞ Beeindruckend ist auch die *Holy Family Cathedral* in der 8th Street/South Boulder Ave, in der 1914 die erste Messe gelesen wurde. Sie wurde im neugotischem Stil errichtet und besticht vor allem durch ihre drei spitzen Türme. Die Kathedrale ist so groß, dass sie zusammen mit der katholischen Schule einen ganzen Häuserblock einnimmt.

🛏 Das *Campbell Hotel* in 2636 E 11th Street in klassischem Stil erfährt großes Leserlob.

**734** Die 11th Street wird vierspurig. Sie unterqueren die I-44 und gleich darauf die US 169/Mingo Valley Expressway.

**737** Achten Sie auf das Gebäude mit den schalenförmigen Dächern - eine Bowlingbahn!

**740** Auf der rechten Seite liegt das Shelly Stadion. Auffällig sind mitten in der Innenstadt die riesigen Freiflächen, die heute nur als Parkplätze genutzt werden – ehemals dienten sie der Eisenbahn zum Abstellen und Rangieren ihres rollenden Materials.

**742** Die Straße wird wieder zweispurig und nach 2 Mi. passieren Sie 🍴 Tally's Cafe an der Ecke Yale Ave. Dieser typische Diner ist bei den Einheimischen und Reisenden gleichermaßen beliebt. Das Essen wird reichlich und wohlschmeckend in freundlicher Atmosphäre serviert.

Bei der Peoria Avenue wird die US 75/Cherokee Expressway unterquert. Die 11th Street macht eine S-Kurve mit Kreisverkehr und wird zur 10th Street.

Wenn Sie hier im Kreisverkehr rechts in die Elgin Ave. abbiegen, gelangen Sie nach vier Blocks zur hübsch renovierten, aber säulenlosen *Vickery Phillips 66 Tankstelle* [N 36.1519, W 95.9850]. Sie wurde 1931 im typischen Cottage-Stil erbaut und war lange Zeit ein geschäftlicher Erfolg, bis die Route 66 vier Blocks weiter südlich auf der 11th/10th Street vorbeigeführt wurde. Heute ist hier eine Avis-Autovermietung untergebracht.

Ignorieren Sie das Route-66-Schild, das hinter dieser Kurve nach rechts weist! Es würde Sie in die Gegenrichtung (zurück nach Chicago) führen!

Sie kreuzen die South Denver Avenue. Wenn Sie hier nach rechts abbiegen, gelangen Sie nach wenigen Blöcken zum *BOK-Center* (Bank of Oklahoma). Diese futuristische Sport- und Veranstaltungsarena wurde 2008 eröffnet und sah schon die Eagles, Paul McCartney und Lady Gaga.

Später verschwenkt die Straße nach links und wird zur 11th und dann zur 12th Street. Am zweiten Stoppschild fahren Sie nach links auf den Southwest Boulevard in Richtung der großen Brücke über den Arkansas River. Sofort nach dem Abbiegen liegt auf der rechten Seite direkt hinter einer

*Bronzeskulpturen*

Fußgängerbogenbrücke (mit Schild „Route 66") die *Cyrus Avery Plaza.* Auf dem gepflasterten Platz mit den Flaggen aller Staaten, durch die die „Double Six" führt, stehen zwei übergroße, detailgetreue Bronzeskulpturen. Sie zeigen eine überraschende Begegnung von Cyrus Avery in seinem Ford T und einem Farmer mit seinen erschrockenen Pferden vor einem Leiterwagen.

Sie dürfen und können auf dieser Schnellstraße zum Besichtigen nicht stoppen, aber ein Parkplatz befindet sich auf der anderen Seite der Fußgängerbrücke. Um dorthinzugelangen biegen Sie sofort links in den Riverside Drive ein und dann gleich wieder links vor einigen Apartmenthäusern in die Lawrence Ave, die zum **P** hinaufführt. Cyrus Avery (1871-1963) ist allgemein als „Vater der Route 66" anerkannt. Er war ein überaus rühriger Mann und saß in diversen Kommissionen und Komitees. Er lebte in Tulsa und zu seiner Zeit waren die Straßen in Oklahoma als besonders gut in Schuss bekannt.

Von der Plaza aus führt eine stillgelegte Straßenbrücke über den Fluss, die heute den Namen *Cyrus Avery Route 66 Memorial Bridge* trägt. Sie wurde 1917 mit 18 Betonbögen auf 450 m Länge errichtet und hatte Fußgängerwege auf jeder Seite. Zwischen den beiden Fahrbahnen fand noch ein

Eisenbahngleis Platz. 1934 wurde die Brücke verbreitert, das Gleis entfernt und es entstanden so vier Fahrbahnen. 1980 wurde sie für den Verkehr (NRHP) geschlossen.
Sie fahren jetzt parallel zu dieser Brücke und zur I-244 auf dem Southwest Blvd. weiter und unterqueren schließlich die US 75. Gleich darauf ist rechts eine bildschöne blau-weiße *Dampflokomotive* mit der Aufschrift „Meteor" nebst Pullmanwaggon und Caboose (Bremserwagen) sowie u. a. einem Derrick (Ölbohrturm) ausgestellt [N 36.1084, W 96.0162]. Die Züge der *Frisco Railway*, die u. a. von der Lok 4500 gezogen wurden, verkehrten von 1942 bis 1947 täglich über Tulsa zwischen St. Louis und Oklahoma City.

*Blau-weiße Dampflokomotive mit der Aufschrift „Meteor"*

**746** Brücke über die Interstate 244/Red Fork Expressway. Sie fahren jetzt rechts von der Interstate.

**754** Sie fahren auf dem Southwest Blvd, der später in die Frankhoma Road übergeht. Dann wird die I-44 unterquert. Folgen Sie der Mission Street weiter zum Zentrum von ...

756 **Sapulpa**, 21.000 Einwohner, ⇧ 220 m.
Die Stadt hat ihren Namen von Chief James Sapulpa, einem Häuptling der Creek-Indianer, der hier 1850 einen Handelsposten eröffnete.
In der Stadt biegen Sie von der Mission Road rechts in die Dewey Ave. ab. Kurz vor den Bahnschienen ist rechts ein überdachter grüner Straßenbahnwagen ausgestellt, das letzte rollende Teil der *Sapulpa Trolley & Rail*, liebevoll „Maggie M." genannt und restauriert [⊕ N 35.9991, W 96.1043]. Es erinnert an die Straßenbahnlinie, die bis 1933 Tulsa und Sapulpa verband.
Drei Meilen weiter achten Sie am Ortsausgang auf ein Teilstück der alten Route 66 auf der rechten Seite. Das Besondere ist die alte Nummer-18-Fachwerkbrücke aus Stahl, die kurz vor dem zweiten Schild „Rock Creek" über den Fluss führt (NRHP). Die Fahrbahn hat eine rote Ziegelpflasterung, wurde bereits 1921 für den damaligen *Ozark Trail* gebaut und war von 1924 bis 1952 als Route-66-Brücke in Gebrauch. Leider wurde diese Brücke 2013 für höhere Fahrzeuge mit einem Balken gesperrt. Normale Pkw passen drunter durch und können 3 Meilen weit auf der alten Original-Route weiterfahren. Die Straße führt an Bahnschienen entlang auf die SH 66 zurück. Leider ist der Straßenbelag teilweise in sehr schlechtem Zustand.

762 Auf den kommenden Meilen sind rechts ein paar Stücke der alten Straße zu erkennen, die teilweise auch noch befahrbar sind. Aber Vorsicht, denken Sie an die Stoßdämpfer!

765 **Kellyville**, 1.200 Einwohner. Die 66 führt an dem Ort im Westen vorbei. Bahnlinie links von der Straße. Sie überqueren die I-44/Turner Turnpike und erreichen alsbald ...

779 **Bristow**, 5.000 Einwohner, ⇧ 250 m.
Verschlafenes Nest im Western-Stil, das 1908 Kreisstadt werden wollte, aber gegen Sapulpa verlor. Fahren Sie auf der Main Street nach Süden.
An der Ecke 11th Avenue ist der sehr gut erhaltene Gebäudekomplex des Autohändlers *Bristow Motor Company/Bolin Ford* aus dem Jahr 1923 zu sehen, der inzwischen unter Denkmalschutz steht [⊕ N 35.8375, W 96.3912].

Ein Stück weiter auf der anderen Straßenseite wurde 2011 die ehemalige *Wilcox-Refinery-Tankstelle* im Art-Deco-Stil aus dem Jahr 1930 liebevoll renoviert und beherbergt nun eine Auto-/Reifenwerkstatt mit einer Firestone-Reklame auf dem Dach.

**780** Die 66 West biegt im Ort auf der W 4th Ave. nach rechts ab, um am Ende der Straße nach links auf die Roland Street zu führen.

*Rock Cafe*

**792** **Stroud**, 2.800 Einwohner, ⇧ 270 m.

1999 verwüstete ein Tornado die Stadt und vernichtete das wirtschaftliche Leben vorübergehend. Das *Rock Cafe* (NRHP) wurde 1939 aus Felsbrocken erbaut, die beim Straßenbau übrig geblieben waren. Es brannte zwischendurch (2008) mal ab, ist aber seit 2009 wieder geöffnet und sowohl bei Familien als auch bei Bikern als Imbiss-Restaurant beliebt [🌐 N 35.7488, W 96.6544, 💻 www.rockcafert66.com]. Die Eigentümerin Dawn Welch war das Vorbild für die Filmfigur Sally Carrera in dem Film „Cars".

Achten Sie auf die schöne und gut erhaltene Neonreklame für das *Skyliner Motel* in 717 Main Street.

805 **Davenport**, 900 Einwohner.

Die SH 66 führt nach einer weiten Linkskurve am Ort vorbei. An der folgenden Rechtskurve steht eine alte, noch gut erhaltene *Texaco-Fina-DX-66-Tankstelle*, heute als *Early Bird Cafe Diner* genutzt. Als Deko sind einige Nummernschilder an der Wand befestigt, das älteste ist von 1920. Der Preis an einer der Benzinpumpen ist bei 53,9 Cent/Gallone stehen geblieben – das dürfte über 40 Jahre her sein.

Geradeaus weiter führt die Broadway Avenue 600 m in den Ort hinein. Das Besondere ist die Pflasterung mit Ziegelsteinen, die aus einer örtlichen Ziegelei stammen; teilweise ist die Straße über 20 m breit. Bemerkenswert sind auch die beiden Murals (Wandmalereien) an zwei schräg gegenüberliegenden Hauswänden, die Motive aus der Besiedlung und der Landnahme zeigen. Zur Weiterfahrt zurück zum Diner.

810 **Chandler**, 3.000 Einwohner, ⇧ 290 m.

Gleich am Ortseingang passieren Sie das *Lincoln Motel* von 1939, das mit seinen 20 Cottages von außen immer noch einen guten Eindruck macht. Inzwischen haben es indische Eigentümer übernommen und die Kommentare im Internet sind überhaupt nicht mehr enthusiastisch.

i Danach fahren Sie direkt auf das wuchtige *Route 66 Interpretive Center* zu, das erst 2005 eröffnet wurde und u. a. sechs Videostationen hat

[🌐 N 35.7097, W 96.8765, 💻 www.route66interpretivecenter.org]. Das Gebäude (NRHP) diente der Oklahoma Nationalgarde von 1937 bis 1971 als *Armory* (Zeughaus und Waffenarsenal). Die 66 führt in einer Kurve auf der Manvel Ave. an dem Center vorbei.

An der Ecke Manvel Avenue/7th Street steht eine ⛽ *Phillips-66-Tankstelle* im hübschen Backstein-Cottage-Stil aus dem Jahr 1926, aufgegeben 1978 – leider ohne Tanksäulen. Die Renovierung des Gebäudes wurde begonnen und es wurde dabei leider mit einem sehr kräftigen grünen Anstrich verhunzt [🌐 N 35.7035, W 96.8809].

⌘ Knapp einen Block entfernt befindet sich das *Lincoln County Museum* in einem alten Gebäude (ehemals ein Kaufhaus) mit schön gestalteter Backsteinfassade und sechs fast 5 m hohen Fensterbögen.

Die Straße knickt bald darauf in einer Kurve nach rechts ab auf die W 15th Street, die schnurgerade nach Westen führt. In dieser Kurve steht heute noch eine ehemalige ⛽ Tankstelle.

Im weiteren Verlauf nimmt die 66 jede Hügelwelle großzügig mit – ein Horizont ist dabei oft nicht auszumachen.

**819** Sie schwenkt später in einem weiten Bogen in südwestlicher Richtung ab. Sie erreichen ...

**Warwick**, 250 Einwohner, ⇧ 270 m

⌘ Die *Seaba Station* (NRHP) in einer alten, aber schön renovierten ehemaligen ⛽ *DX-Tankstelle* nebst Werkstatt wurde 1921 (also lange vor der Eröffnung der Route 66) erbaut, hatte mehrere Eigentümer und ist seit 2010 ein Motorradmuseum mit Antikshop [🌐 N 35.6864, W 97.0002, 💻 www.seabastation.com]. Es stellt neben Harley-Davidson auch Triumph und Indians aus (sogar eine alte NSU ist dabei) und außerdem werden Route-66-Souvenirs verkauft, die es anderswo selten gibt. Die Ausstellung ist nicht nur für Motorradfans interessant, sondern auch für technikbegeisterte Laien. Lohnt einen Besuch! Beachten Sie auch das kleine Toilettenhaus aus Felssteinen hinter dem Haupthaus, das so verfallen ist, dass sich eine Renovierung nicht mehr lohnt.

*Route-66-Souvenir im Motoradmuseum*

**823** Die Straße unterquert wieder die I-44 (der Turner Turnpike immer noch mautpflichtig). Sie fahren jetzt rechts von der Interstate entlang. Gleich hinter der Unterführung führte die 66 in einem Schlenker durch den Ort

**Wellston** (heute als 66 B ausgeschildert). Nachdem 1933 die 66 hier geradeaus weitergeführt wurde, floss der Verkehr am Ort vorbei und er fiel in die Bedeutungslosigkeit.

828 Vor Luther steht an einer Straßenkreuzung die ehemalige ⛽ *Threatt Filling Station* (NRHP), ohne Tanksäulen - heute ein privates Wohnhaus im bereits erwähnten „Giraffenstil" aus Sandstein [🌐 N 35.6664, W 97.1414]. Die Tankstelle mit Café gehörte Afro-Amerikanern und war deshalb zwischen 1915 und 1950 eines der wenigen Häuser entlang der Route 66, in dem Schwarze willkommen waren und keine Abweisung und Diskriminierung zu befürchten hatten.

831 **Luther**, 650 Einwohner. Sie fahren weiter auf der SR 66.

833 Die 66 verschwenkt in einer weitgezogenen S-Kurve nach links, an deren rechter Seite an einer Kreuzung mit der Indian Meridan Road ein Holzhaus mit der Aufschrift „The Boundary on 66" steht – einst eine Tankstelle, heute ein 🍴 Restaurant (2015 geschlossen). Der Indianische Meridian wurde vom damaligen Landvermessungsamt zur Nord-Süd-Bezugslinie bestimmt, während die Ost-West-Linie als Base Line bezeichnet wurde.
Kurz darauf steht die aus Feldsteinen erbaute ehemalige ⛽ *Old Rock Station* aus den frühen 1920er-Jahren am Straßenrand [🌐 N 35.6607, W 97.2738], heute eine Ruine. Hier spielte sich zu Zeiten Al Capones eine bizarre Geschichte ab: Ein Mann kam vorbei und bot dem Tankstellenbesitzer Druckplatten zum Herstellen von Zehn-Dollarscheinen an. Man wurde sich handelseinig und der Kleinkriminelle richtete in einem separaten Raum hinter der Tankstelle eine Druckerei ein. An einem Tag druckte er zuerst die grüne Rückseite der Banknoten und am nächsten Tag die Vorderseite in grau. Das schien eine Weile gut zu laufen, bis die Sache einem misstrauischen Kunden auffiel. Die Druckerei nebst Platten wurde gefunden, der Falschdrucker kam hinter Gitter und die Tankstelle wurde geschlossen.

839 **Arcadia**, 250 Einwohner, ⇧ 295 m.
⌘ Direkt an der Route liegt die rote **Rundscheune** von 1898 (*Historic Old Round Barn* - NRHP) mit einem Durchmesser von 18 m und einer Höhe von 14 m [🌐 N 35.6621, W 97.3260, 💻 www.arcadiaroundbarn.org]. Unten wurde früher das Vieh gehalten und oben das Viehfutter wie Heu

*Rote Rundscheune*

usw. gelagert. Das obere Stockwerk wird heutzutage als Festsaal für Hochzeiten und große Parties mit Country- und Westernmusik genutzt. Die Scheune ist gut gepflegt und zeigt eine Route-66-Ausstellung mit vielen Büchern und Krimskrams sowie persönlicher Note (freier Eintritt, keine Akzeptanz von Kreditkarten). Warum die Scheune rund ist? Darauf gibt es zwei Antworten: 1. Damit der Teufel sich nicht in einer Ecke verstecken kann und/oder 2. halten Rundbauten einem Tornado eher stand.

Schräg gegenüber auf der anderen Straßenseite steht das *Hillbillee Bed & Breakfast*, das vor langer Zeit für seine Bar, Restaurant, Tankstelle und Hotelzimmer mit dem Slogan „Get Your Chicks on Route 66" warb. Inzwischen hat auch hier der Verfall eingesetzt und das gute Stück ist wohl nicht mehr zu retten

Das einstöckige solide Bauwerk aus Sandstein am **P** Parkplatz auf der Rückseite der Rundscheune wurde 1917 für die Bank of Arcadia erbaut und überstand das Großfeuer im Jahr 1924 als einziges Gebäude des Ortes [🌐 N 35.6631, W 97.3252]. Im Laufe der Jahre wurde es u. a. als Drogerie und als Lebensmittelladen genutzt. Heute sitzt ein Häusermakler drin (NRHP).

Eine halbe Meile weiter die Straße hinunter ist die über 20 m hohe Brauseflasche namens **Pops** mit Strohhalm zu sehen, die für eine ultramoderne Tankstelle mit Restaurant wirbt [ www.pops66.com]. Hier sind angeblich diverse Limonaden, Pops genannt, in über 700 verschiedenen Geschmacksrichtungen vorrätig.
Sie verlassen die SR 66 und fahren geradeaus über die I-35. Hier beginnt die 2nd Street, gleichzeitig SR 77.

845 **Edmond**, 82.000 Einwohner (großer Vorort von Oklahoma City).

849 Biegen Sie links in den S Broadway ab. Jetzt fahren Sie 2 Mi. bis zur W 33rd Street, biegen rechts ab und fahren eine halbe Meile bis zur Kelly Avenue, in die Sie links abfahren, um ihr für 6 Mi. nach Süden zu folgen. Dabei unterqueren Sie den US 77/Broadway Extension Hwy. und den John Kilpatrick Turnpike (Mautautobahn), später auch noch die I-44.

857 **Oklahoma City**, 610.000 Einwohner, 395 m, 50x, KOA
An der NE 50th Street biegen Sie nach rechts ab und kurz darauf nach links in den vierspurigen N Lincoln Boulevard. Nach weiteren 2 Mi. biegen Sie direkt vor dem *State Capitol* nach rechts in die 23rd Street NW. Suchen Sie sich hier einen **P** Parkplatz, wenn Sie das Regierungsgebäude des Staates Oklahoma besichtigen möchten, das im Inneren allerdings nichts Besonderes bietet [ N 35.4905, W 97.5032]. Sehenswert ist aber ein (Schau-)Ölförderturm im Vorgarten mit einer Statue einer Chickasaw-Indianerin daneben. Übrigens bekam das Capitol erst 2002 eine Domkuppel auf's Dach gesetzt – deshalb fungierte im Film „Früchte des Zorns" das Gerichtsgebäude in Sayre (Mi 1000) kurzerhand als Capitol von Oklahoma City.
Südlich des Capitols und nördlich des Oklahoma River im Dreieck aus Centennial Expressway und Interstate 40 befindet sich **Bricktown**, ein großes Areal, das einst eine Unmenge von großen Lagerhäusern umfasste. Es wurde komplett umgebaut und als eine Art Freizeitpark wieder zum Leben erweckt. Der schmale Bricktownkanal, der beidseitig von einer Promenade eingefasst ist, führt mittendurch. Offene gelbgrüne Boottaxis tuckern in regelmäßigen Abständen auf dem Gewässer und legen an Restaurants, Pubs und Boutiquen an. Um nach Bricktown zu gelangen, fahren Sie vom Capitol den N Lincoln Blvd. so lange nach Süden, bis Sie auf die

E Reno Ave. stoßen und rechts nach Bricktown einfahren. Hier finden Sie reichlich **P** Parkmöglichkeiten, die vor allem bei Baseballspielen der City Dodgers im *Chickasaw Bricktown Ballpark* den Besuchern dienen [🌐 N 35.4647, W 97.5051]. Übrigens befindet sich an der W Sheridan Ave. Ecke Oklahoma Ave. die *Bricktown Brewery*, in der nicht nur mehrere ausgezeichnete Biere gebraut, sondern auch erstklassige Burger gemacht werden.

1995 erlebte die Stadt einen Schock unglaublichen Ausmaßes, als ein Fanatiker und Waffennarr ein Regierungsgebäude mit einer Autobombe in die Luft sprengte. 168 Tote und über 800 Verletzte waren zu beklagen. Der Attentäter wurde kurz darauf gefasst und gestand die Tat freimütig, voller Stolz, dem verhassten Staat eins ausgewischt zu haben. Seine letzten Worte vor der Hinrichtung waren: Es stünde 168:1 und er fühle sich als Sieger.

Die Stadt und ihre Umgebung werden immer wieder von gewaltigen **Tornados** heimgesucht. Vom 3. bis 6. Mai 1999 zogen innerhalb von 11 Stunden 70 Wirbelstürme enormen Ausmaßes über Oklahoma, Texas und Kansas hinweg. Der Bridge Creek Tornado beispielsweise war eine Meile breit, wütete 2 Stunden lang 40 km südwestlich der Großstadt und kostete 38 Menschen das Leben. Er erreichte eine Spitzengeschwindigkeit von 511 km/h, die höchste je gemessene Windgeschwindigkeit!

Am 20. Mai 2013 wiederholte sich ein ähnliches Desaster über dem südlich der City gelegenen Vorort Moore, der auf einer Breite von über 1 Meile fast vollständig dem Erdboden gleichgemacht wurde. 12.000 Häuser und zwei Schulen wurden zerstört, 23 Menschen wurden von herumfliegenden Gegenständen getötet und über 370 teils schwer verletzt.

Unbedingt besuchen sollten Sie am Montag- und Dienstagmorgen ab 8:00 die **Stockyards** (Exit 148 A, Agnew Ave. der I-40). Dann nämlich finden Viehauktionen statt und die Viehhirten treiben die Rinder zu Fuß oder per Pferd verkaufsgerecht aus den Pferchen im Auktionsgebäude zusammen. Ein lautes und „duftendes" Spektakel, das Sie sich nicht entgehen lassen sollten. Auf einem *Catwalk* hoch über den Leibern der Rinder können Sie das Treiben beobachten [🌐 N 35.4545, W 97.5589].

Im Auktionsgebäude ruft der Auktionator den im Halbrund sitzenden Bie-

*Blick vom Catwalk*

tern die Quoten zu und nimmt die von Uneingeweihten nicht sichtbaren Gebote an. Das geschieht in einem wahnsinnigen Tempo und einem unverständlichen typischen Südstaaten-Singsang.

Unten im Gebäude können Sie das *Original Stockyard Café* besuchen, das täglich (außer sonntags) von 6:00 bis 14:30 herzhafte Frühstücks- und Lunchgerichte anbietet (freitags Dinner, allerdings nur von 17:00 bis 21:30).

Zum Cowboy-Dinner sollten Sie im „Cattlemen's Steakhouse" in **Stockyards City** (S Agnew Ave. Ecke Exchange Ave) einkehren, das seit 1910 existiert und damit das älteste Restaurant des Staates Oklahoma ist [⊕ N 35.4523, W 97.5547]. John Wayne, Ronald Reagan (als Schauspieler) und George Bush (der Alte) verzehrten hier auch schon Steaks.

Interessant sind hier auch die thematisch passenden Geschäfte. Sie bieten spezialisiert Westernhüte, Cowboystiefel, *Batwing Chaps* (lederne Hosenschoner), Sättel, Lassos, Jacken, Hemden, Jeans und Zubehör wie Schnallen, Gürtel und Sporen zum Verkauf.

Vom Capitol aus fahren Sie am besten über die 23rd Street nach Westen und unterqueren die I-235. Vorher passieren Sie an der Ecke Claassen

Blvd. den *Gold Dome* mit seinem goldfarbenem Kuppeldach. Dieses außergewöhnliche Gebäude wurde 1958 als geodätischer Dome für die State Citizen Bank gebaut. Nach kurzer Zeit stellte man aber bankseitig fest, dass der Prachtbau viel zu groß geraten war. Ein Abriss stand zur Diskussion. Eine Bürgerinitiative rettete schließlich den Kuppelbau.

Nur einen Häuserblock nach rechts steht auf einer Verkehrsinsel ein Häuschen mit dreieckigem Grundriss und einer großen weißen *Milchflasche* darauf und macht Reklame für Braum's Icecream. Im Gebäude hatte sich eine Zeitlang ein Vietnamese mit Saigon Baguette eingerichtet. Inzwischen sieht aber alles verlassen aus.

Fahren Sie auf der NW 23rd St. Street weiter und biegen Sie links in die N Villa Avenue ab. Nach 4 Mi. überqueren Sie den Oklahoma River und erreichen auf der S Agnew Ave. alsbald die Kreuzung mit der Exchange Ave, der Sie nach rechts folgen.

☺ Falls es hier nicht in Ihren Terminplan passt, können Sie auch später in Amarillo (☞ Mi. 1142) eine Viehversteigerung (nur dienstags) miterleben.

⌘ Weiter sehenswert ist das *National Cowboy and Western Heritage Museum*, das Museum des Wilden Westens am anderen Ende der Stadt (1700 NE 63rd Street, $ 12,50). Es zeigt neben einer hervorragenden Sammlung klassischer und zeitgenössischer Kunst aus dem Westen Tausende weiterer Kunstgegenstände und Objekte, u. a. auch Gegenstände aus dem Nachlass John Waynes [🌐 N 35.5363, W 97.4833, 💻 www.nationalcowboymuseum.org]. Beeindruckend gleich im Eingangsbereich das weiße Monumentalstandbild eines erschöpften Indianers zu Pferd mit dem Titel: „End of the Trail".

Dem Rodeo ist eine besondere Galerie gewidmet, in der alles über Bull Riding, Steer- and Calf Roping und Bareback Bronc Riding zu erfahren ist. Auch die Trophäen und speziellen Sättel dürfen nicht fehlen und die mutigen Rodeo-Cowgirls kommen bei dieser Ausstellung ebenfalls nicht zu kurz.

Wenn Sie nichts nach Downtown zieht, fahren Sie weiter auf der NW 23rd Street, bis Sie zur N May Avenue kommen, an der Sie nach rechts fahren. Hier arbeiten Sie eine Ampel nach der anderen ab, biegen dann links auf den NW 39th Expressway ein und überqueren auf einem Kleeblatt den Lake Hefner Parkway.

*National Cowboy and Western Heritage Museum*

866 Sie sind wieder auf dem SH 66, der zunächst vierspurig ausgebaut ist.

873 Achten Sie am Ortsende des Vororts **Bethany** auf die alte, rostbraune Brücke (NRHP) mit den vier Bögen über einen Nebenarm des Stausees **Lake Overholser** aus dem Jahr 1919. Der Overholser Damm staut den North Canadian River und der See wird immer noch als Trinkwasserreservoir genutzt. Die Brücke wurde erst 2011 renoviert und ist seitdem wieder in beiden Richtungen befahrbar. Im Zweiten Weltkrieg wurde das Gewässer offiziell als Landeplatz für Wasserflugzeuge geführt.

Sie können diesen alten Teil der Route 66 weiterfahren, er führt zunächst als Overholser Drive durch einen hübschen, gepflegten Park am See entlang. Fahren Sie nach einer weiten Rechtskurve vom See weg unter einer Unterführung des John Kilpatrick Turnpike hindurch (36th Street) und dann am Stoppschild nach rechts in die Sara Road ein. An der darauffolgenden Ampel fahren Sie nach links wieder in den vierspurigen SH 66.

877 **Yukon**, 23.000 Einwohner, ⇧ 390 m.

Die Stadt wurde 1891 gegründet und erlebte sieben Jahre später einen Boom durch Siedler aus dem damaligen Böhmen und Mähren, dem heutigen Tschechien. Nicht zu übersehen ist der riesige Getreidesilo mit der Aufschrift „Yukon's Best Flour" an der Straße.

Mitten durch die heutige Stadt führte einst der *Chisholm Trail*, auf dem ab 1867 riesige Herden von Longhorn-Rindern von Texas zu den Verladebahnhöfen in Kansas getrieben wurden. Es ist von Millionen von Rindern über einen Zeitraum von 20 Jahren die Rede.

**890** **El Reno**, 16.500 Einwohner, KOA
Im Ort steht ein großer Wasserturm und mehrere gewaltige Getreidesilos. Folgen Sie der Rock Island Ave/Business Loop 40 bis zur Wade Street links, dort zwei Blocks. Dann rechts in die Chocktaw Avenue und dann wieder links in den Sunset Drive.
Sie durchqueren den Adams Park und fahren dann schnurgeradeaus auf der SR 66/Sunset Drive weiter.

**898** An der Abfahrt „Fort Reno" biegen Sie rechts vom autobahnähnlichen Sunset Drive ab und folgen der Straße.
Direkt an dieser Abzweigung geht rechts eine Landstraße knapp 2 Mi. zum 140 Jahre alten *Fort Reno* ab (NRHP), in dem noch alte Mannschafts- und Offiziersunterkünfte in einem ehemaligen Militärposten sowie ein Exerzierplatz von 1887 zu sehen sind [N 35.5621, W 98.0346, www.fortreno.org]. Leider wird das Tor bereits ab 16:30 geschlossen.
Hier waren im und nach dem Zweiten Weltkrieg deutsche Kriegsgefangene (POW = Prisoner of War) in einem 40 ha großen Camp interniert. Die Soldaten, die überwiegend in Nordafrika unter Rommel gekämpft hatten, wurden während ihrer Gefangenschaft meist als Landarbeiter auf den umliegenden Farmen eingesetzt. Ein kleiner Friedhof am Rand des Forts beherbergt die Gräber von etwa 70 deutschen und einigen italienischen Soldaten. Nach Ende des Krieges zogen es einige der Gefangenen vor, nicht in das verwüstete Deutschland zurückzukehren und wurden Amerikaner.
Spätestens ab hier fällt einem die Weite der Landschaft auf: Die Prärie mit ihren Rolling Hills ist erreicht und begleitet den Route-66-Fahrer über mehrere Tage.

**903** Am Stoppschild fahren Sie geradeaus auf der E 1020 Road weiter.

910 An der Abzweigung mit der ⛽ *Cherokee/Shell-Tankstelle mit Trading Post* biegen Sie rechts auf die US 281 West ab. Nach genau 2,2 Mi. auf dieser autobahnähnlichen Straße biegen Sie nach links ab in die Jones Road NW (2011 gab es hier kein Schild mehr - vermutlich von Souvenirjägern geklaut!). Diese Straße endet nach 1,8 Mi. ziemlich abrupt an einem Stoppschild , an dem Sie links in den Hwy. 281/8 abbiegen.
Die nach 1 km folgende ansehnliche Stahlbrücke (Camelback Bridge genannt) aus dem Jahr 1933 mit 38 sog. Ponybögen führt über den *South Canadian River* mit seinen Überschwemmungsgebieten und ist über 1 km lang. Meistens ist aber das sandige Flussbett trocken und führt nur nach besonders heftigen Unwettern Wasser. Der Canadian River ist fast 1.500 km lang, entspringt im Staat Colorado und mündet später in den Arkansas River. In dem Film „Früchte des Zorns" kommt die Brücke ganz kurz vor.

917 An der Gabelung mit großem Picknickplatz geht es geradeaus auf der Old Road 66 weiter. Die folgende Strecke ist besonders schön immer geradeaus zu befahren, obwohl die Straßendecke, vor allem an Brücken und in den Flusssenken, sehr holprig sein kann.
Nach heftigen Regenfällen kann die Straße in den tiefen Senken der Route 66 überschwemmt sein! Es ist ein besonders einsamer Abschnitt, in dem vor allem bei Country- und Westernmusik aus dem Radio das Route-66-Feeling aufkommt.

Lucille's

928 Ab jetzt haben Sie die I-40 wieder links in Sichtweite und fahren später direkt neben der Interstate her. Am Exit 88 führt eine Stichstraße nach **Hydro** hinein.

930 Dann, neben der I-44, passieren Sie **Lucille's**, eine ehemalige ⛽ *Conoco-Tankstelle* namens Provine Service Station von 1927,

die inzwischen inkl. Zapfsäulen renoviert wurde [🌐 N 35.5369, W 98.5882]. Eine Gedenktafel weist hier u. a. auf Will Rogers hin (NRHP). Lucilles Mann war ein Trucker und fast nie zuhause. Lucille betrieb die Tankstelle selbst, flickte Reifen, betreute fünf Motelhütten und zog drei Kinder groß. Die Familie lebte im ersten Stock über den Zapfsäulen, eine damals seltene Art von Tankstelle. 1971 wurde die I-40 eröffnet und ein Zaun zwischen der Autobahn und der alten Route 66 gezogen - aus war's mit der Tankstelle. Lucille Hamons lebte nun davon, den Studenten der Universität im nahen (und trockenen) Weatherford Bier und andere Alkoholika zu verkaufen. Im Jahr 2000 starb sie und die Alkoholquelle versiegte für die Studis.
Ein riesiges Schild in der Nähe der Autobahn erklärte früher dem unwissenden Reisenden voller Stolz, dass hier in Oklahoma die Supermarkt-Einkaufswagen erfunden wurden.

**933** Am Stoppschild des Exits 84 geradeaus. Hier steht auch das neue und größere Restaurant *Lucille's Roadhouse*, das sich insbesondere seiner Steaks rühmt [💻 www.lucillesroadhouse.com]. Die Einrichtung ist im Stil eines Diners gehalten und gibt es 16 (!) verschiedene Marken Bier vom Fass.

**934** **Weatherford**, 11.000 Einwohner, ⇧ 505 m.
Die Straße führt als Business Loop auf die Main Street, die später zur E Davis Ave. wird. Sie fahren an der 7th Street am Pioneer Event Center links ab bis zur W Main St, in die Sie rechts abbiegen. Nach drei Blocks fahren Sie links auf die S 4th Street, die kurz vor der I-40 nach rechts abknickt. Sie sind jetzt auf der rechten Frontage Road.

**941** Biegen Sie rechts in die N 2330 Road und gleich darauf nach links in die E 1030 Road.

**944** Biegen Sie links in die N 2310 Road und fahren Sie auf die I-40 zu, vor der Sie rechts auf die rechte Frontage Road abbiegen. Sie mündet dann in den Gary Blvd. ein, der direkt nach Clinton hineinführt.

**951** **Clinton**, 9.000 Einwohner, ⇧ 475 m, KOA 🚐
🛏 Auf der rechten Seite passieren Sie das *Glancy Motor Hotel* mit schöner Neonreklame, das auch schon bessere Zeiten gesehen hat und lange zum

Verkauf stand. In der Nähe finden sich auch das *Ramada Inn* und das *Budget Inn* mit relativ günstigen Preisen. Der weitere Verlauf der 66 führt auf der S 10th Street nach links in südliche Richtung. Übrigens besteht keine Verbindung zu Bill und Hillary.

⌘ Wenn Sie das *Oklahoma-Route-66-Museum* (gut ausgeschildert) sehen wollen - und das sollten Sie unbedingt -, dann fahren Sie an der 10th Street nicht ab, sondern 1 Meile geradeaus weiter auf dem Gary Blvd. Das Museum liegt rechts an der Straße und ist nicht zu übersehen, Eintritt $ 5 [🌐 N 35.5064, W 98.9868, 💻 www.route66.org]. Jeder der professionell und doch liebevoll gestalteten Ausstellungsräume hat ein besonderes Thema, das durch Musik und Audio untermalt wird. Besonders der Film „Route 66 Odyssey" verdient besondere Beachtung (als DVD im Shop käuflich zu erwerben). Draußen ist ein Valentine Diner zu bewundern, der wunderbar restauriert wurde.

*Valentine Diners* waren Imbisswagen mit meist neun oder zehn Barhockern an einem Tresen, der von einer Person bedient werden konnte. Lange bevor McDonald's und Burger King die Straßen säumten, gab es über 50 dieser Diners, die von der Valentine's Company hergestellt und als *Mom and Pop-Business* betrieben wurden. Zusätzlich gab es größere Diners, die aus ausrangierten Straßenbahn- und Eisenbahnwagen-Umbauten bestanden. Entlang der Route 66 gab es Valentine's in Winslow, Chandler, Clinton, Edgewood und Albuquerque. Sie werden und wurden teilweise restauriert und sind noch zu bewundern.

🛏 Gegenüber liegt das *Trade Winds Motel*, in dem King Elvis dreimal auf dem Weg von Memphis nach Las Vegas abgestiegen ist. Wenn es frei ist, können Sie in seinem Zimmer 215 übernachten - Bett und weitere Möblierung sind noch erhalten. Weil einer der Angestellten plauderte, kamen beim letzten Mal eine Menge Elvis-Fans zusammen und belagerten das Motel. Elvis gefiel das gar nicht und stieg hier nie wieder ab. Leider ist das Motel heute in sehr schlechtem und ungepflegtem Zustand. Alle Kommentare im Internet sind absolut negativ.

**952** Wenn Sie das Museum nicht besuchen wollen, fahren Sie nach links auf die 10th Street. Nach der Besichtigung fahren Sie wieder zurück zur 10th Street und biegen rechts ab.

954 Unterqueren Sie die I-40 und fahren Sie auf den Neptune Drive.

955 An der dominierenden Gabelung mit dem weiß-blauen Haus mit dem großen roten *The Y on 66*-Zeichen (ab 1937 eine Tankstelle mit Werkstatt und Café, heute Gebrauchtwagenhändler) biegen Sie rechts im weiten Bogen ab (NRHP). Fahren Sie auf der Commerce Rd, der linken Frontage der I-40, weiter.

963 Jetzt geht's wieder auf die rechte Frontage Road am Exit 57 (N 2170 Road), Richtung Stafford (Schild nur von der anderen Seite sichtbar). **Foss** liegt rechts abseits und kann getrost als Ghost Town bezeichnet werden. 1905 lebten fast tausend Leute hier und es gab zwei Banken, zwei Hotels und sogar ein Elektrizitätswerk. Überreste von *Kobels Gas Station* sind noch erkennbar.

967 Am Stoppschild geradeaus.

970 Hinter dem 🚐 KOA-Kampground fahren Sie am Stoppschild links. Sie überqueren wieder einmal die I-40 und fahren auf die linke Frontage Road.

975 **Canute**, 550 Einwohner, ⇧ 580 m.
Ein altes Neonschild *Cotton Boll Motel* und eine ehemalige Tankstelle (heute ein privates Wohnhaus) sind hoch eingezäunt direkt an der Strecke zu sehen.
Fahren Sie diese Straße bis Elk City als linke Frontage weiter. Wundern Sie sich nicht, wenn die 66 plötzlich von der I-40 scharf nach links wegführt. Sie führt später im Bogen nach rechts zur I-40 zurück. Unterqueren Sie die Interstate und biegen Sie links in die Eastern Ave. ab, die zur 7th Street wird. Sie erreichen ...

980 **Elk City**, 10.800 Einwohner, ⇧ 585 m.
Fahren Sie auf der 7th Street in Richtung Downtown, dann rechts auf der Main St, dann links auf den Business Loop 40/W 3rd Street. Wenn Sie an der Kreuzung nach rechts schauen, können Sie über den Dächern den höchsten außer Diensten stehenden Ölbohrturm der Welt sehen [🌐 N 35.4121, W 99.4038]. Der „Parker Drilling Rig 114“ ist 55 m hoch und wurde u. a. in Alaska eingesetzt, wo er ein 90 cm mal 1.370 m tiefes Loch für einen Nukleartest bohrte.
Geradeaus weiter und Sie sind wieder auf der Route 66 unterwegs.

⌘ Sie kommen nach 2 Mi. am **Museum Complex** vorbei, der aus den vier Museen *Route 66, National Transportation, Old Town, Black Smith* sowie

*Farm and Ranch* besteht. In der Abteilung für die Route 66 verdienen vor allem die verschiedenen alten Autos (u. a. ein Ford Tin Lizzy) und Motorräder in exzellentem Zustand (u. a. eine Harley und eine Indian) mit dem entsprechend der Zeit gestalteten Hintergründen. Großes Lob für die Gestaltung. Im Außenbereich ist eine *Philipps-66-Tankstelle* als Nachbau zu sehen [N 35.4120, W 99.4381, www.visitelkcity.com].

**984** Ortsausgang, ab dem Museum vierspurige Straße.

**989** Sie müssen auf die rechte Frontage gelangen, deshalb …

… wenn die Autobahnbrücken in Sicht kommen, fahren Sie ganz langsam und biegen scharf rechts in eine unscheinbare Frontage ab (kleines grünes Schild N 1948). Ansonsten landen Sie zwangsläufig auf der I-40. Keinesfalls wenden oder rückwärts fahren! Falls das Abbiegen nicht klappt, müssen Sie auf der I-40 bis zum Exit 25 fahren und dort abfahren.

Die Landschaft beginnt sich langsam zu Weideland zu verändern, das einst von riesigen Bisonherden bevölkert war.

**994** Auf linke Frontage wechseln, N 1910.

**995** Zurück zur rechten Frontage auf der Cemetery Rd, am *Truck Stop* links fahren.

**997** Am *Western Tech Center* rechts auf die I-40 B abfahren.

**998** **Sayre**, 4.500 Einwohner, 550 m.

Fahren Sie an der Kreuzung mit der 283 links und folgen Sie dem Business Loop.

**1000** Sie überqueren die Main Street, einen der Drehorte der Verfilmung von John Steinbecks „Früchte des Zorns". Links am Ende liegt das pompöse *Beckham County Courthouse* (NRHP), das im Film für Sekunden als Capitol von Oklahoma City fungierte (das Hauptstadt-Capitol hatte seinerzeit noch keine Kuppel und sah den Filmleuten wohl zu mickrig aus).

**1001** Vor der Interstate-Auffahrt fahren Sie rechts auf die rechte Frontage Road I-40B. Im weiteren Verlauf sind rechts mehrfach lange, mit Gestrüpp und kleinen Bäumen zugewucherte Teilstücke der originalen Route 66 von 1929 zu sehen, die auf kurzen Zufahrten (beispielweise von der Straße 1820 oder 1816) erreicht werden können [N 35.2590, W 99.7354]. Dies setzt sich über mehrere Meilen fort.

**1011** Die Straße wird vierspurig und heißt wieder Business Loop 40 West. Die I-40 wird am Exit 11 unterquert.

**1015** **Erick**, 1.000 Einwohner, ⇧ 630 m.
1909 hatte der Ort - nur acht Jahren nach der Gründung - bereits über 900 Einwohner, diverse Läden, zwei Banken und zwei Zeitungen. Nach Ölfunden in den 1920er-Jahren stieg die Einwohnerzahl rasch auf 2.300 Seelen. Der Verkehr auf der Route 66 kurbelte die Wirtschaft weiter an: Zwei Motels, mehrere Restaurants, Autowerkstätten usw. wurden gebaut. 1975 wurde die I-40 etwa eine Meile nördlich vom Stadtrand vorbeigeführt und der Abstieg begann.

⌘ Das *Roger Miller Museum* an der Hauptkreuzung mit der Sheb Wooley Ave. und der einzigen Ampel im Ort widmet sich dem großen Sohn des Ortes, der hier seine Jugend verbrachte. Der Countrysänger und Songschreiber wurde vor allem durch seine Songs „King oft he Road" sowie „Me and Bobby McGee" berühmt, die von mehreren bekannten Interpreten gecovert wurden, u. a. von Johnny Cash [🌐 N 35.2149, W 99.8665].

*„City Meat Market"*

⌘ In einem unscheinbaren Laden, der in einem alten Backsteingebäude mit der Aufschrift „City Meat Market" untergebracht ist, befindet sich ein Route-66-Kuriositäten-Museum namens *Sandhills Curiosity Shop* (links 200 m von der Hauptkreuzung) [🌐 N 35.2133, W 99.8669] in der Sheb Wooley Ave. mit einer Vielzahl an alten Schildern aus der glorreichen Route-66-Ära. Er gehört Harley und Annabelle Russell, die sich selbst „The Mediocre Music Makers" (die mittelmäßigen Musiker) nannten und in rotweiß-gestreiftem Outfit auftraten. 2014 verstarb die immer fröhliche Annabelle und Harley versucht, heute allein klarzukommen, und führt Sie herum. In dem Laden ist nichts zu verkaufen, nur anzuschauen.

*Verfallendes Westwind-Motel*

Wenn Sie aus dem Ort hinausfahren, kommen Sie am verfallenden *Westwind-Motel* vorbei, neben dem ein völlig verrosteter Oldtimer mit aufgemalten Stars and Stripes steht. Das West Winds war einst das erste Haus am Platze - lang ist's her.

**1017** Folgen Sie dem Hinweisschild „Texola" geradeaus. Kurz danach führt der Business Loop nach rechts, bleiben Sie geradeaus auf dem autobahnähnlichen Highway.

**1022** **Texola**. Die „Fast-Geisterstadt" mit nur 45 Einwohnern hat neben einer Wochenendkneipe, die überwiegend von Texanern besucht wird - der Nachbarcounty auf der anderen Seite ist nämlich „trocken" - nichts zu bieten.

Fahren Sie geradeaus weiter. Die Straße wird zweispurig und kurz darauf sind Sie in Texas. Sie fahren auf der linken Frontage entlang und passieren zwei Rastplätze an der I-40 (keine Zufahrt von der 66 möglich).

# Route durch Texas 195 Mi.

**i** Travel Information Center, Amarillo, IW 40 East, ☏ 806-335-1441

Die nächsten 190 Meilen führen durch den äußerst dünn besiedelten *Panhandle* von Texas. Der Name „Pfannenstiel" wird bei einem Blick auf die Landkarte verständlich. Obwohl die Grenze zwischen Oklahoma und Texas nicht durch geografische Gegebenheiten bestimmt wird, merkt man sofort, dass man sich in einem anderen Staat befindet. Schon nach wenigen Meilen fällt der krasse Gegensatz zwischen den Landschaftsformen und -farben auf. Die angenehme, leicht hügelige, rot-grüne Landschaft Oklahomas weicht hier einer weiten grauen Ebene, den *Great Plains.* Texas wird wegen seines einzelnen Sterns in der Flagge auch der *Lone Star State* genannt.

Texas war zunächst Teil einer riesengroßen spanischen Kolonie, die Mittelamerika und auch Teile der heutigen USA umfasste. Nach langem Befreiungskampf sagte sich Mexiko 1821 von Spanien los und erklärte seine Unabhängigkeit. Nach internen Kämpfen mit der mexikanischen Zentralregierung (im Wesentlichen wegen der Sklavenfrage) wurde Texas zur Republik. 1845 trat Texas in der Folge der Union bei und war somit der einzige Staat, der sich den USA freiwillig und nicht durch Übernahme anschloss.

☺ Auch in Texas kann man weitgehend der Interstate ausweichen. Lassen Sie sich nicht von „Insidern" verwirren, die das Gegenteil suggerieren und empfehlen, einige Strecken über die I-40 abzukürzen. Lassen Sie sich Zeit, gehen Sie in den kleinen Orten spazieren, die oft wie Geisterstädte wirken - und wenn Sie genug Einsamkeit getankt haben, machen Sie einen Bummel durch Amarillo. Obwohl dieser Teil von Texas nicht mit Naturschönheiten wie beispielsweise später Arizona aufwarten kann, sollten Sie die Fahrt auf keinen Fall abkürzen, sondern dieses weite Land genießen.

**1028** Sie fahren auf der linken Frontage Road. Eine kombinierte Stahl-Betonbrücke überquert die ehemalige Bahntrasse der Chicago, Rock Island and Gulf Railroad (NRHP).

**1036** **Shamrock**, 2.200 Einwohner, ⇧ 715 m.
Fahren Sie an der Kreuzung geradeaus in die Stadt und folgen Sie dem Business Loop 40, an dem einige alte 🛏 Motels liegen. Shamrock hieß zunächst Wheeler, wurde aber ab 1903 umbenannt - durch die irischstämmige Postmeisterin und die Eröffnung des Bahnhofs an der neuen Bahnlinie. Ein *Shamrock*, ein dreiblättriges Kleeblatt, ist (neben der Harfe und dem Guinness) das inoffizielle Nationalsymbol Irlands. Seit 1938 wird der St. Patricks Day zu Ehren des irischen Schutzheiligen gefeiert und zwar an dem Sonnabend, der dem 17. März am nächsten liegt. Wer an dem Tag kein Grün trägt, kann Ärger bekommen. Männer mit Bart färben denselben sogar grün.

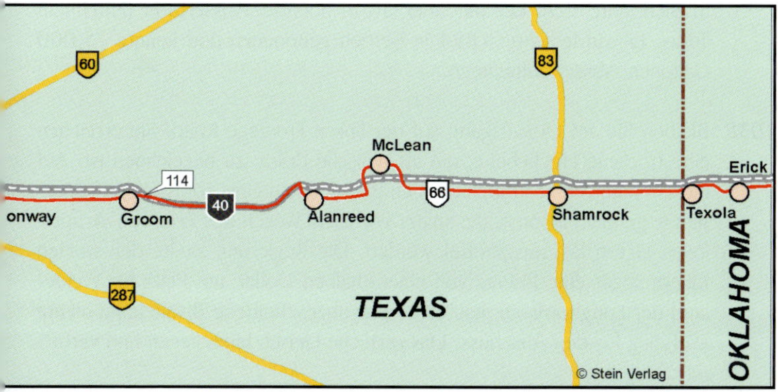

An der rechten Straßenseite befindet sich an der Kreuzung Main Street (Hwy. 83) mit der Route 66 das Tower Building nebst *U-Drop Inn Café* mit einer ehemaligen *Conoco*-Tankstelle direkt an der Ecke [N 35.2266, W 100.2486, www.oldgas.com/info/towerconoco]. Dieses Gebäude mit dem früheren Restaurant und seiner schönen und außergewöhnlichen Art-Deco-Architektur (aus Ziegeln und grünglasierten Kacheln) wurde 1936 erbaut und ist seitdem ein beliebter Stopp sowie eine kleine Touristeninformation für Route-66-Fahrer. In den 1970er-Jahren wurde es von der Benzinkette Fina übernommen und grauenvoll in blau-weiß-rot überstrichen. Das Gebäude (NRHP) wurde schließlich 2004 für $ 1,7 Mio. renoviert und erstrahlt seitdem in neuem alten Glanz. Übrigens bekam der Namensgeber, ein Schuljunge, die ausgelobten $ 50 für die Namensidee „U-Drop Inn".

Das *Route 66 Inn* direkt an der Route 66 (12th Street) ist ein preisgünstiges Motel (ab $ 55), das erst vor Kurzem renoviert wurde. Leserlob!

Wenn Sie auf der Main Street bis zur 2nd Street nach Süden fahren, sehen Sie direkt an der Ecke E 2nd und N Madden Street die alte *Magnolia-Tankstelle* mit ihren drei Tanksäulen (Magnolia war eine Tochterfirma von Mobil Oil) [N 35.2156, W 100.2477].

Gleich nebenan steht das *Pioneer West Museum*, das im ehemaligen Reynolds Hotel aus dem Jahr 1926 untergebracht ist. Die Ausstellung erstreckt sich über mehr als 20 einstige Hotelzimmer. Thematisch geht es um die frühen Siedler und Indianer. Aber auch Apollo 12 kommt vor, weil einer der Astronauten in der Stadt aufgewachsen ist.

In Sichtweite steht der mit über 50 m höchste Wasserturm (NRHP) in Texas. Er wurde schon 1894 in Betrieb genommen und konnte 75.000 Gallonen Wasser aufnehmen.

**1038** Bleiben Sie am Ortsausgang auf der linken Frontage Road. Sie erreichen eine trockene Hochebene, die als typische Prärie zu bezeichnen ist. Auf diesem baum- und strauchlosen Grasland lebten einst kolossale Büffelherden (eigentlich Bisons), die später vor allem wegen des Fells von skrupellosen Jägern fast ausgerottet wurden. Die Regierung zahlte den weißen Killern sogar eine Prämie von einem halben Dollar, um Platz für Weideland der Longhorns zu machen – eine abgeschnittene Bisonzunge diente als Beleg für den Abschuss. Das restliche Fleisch blieb liegen und verrottete.

*U-Drop Inn Café mit einer ehemaligen Conoco-Tankstelle*

1041 **Lela**. Auf der anderen Seite der I-40. Einst Standort einer Reptilien-Ranch und beliebter Stopp für die frühen Route-66-Reisenden, heute eine Ghost Town.

1057 Die I-40 unterqueren Sie und biegen dann links auf die rechte vierspurige Frontage Road (First Street/Business Loop).

1058 **McLean**, 850 Einwohner, ⇧ 870 m.
Die Stadt wurde 1901 von Alfred Rowe gegründet, der 1878 von Peru einwanderte. Er raffte in kurzer Zeit 810 km² Land zusammen (mehr als das Bundesland Hamburg an Fläche hat) und betrieb die RO-Ranch. Er starb später beim Untergang der Titanic. Die Legende besagt, dass er tot auf einer Eisscholle trieb und seinen Aktenkoffer erfroren umklammert hielt – seine goldene Uhr tickte weiter. McLeans historischer Distrikt mit einigen alten Gebäuden steht seit 2004 unter Denkmalschutz (NRHP).

Achten Sie darauf, dass die 66 aus zwei Einbahnstraßen besteht, die entgegengesetzt durch die Stadt führen - also nicht wenden!

⌘ Auf der rechten Einfahrt in das Städtchen passieren Sie das **Route 66 Museum**, das links neben der nach Westen führenden Route 66 an der Verbindungsstraße Kingsley Street zwischen der nach Osten führenden Einbahnstraße der Route 66 liegt [🌐 N 35.2314, W 100.5970, 💻 www.barbwiremuseum.com]. Für das Museum sollten Sie sich Zeit nehmen. Hier ist eine ziemlich umfassende Route-66-Sammlung untergebracht. Ein typisch amerikanischer Diner findet sich hier auch - nur zu essen gibt es dort nichts.

⌘ Im selben Gebäude finden Sie außerdem das weltgrößte **Devil's Rope Museum** für - man glaubt es kaum - Stacheldraht! Der stachelige Draht in allen Variationen spielte bei der Besiedlung des Westens eine enorm große Rolle und ermöglichte erst die Viehhaltung in großem Stil. Die Indianer mochten den Draht überhaupt nicht - engte er doch ihre gewohnte Freiheit und Freizügigkeit ein. Sie nannten diese Erfindung deshalb Devil's Rope = Teufelsstrick. Außerdem sind Brandeisen und patentierte Spaten zum Graben von Zaunpfosten zu sehen. Eigentlich alles, was einst mit Einzäunung zu tun hatte. Vor dem Eingang sind zwei große Kugeln aus Stacheldraht platziert.

*Liebevoll restaurierte Phillips-66-Tankstelle*

Ein Stück weiter die Straße hinunter finden Sie u. a. eine alte, liebevoll restaurierte *Phillips-66-Tankstelle* (von 1928 bis 1970 in Betrieb, restauriert 1992). Sie war damals die erste Phillips-66-Tankstelle in Texas überhaupt. Sie gehört mit ihren orangefarbenen Tanksäulen und dem an der Seite stehenden Truck zu den schönsten Tankstellen entlang der Route 66.

Das *Cactus Inn Motel*, ein respektables Motel aus dem Jahr 1951, befindet sich noch ein paar Hundert Meter weiter am Ortsausgang auf der rechten Seite. Es macht mit einem großen stilisierten Kaktus auf sich aufmerksam (ab $ 50). Empfehlenswert.

In unmittelbarer Nachbarschaft dahinter befindet sich das *Red River Steakhouse*, Es rühmt sich, die besten Steaks in Texas ab $ 10 aufwärts auf der Speisekarte zu haben. Auch gebratener Wels und Riesengarnelen sind im Angebot.

Übrigens waren im Ort während und nach dem Zweiten Weltkrieg deutsche Kriegsgefangene (3.000 hier von 370.000 in den gesamten USA) interniert, die auf den Farmen in der Umgebung als Landarbeiter eingesetzt wurden. Als aus den anfangs behelfsmäßig primitiven Camps gut gebaute und geführte Lager wurden, bekamen sie schnell den Namen „Fritz Ritz"- in Anspielung auf das Pariser Nobelhotel in Verbindung mit dem Spitznamen „Fritz" für Deutsche. Im Magazin Spiegel ist in Heft 17/84 ein längerer Artikel über die POW (Prisoner of War) nachzulesen [www.spiegel.de/spiegel/print/d-13510057.html]. Nach Kriegsende wurde das Camp aufgelöst und heute erinnern nur noch einige von den Soldaten gepflanzte Bäume, Gräben und Betonfundamente an das „Ritz". Die Landebahn des Flugplatzes führt mitten durch das ehemalige Lager.

**1060** Fahren Sie auf der 66 weiter aus dem Ort hinaus. Wenn gelbe Schilder „Left Lane Ends - Merge Right" auftauchen, gehen Sie vom Gas und biegen direkt vor dem zweiten gelben Schild „Lane Ends - Merge Right" rechts in eine unscheinbare Straße ab. Sie wird zur rechten Frontage Road. Wenn Sie diese Abzweigung verpassen, landen Sie unweigerlich auf der I-40! Sollte das passieren, können Sie am Exit 135 (Alanreed) wieder abfahren.

**1066** **Alanreed.** Der Geisterort hat weniger als 50 Einwohner und liegt ziemlich verlassen da. Überqueren Sie die I-40, fahren Sie dann 200 m weiter bis zum Stoppschild und biegen Sie rechts ab. An dieser Kreuzung steht die ehemalige *66 Super Service Station* mit Texaco-Säulen und mit Bäumchen bewachsener Fahrbahn, 1930 erbaut von Bradley Kiser. Fahren Sie weiter auf der linken Frontage.

Am Ortsausgang befindet sich rechter Hand neben dem Exit 135 die *Crockett Service Station* (Conoco) mit dem Alanreed Travel Center, Café, Post Office und Motel. Hier werden auch Route-66-Souvenirs in großer Auswahl angeboten [N 35.2144, W 100.7392].

1069 **Johnson-Ranch**. Geradeaus steht ein Schild, das das baldige Ende der Asphaltstraße ankündigt. Fahren Sie deshalb vorher rechts ab durch die Unterführung auf die I-40 (Exit 132). Es geht nicht anders. Wenn Sie geradeaus weiterfahren würden, würden Sie auf einer Schotterpiste landen, die über eine Bullenweide zu einer Ranch führt: Privatland, Durchfahrt verboten. Übrigens ist die Johnson-Ranch 88 $km^2$ groß!
Die Route 66 führte einst südlich der jetzigen Interstate entlang über das heutzutage nicht mehr existierende Dorf Jericho. Hier war die Straße nicht befestigt und der Boden so schwarz-morastig, dass besonders nach Regenfällen die Piste meilenweit ein einziges Schlammloch war. Das brachte den Farmern ein gutes Zubrot, wenn sie die Autos mit ihren Arbeitspferden oder Traktoren aus dem Morast zogen. Dieses Straßenstück war lange Zeit von den Reisenden als das **Jericho Gap** gefürchtet und gehasst. Böse Zungen behaupten allerdings, dass Farmer manchmal mit künstlicher Bewässerung nachhalfen, um so einen Nebenverdienst zu generieren. 1934 wurde die Lücke endlich durch einen Straßenneubau umgangen und mit der Schummelei war Schluss.

Nach wenigen Hundert Metern können Sie die I-40 kurz verlassen und auf einen schön angelegten Rastplatz fahren. Achten Sie auf dem Betonpfad auf die Abdrücke von Tierpfoten, die wohl Bauarbeiter aus Spaß hinterlassen haben. Allerdings erklären die Ranger, dass sich tatsächlich nachts u. a. Kojoten und Wild hier herumtreiben. Ein Schild am Gebäude weist darauf hin, dass es gleichzeitig ein Tornado-Shelter ist, also im Notfall Schutz in den jeweiligen *Restrooms* (Toilettenräumen) bietet.

1076 Sie fahren weiter auf der I-40 durch eine platte Landschaft bis zum Exit 124. Dann überqueren Sie die I-40 zur linken Frontage und bleiben darauf bis ...

1087 **Groom**, 580 Einwohner, ⇧ 990 m.
Schon von Weitem sehen Sie das Wahrzeichen des Ortes, den schiefen **Wasserturm** mit der Aufschrift „Britten U.S.A." (als Hingucker für den damaligen *Britten Truck Stop* absichtlich schief aufgestellt und verankert) und weit dahinter ein Riesenkreuz.

Wenn Sie sich das fast 60 m hohe Kreuz aus Stahl **Cross of Our Lord Jesus Christ** mit einer Aluminiumblechverkleidung ansehen wollen, folgen Sie (an zwei großen Getreidesilos vorbei) der Ausschilderung „Cross" nach rechts, kurz danach links [🌐 N 35.2092, W 101.1234]. Ein Ingenieur aus Pampa, Texas, steckte seine Ersparnisse und die Spenden von Freunden 1995 in diese gigantische „Reklame für Jesus". Tagsüber ist das Kreuz aus einer Entfernung von 30 km zu sehen, nachts wird es angestrahlt. Um das Kreuz herum sind die 14 Stationen des Leidenswegs Christi eindrucksvoll dargestellt - von der Verurteilung durch Pilatus bis zur Grablegung. Das Abendmahl wird mit fünf Teilnehmern unterhalb eines kleinen Hügels dargestellt und oben ist das Grabmal Christi angedeutet. Die Figuren sind sehr ansprechend gestaltet worden und die ganze Anlage ist imponierend. Der Kitsch im Souvenirshop ist dagegen kaum auszuhalten.

1091 Fahren Sie zurück zur Abzweigung und dann rechts. Sie befinden sich jetzt wieder auf der linken Frontage Road I-40 B. Hier können Sie sich an dem monotonen Klackidiklack der Betonstöße der Fahrbahn erfreuen.

1118 **Conway**. Der Hwy. 207 biegt am *Conway Inn Restaurant* nach rechts ab. Wenn Sie eine halbe Meile nach Norden in Richtung I-40 (Exit 96) fahren, gelangen Sie zur **Bug Ranch**, einer Parodie auf die Cadillac Ranch in Amarillo. Hier stecken fünf gelbe VW-Käfer (in den USA *Beetle* genannt) mit der Schnauze im Erdboden direkt neben einem Motel [🌐 N 35.2152, W 101.3833]. Fahren Sie zurück zum Restaurant, biegen Sie rechts ab und es geht geradeaus weiter.

1124 Sie wechseln am Exit 89 auf die rechte Frontage Road.

1128 ⛼ Picknickplatz, der sowohl von der I-40 als auch von der Route 66 zugänglich ist und ein Straßenstück der alten Route 66 war.

1131 Fahren Sie am Stoppschild rechts auf die I-40 B.

1135 Biegen Sie links auf den Hwy. 60/Amarillo Blvd. ab, d. h. Sie folgen dem I-40 Business Loop weiter. Hier stehen im weiteren Verlauf viele alte Motels, die insgesamt schon bessere Tage gesehen haben.

1141 **Amarillo**, 242.000 Einwohner, ⇧ 1.100 m, 52x 🛏, KOA 🚐

Amarillo wird „The Yellow Rose of Texas" genannt und ist die größte Stadt an der Route 66 im Panhandle von Texas und das Zentrum des texanischen Viehhandels („amarillo" bedeutet „gelb" auf Spanisch). Einige sehenswerte Museen zeigen ihre Schätze. Der Song „Yellow Rose of Texas" war als Marsch während des Bürgerkriegs äußerst populär, vor allem bei der Kavallerie beider Seiten.

Sie befahren den Amarillo Blvd/60/I-40 B. Wenn es Dienstagvormittag ist und Sie zur berühmten *Viehauktion* möchten, fahren Sie hier links in die Grand Street, die über eine lange Brücke über ein weitläufiges Eisenbahnareal führt. Danach rechts in die 3rd Avenue und dann in die Bull Road. Falls nicht, fahren Sie weiter geradeaus.

Die **Amarillo Livestock Auction** ist die größte Viehversteigerung des Landes. Jeden Dienstag wechseln etwa 2.000 Rinder ihren Besitzer und werden von Verwertern aller Art ersteigert und später ihrer jeweiligen Bestimmung zugeführt [🌐 N 35.2107, W 101.8032,
💻 www.amarillolivestockauction.com].

1143 An der großen Kreuzung Buchanan Street bleiben Sie geradeaus und fahren gleich danach links in die Taylor Street (hier Einbahnstraßensystem) und weiter über die lange Eisenbahnbrücke. 1 Meile weiter biegen Sie rechts in die 6th Avenue ab. Zwischen Bowie und Georgia Street existierten in diesen zehn Straßenblocks vom Anfang der 1950er-Jahre eine Vielzahl von Tourist Courts, Motels und Pensionen. Das einstige *Ranchotel* (NRHP) in damals typischer Bauweise beherbergt heute Apartments. Die 6th Avenue macht einen Links-Rechts-Schlenker. Vom Stadtpark an heißt sie 9th Avenue.

Hinter dem Straßenknick sollten Sie sich einen Parkplatz suchen, es gibt jede Menge schöne alte Geschäfte und Antikläden. Der Bummel durch den westlich von Downtown, etwa zwischen der Georgia und Forest Street gelegenen, *Historic Route 66 Antique District* ist lohnenswert. Die Gebäude hier sind in spanischem Kolonialstil und Art Deco erbaut und beherbergen heute Restaurants, Boutiquen und Antiquitätenläden (NRHP). Ein gutes Dutzend der Gebäude sind noch wunderbar erhalten und durchaus sehenswert.

☺ Am Stadtrand, nicht gerade leicht zu finden, liegt das bekannte „Kunstwerk" **Cadillac Ranch** (wird weiter unten genauer beschrieben).

✕🛏 Entlang der I-40 befinden sich eine Vielzahl der modernen Motels und Hotels der Stadt. Am Exit 75 der I-40 steht unübersehbar das riesige Restaurant *Big Texan Steak Ranch*, das seit 1960 Steaks (empfehlenswert: T-Bone und Top Sirloin) in verschiedenen Größen zu fairen Preisen anbietet und somit jedem Hunger gerecht wird [🌐 N 35.1932, W 101.7550, 💻 www.bigtexan.com]. Ein 72-Unzen-Steak (= 2.038 g) ist gratis, wenn es innerhalb einer Stunde mit Beilagen verzehrt wird. Zehntausende haben es in der Vergangenheit versucht, aber nur etwa jeder achte schafft es, die riesige Portion zu verdrücken! Auf der Website des Restaurants zeigt eine über 40-seitige Liste die Steakbezwinger mit Datum, Essdauer, Herkunftsland/-ort nebst deren Kommentaren an.

Das dazugehörige Motel ist von außen quietschbunt gestrichen und erinnert an eine Wildwesttown. Die Zimmer sind innen rustikal western-atmosphärisch gestaltet. Beispiel: mit Stiefel und Sporen versehene Lampe und die Badezimmerschwingtür im Saloonstil. Leserlob! Der Pool ist wie der Umriss von Texas gebaut!

1148 Fahren Sie nach links auf den W. Amarillo Boulevard (Business Loop).

1152 Sie sind jetzt auf der rechten Frontage der I-40.

1155 Fahren Sie diese immer weiter entlang (schauen Sie nach links über die Interstate, da sehen Sie schon die Cadillacs im Feld stecken) bis zum Exit Arnot Road. Hier unterqueren Sie die Autobahn und fahren gut 1 Meile zurück.

*Cadillac Ranch*

▷ Obwohl die **Cadillac Ranch** direkt an der Interstate zwischen den beiden Exits Arnot Road und Hope Road liegt, ist die Zufahrt ohne dieses Wissen (mangels einer Beschilderung) nicht leicht zu finden [🌐 N 35.1889, W 101.9879]. Zehn Cadillacs unterschiedlicher Baujahre, inzwischen immer wieder aufs Neue vollgeschmiert mit Graffiti aus Sprühdosen, sind im gleichen Winkel (wie die Pyramiden in Ägypten) in Betonsockel im Ackerboden eingesteckt und ragen mit dem Heck in die Luft - nach Baujahren in der Reihenfolge geordnet von 1949 bis 1963. Das „Kunstwerk" soll in Zusammenhang mit dem Highway den amerikanischen Traum von der Freiheit symbolisieren. Versteh das, wer will. Initiiert und bezahlt wurde das Ganze von einem wohlhabenden Exzentriker namens Stanley Marsh III. bereits 1974, der als Begründung angab, der Cadillac sei der Traum vom Auto schlechthin.

1156 Fahren Sie zurück, unterqueren Sie die Interstate am Arnot Road Exit 60 und fahren Sie auf der rechten Frontage Road weiter nach Westen. Riesige Felder mit Mais und Sonnenblumen säumen die Straße. In Orten wie **Bushland** und Wildorado stehen gewaltige Getreidesilos am Straßenrand. In riesigen Pferchen warten blökende Rinder auf ihren Abtransport in eine gewisse Zukunft.

In Zeitungsberichten der 1920er-Jahren kam **Wildorado** nicht aus den Schlagzeilen hinaus, weil die dort ansässige State Bank insgesamt achtmal in drei Jahren überfallen und ausgeraubt wurde. Auch der nebenan liegende General Store bekam regelmäßig Besuch von bewaffneten Banditen. 1933 versuchten Räuber den tonnenschweren Safe durch die Eingangstür der Bank zu schaffen und zerstörten dabei große Teile des Gebäudes nebst dem Mobiliar.

Die Interstate schwenkt später nach links ab und umgeht so den Ort ...

1180 **Vega**, 880 Einwohner, ⇧ 1.230 m.

Biegen Sie an der Ampel mit 4-Way-Stoppschild des Vega Blvd. rechts ab. Sie gelangen auf der N Main Street zur alten *Magnolia-Tankstelle* aus dem Jahr 1924 auf der rechten Straßenseite gegenüber vom Sheriffs-Office [N 35.2460, W 102.4228]. Sie entstand damals am *Ozark Trail*, der als Natur- oder Schotterstraße bezeichnet werden konnte und 1926 von der Route 66 ersetzt wurde. Inzwischen wurde die Tankstelle renoviert und hat sogar eine Pumpe bekommen.

Fahren Sie auf der rechten Frontage parallel zur I-40 weiter bis ...

1194 **Adrian**, 150 Einwohner, ⇧ 1.230 m.

Achten Sie auf das Schild „Mid Point Route 66". Hier ist die offizielle Streckenmitte der Route 66 zwischen Chicago und L.A. (☞ S. 170). Das *Midpoint Café* mit kleinem Restaurant (Slogan: „die besten Hamburger in Texas") hat sich dies zu eigen gemacht und bietet im *Fabulous 40 Motel* auch Zimmer an. Im dazugehörigen Souvenirladen gibt's neben dem üblichen 66-Zubehör auch einige ausgefallenere Designs beispielsweise von Oberhemden mit 66-Motiven, Tassen und Schnapsgläsern.

1198 Fahren Sie weiter auf der rechten Frontage, aber achten Sie auf das Schild „Road Ends 1 3/10 Miles" und biegen Sie lieber vorher nach links (Exit 18) auf die I-40 ab - anders geht's leider nicht!

*„Mid Point Route 66" -*
*offizielle Streckenmitte der Route 66 zwischen Chicago und L.A.*

**1203** ⛼ Picknickplatz beidseitig der I-40.

**1216** Exit 0: **Glenrio**.

Auf der gesamten Route 66 wurde das Teilstück zwischen Adrian und Glenrio 1938 als Letztes asphaltiert. Fahren Sie bei Glenrio über die Brücke der I-40 und sehen Sie sich diesen Ort des Jammers an. Die Straße, die dorthin führt, nennt sich zwar wie überall Business Loop und ist sogar vierspurig, aber das klingt an dieser Stelle wie ein Witz.

Ab 1901 war der Ort wegen seiner Bahnstation der *Chicago, Rock Island and Pacific Railroad* (kurz *The Rock* genannt) als Viehverladebahnhof und der Route 66 gut davor, aber nachdem 1975 die I-40 fertiggestellt war, starb der Ort schnell. Als zur selben Zeit die Eisenbahngesellschaft pleite ging, wurden die Schienen herausgerissen – und das war's. In den 1980er-Jahren verließen die letzten Bewohner die heutigen Ruinen und seitdem ist die Einwohnerzahl 4 - plus 2 Hunde.

Hier finden Sie u. a. das (inzwischen verfallene) Motel, das früher mit der gegenwärtig kaum noch leserlichen Neon-Reklame warb: „First Motel in

Texas / Last Motel in Texas" - je nach Fahrtrichtung. Es lag fast genau an der Staatsgrenze, die mitten durch den Ort verläuft. Hier könnten Sie mit einem Bein schon in New Mexico und mit dem anderen noch in Texas stehen. Es sind u. a. neben dem ehemaligen Post Office und einem Motel noch die Ruine einer alten Tankstelle zu sehen, die später zur „State Line Tavern" umgebaut wurde. Grund der Erfolgsstory dieser Bar war seinerzeit: Im Deaf Smith County in Texas durfte kein Alkohol verkauft werden (es war also „dry"), während das Quay County in New Mexico „wet" war. Übrigens hielt sich die Filmcrew von „Früchte des Zorns" hier drei Wochen lang auf, bis das letzte Bild im Kasten war.

*„First Motel in Texas / Last Motel in Texas"*

1217 Fahren Sie wieder zurück zum Exit 0 auf die I-40. Dort taucht gleich hinter der Staatsgrenze das ℹ *Welcome Center* für New Mexico auf. Hier gibt es wertvolle Informationen und eine Karte des Staates.

⌛ Zeitzonenwechsel von Central Time zur Mountain Time - also die Uhr 1 Stunde zurückstellen.

# Route durch New Mexico 455 Mi.

- **i** Welcome Center, 491 Old Santa Fe Trail, Santa Fe, ☏ (505) 827-7336
- ♦ Chamber of Commerce and Visitor Bureau, 404 W. Tucumcari Blvd, Tucumcari, ☏ 505-461-1694

*„New Mexico - Land of Enchantment"* (Land der Verzauberung): Welch ein Gegensatz zu Texas! Die Landschaft wird nach und nach hügeliger und felsiger und ändert sich dramatisch mit jeder Meile. Rotbraune Tafelberge wechseln mit grünen Tälern. Darüber spannt sich der Himmel in einem fast unwirklichen Blau, gesprenkelt mit dekorativen, weißen Schäfchenwolken. New Mexico war für die frühen Reisenden auf der Route 66 ein exotisches und aufregendes Erlebnis.

New Mexico ist in weiten Teilen Indianerland. Die „Native Americans" leben zum Teil, wie die Zunis und Acomas, in Pueblos, deren Baustil die Architektur in

New Mexico stark geprägt hat. Der größte Stamm sind die Navajos mit mehr als 200.000 Stammesangehörigen. Das Reservat beginnt nördlich von Gallup und reicht bis nach Colorado hinein. Die Stämme haben ihre eigenen Gesetze und achten ihre Bräuche und Traditionen sehr. Es sollte ein Gebot der Höflichkeit sein, diese zu respektieren. Die Pueblos und Reservate sind keine Touristenattraktion, sondern die Heimat der dort lebenden Menschen.

✋ Achten Sie vor allem beim Fotografieren darauf, nicht die Privatsphäre zu verletzen. Sie hätten es sicher auch nicht gern, wenn ein Fremder auf Ihrem Grundstück herumläuft und Ihnen auf die Pelle rückt, um Fotos zu machen.

Es finden überall im Land so viele Fiestas, vor allem der Indianerstämme, statt, dass es unmöglich wäre, alle aufzuführen. Eine der bekanntesten Veranstaltungen in New Mexico ist das *Heißluftballon-Festival in Albuquerque* im Oktober.

☺ Der meist vorgeschlagene direkte Weg Richtung Albuquerque führt zu großen Teilen über die langweilige Interstate 40 und lässt das reizvolle Santa Fe völlig aus. Die alte Strecke durch die Berge, die bis 1937 benutzt wurde, ist landschaftlich aber besonders reizvoll. Ich wählte deshalb hier in New Mexico diese alte Streckenführung über **Santa Fe**.

☹ Wermutstropfen: Auf dem Santa Fe Loop finden Sie kaum Historic-Route-66-Schilder!

1217 Man versorgt Sie im ℹ *Welcome Center* mit reichlich Karten, Stadtplänen und anderem Material über New Mexico und die Route 66. Fahren Sie wieder auf die I-40.

*Russell's Truck & Travel Center - ein Car- und Route-66-Museum*

1221 Beim Exit 369 biegen Sie von der I-40 ab und fahren auf die rechte Frontage Road.

⌘ Hier befindet sich in der Raststätte *Russell's Truck & Travel Center* ein fantastisches *Car- und Route-66-Museum* mit 23 Oldtimern in einem Super-Zustand [🌐 N 35.1748, W 103.1041, 💻 www.russellsttc.com]. Die ältesten Autos sind von 1929 (ein Roadster Coupé und ein Model A Pick-up) und das jüngste ist ein Chevrolet Convertible Impala von 1958. Teilweise sind die Motorhauben aufgeklappt, so dass das Innenleben wunderbar zu sehen ist. Oldtimer-Fans werden ihre Freude daran haben!

1235 Die 66 wechselt bei **San Jon** auf die linke Seite der Interstate.

1258 Wechseln Sie in Höhe des Exit 335, kurz vor Tucumcari (nachdem Sie den KOA Kampground passiert haben) nach einer Rechtskurve, zur rechten Frontage Road (Business Loop 40). Kurz darauf mehrere Motels.

*Souvenirladen Tee Pee Curios*

1260 **Tucumcari**, 5.800 Einwohner, ⇧ 1.250 m, 24x 🛏

Die Stadt mit der indianischen Bezeichnung wurde 1901 gegründet und war als Eisenbahnersiedlung zunächst als Six-Shooter-Siding bekannt. Eine Story besagt, dass morgens schon Gräber am *Boot Hill* (Friedhof) ausgehoben wurden, um abends die Überreste der häufigen Schießereien würdig zu entsorgen. Die Stadt erhielt ihren Namen letztendlich vom nahe gelegenen Tucumcari Mountain, einer Mesa (Tafelberg) mit 1.510 m Höhe. Wenn es irgendwie in Ihren Zeitplan passt, sollten Sie hier übernachten oder zumindest eine ausgiebige Besichtigung der Stadt einplanen. Schon in den frühen Zeiten der Route 66 war der Ort ein Anziehungspunkt für Reisende.

🛏 Am Ortsanfang sind die neueren Motels wie Super 8 und Motel 6 zu finden. Mein Tipp: das *Rodeway Inn* [💻 http://www.rodewayinn.com/hotel-tucumcari-new_mexico-NM060] und die *Econo Lodge*. Die Motels scheinen sich einen Preiskrieg zu liefern, denn die älteren bieten schon Zimmer ab $ 40 und die neueren ab $ 50 an.

✂🛏 Viele alte Restaurants und Motels mit teilweise gut erhaltenen Neonreklamen sind hier entlang des Route 66 Blvd. zu finden, darunter das historische *Blue Swallow Motel* von 1942, das aber längst der modernen Zeit angepasst wurde und an den Wänden Murals mit Hollywoodgrößen zeigt [🌐 N 35.1791, W 103.7162, 💻 blueswallowmotel.com/].

Besonders bei Dunkelheit sind die Neonreklamen entlang der Straße beeindruckend. Aus dem Rahmen fallen das *La Cita* mit einem Sombrero als mexikanisches Restaurant und der Souvenirladen *Tee Pee Curios* mit einem vorgesetzten Indianerzelt als Blickfang.

🛏 Gut und gemütlich ist auch das historische *Safari Motel,* das allgemein gelobt wird und seit 40 Jahren Gäste beherbergt [💻 www.smalltown-america.com/].

🛏 Ein guter Tipp ist auch das *Buckaroo Motel* am Tucumcari Blvd, das wegen seiner Freundlichkeit und der fairen Preise Lob verdient.

🛏 Rundum zufriedene Gäste hat das *Route 66 Motel* direkt am Route 66 Blvd, das Leserlob nicht nur wegen der Sauber- und Freundlichkeit sondern auch wegen der Übernachtungspreise verdient hat [💻 www.rte66motel.com/, ab $ 40].

🛏 Das *Pow Wow Inn* hat inzwischen asiatische Eigentümer und ist preisgünstig - schneidet aber nicht so gut ab. Sehenswert auch die Neon-Reklamen der *Motels Lasso, Palomino, Apache* und *Paradise* (ggf. warten, bis es dunkel wird).

🚐 Eine kleine Parallelstraße südlich befindet sich der *Historic Route 66 RV Park* und direkt an der Hauptstraße liegt der *Cactus RV Park.*

▷ An der Seitenfront von *Lowe's Supermarkt* ist ein riesiges Wandgemälde zu sehen, das die „Legendary Road" zum Thema hat [🌐 N 35.1725, W 103.7261]. Weitere große Murals (es sollen 50 sein) finden sich an anderen Hausfronten über das Städtchen verstreut. Einige der Gemälde verblassen allmählich oder blättern ab. Sehr schön und gut erhalten ist das Mural an der Texaco-Tankstelle. Ein Plan verzeichnet die Lage der Murals in der Stadt.

⌘ Das *Mesalands Dinosaur Museum* in der E Laughlin Street stellt zu den Urviechern der Vergangenheit aus. Es sind Originalskelette, aber auch Replikate zu sehen - teilweise sogar aus Bronzeguss [🌐 N 35.1737, W 103.7238].

⌘ Das *Historical Museum,* das in der Adams Street in einem Schulhaus von 1903 untergebracht ist, platzt förmlich aus allen Nähten mit Relikten,

Schrott, Fotografien und Kitsch der Vergangenheit [🌐 N 35.1751, W 103.7233].

⌘ Sehenswert ist auch der lang gestreckte *The Rock-Bahnhof* aus dem Jahr 1910 im spanischen Kolonialstil am Ende der North 2nd Street, der 2011 saniert wurde und ein Eisenbahnmuseum beherbergt [🌐 N 35.1802, W 103.7263].

Am Westende der Stadt am *Convention Center* – dort wo der W Tucumcari Blvd. vierspurig wird – steht links ein schwungvoll gestaltetes, chromglitzerndes *Route-66-Monument* als Erinnerung an die Route 66 auf einem Sockel [🌐 N 35.1713, W 103.7429]. Es soll die Heckflossen eines Straßenkreuzers aus den 1950er-Jahren darstellen und so die Straßenmobilität demonstrieren.

*Tucumcari Trading Post*

Kurz darauf passieren Sie den Tucumcari Trading Post mit viel Nostalgie: Oldtimer, Schilder, Tanksäulen etc.

1262 Fahren Sie auf dem Tucumcari Blvd. an den Bahngleisen durch die Stadt bis zum Exit 329 und biegen Sie dann in einem Bogen auf die I-40 West – es geht nicht anders.

1272 Am Exit 321 (Palomas) verlassen Sie die Interstate. Sie fahren über die I-40, dann hinter der Shell-Tankstelle und Stuckey's Pecan Shop in die Straße rechts und sind auf der linken Frontage Road.

1277 Sie unterqueren die I-40 und fahren wieder auf der rechten Frontage weiter. Vorsicht: Nach heftigen Regenfällen sammeln sich unter der engen Unterführung Wasser und Matsch. Auch im weiteren Verlauf der Straße kann es zu Pfützen und Matsch kommen.

1283 In Höhe des Exit 311 bei **Montoya** führt die Straße wieder auf die linke Seite der Interstate.

1289 Sie überqueren in weitem Schwung die I-40 und fahren auf der rechten Frontage. Wenig später sehen Sie auf der linken Seite einen Picknickplatz an der Interstate, der aber von der 66 nicht erreichbar ist.

1294 **Newkirk**. Ruinen des alten Post Office aus Adobe Brick (Lehmziegeln) und zwei Tankstellen sind zu erahnen. Der Verfall ist nicht aufzuhalten. Eine neue Tankstelle wurde inzwischen eröffnet. Bleiben Sie geradeaus auf der rechten Frontage.

1302 **Cuervo**. Dies ist auch eine Ghost Town, wo der Hund begraben ist, mit den Ruinen der Baptistenkirche und des Frontiers Museums. Hier müssen Sie wieder auf die I-40.

1317 Am Exit 277 (Santa Rosa) fahren Sie auf den Business Loop 40/Will Rogers Drive/84 auf der rechten Seite der Autobahn.

1319 **Santa Rosa**, 2.800 Einwohner, ⇧ 1.410 m, 20x 🛏

⌘ Ein *Auto Museum* direkt an der Route 66/Will Rogers Drive erfreut die Herzen von Automobilliebhabern und ist wegen des gelben Fords in 7 m Höhe nicht zu übersehen. Es werden über 30 verschiedene Automobile in teilweise neuwertigem Zustand gezeigt. Schon der Eingangsbereich überzeugt durch seine großzügige Gestaltung [🌐 N 34.9465, W 104.6546, 💻 www.route66automuseum.com/].

🛏 Der Business Loop führt an diversen Motels und später an *Joseph's Bar & Grill* vorbei. Joseph's fällt vor allem wegen seines schönen Schildes „Fat Man" ins Auge. Allein auf diesem ersten Straßenabschnitt finden sich über acht Motels. Die meisten der alten Beherbergungsbetriebe haben noch schöne Neonschilder. Leserlob bekommt vor allem das *Quality Inn.*

*Eingangsbereich des Auto Museums*

Nebenan liegt das *Santa Rosa Inn* und gegenüber finden sich *Comfort Inn, Motel 6* und *Holiday Inn* (teuer). Das *Sun & Sand Motel* und Restaurant glänzt vor allem durch seine schöne Neonreklame. Der Will Rogers Drive führt einen Berg hinab und unterquert die I-40 beim Exit 275. Sie sind jetzt auf der linken Seite der Interstate.

Sehenswert ist das schöne, alte Gerichtsgebäude *Guadelupe County Courthouse* von 1909. Leider hat man links neben das alte Gebäude einen modernen, hässlichen Kasten gesetzt [🌐 N 34.9415, W 104.6867].

Der zwielichtige Spieler, Revolverheld und spätere Rinderdieb *Billy the Kid* trieb hier sein Unwesen. Ihm wurden im Laufe der Jahre zwischen zehn und zwanzig Morde zur Last gelegt, die sich aber nicht alle beweisen ließen. Im Juli 1881 wurde er schließlich von seinem einstigen Freund Sheriff Pat Garrett für eine Kopfprämie von $ 500 erschossen. Mehrere Filme haben den umstrittenen Mann zum Thema, u. a. „Chisum" mit John Wayne, „Pat Garrett jagt Billy the Kid" mit Kris Kristoffersen und James Coburn sowie „Young Guns" u. a. mit Kiefer Sutherland.

Wenn Sie zum **Blue Hole** möchten, unterqueren Sie die I-40 und biegen gleich darauf in den Park Lake Drive ab. Umrunden Sie den *Park Lake* (ein

beliebter Badesee mit Strand) vorbei in den Lake Drive und schließlich führt Sie die Blue Hole Road/La Pradira Ave. zum Blauen See [🌐 N 34.9465, W 104.6539]. Hierbei handelt es sich um eine 24 m tiefe artesische Quelle, aus der pro Minute über 10.000 Liter Wasser strömen. Der Teich von etwa 20 m Durchmesser ist wegen des glasklaren Wassers bei Tauchern sehr beliebt und kann gegen Gebühr erforscht werden. Baden ist erlaubt, aber Vorsicht: Das Wasser ist konstant 16 Grad kalt!
Am Ortsausgang überqueren Sie den *Pecos River* auf der Coronado Ave/B 40. Rechter Hand führt die lange Eisenbahnbrücke der Union Pacific Railroad über den Fluss und kurz darauf über die 66. Sie ist auch für einen Moment in dem Film „Früchte des Zorns" gut zu sehen.

**1322** Bei Exit 273 werden Sie gezwungen, wieder auf die I-40 zu fahren.

⇔ **Direkte Alternativroute ab 1937,** ☞ **3** Kapitel Abstecher & Alternativen

**1338** Bei Exit 256 fahren Sie auf die US 84 North in Richtung Las Vegas - nicht zu verwechseln mit der Spielerstadt Las Vegas in Nevada!
Der originale Verlauf der 66 zwischen Santa Rosa und Dilia ist offenkundig nicht mehr exakt feststellbar! Es könnte sein, dass es die heutige Straße 379 war, die am Exit 267 nach Norden abzweigt, später als Feldweg über Farmland mit Gattern links abzweigt und dann bei einer Umspannstation wieder auf die US 84 trifft.

**1353** **Dilia**.

**1379** Bei **Romeroville** überqueren Sie die I-25. Fahren Sie kurz darauf an der Tankstelle links. Sie sind auf der rechten Frontage in Richtung Santa Fe. Die Route 66 folgt der I-25 schön ausgebaut an den *Sangre de Christo Mountains*, die das südliche Ende der Rocky Mountains bilden, entlang.

⇔ **Abstecher nach Las Vegas, New Mexico,** ☞ **4** Kapitel Abstecher & Alternativen

**1383** **Tecolote.**

**1389** **Serafina.**

**1402** Wechseln Sie hinter Fluss und Ortschaft **Pecos River** zur linken Frontage.

**1406** **Ilfeld.**

**1412** Kein Schild weist darauf hin, dass bei **Rowe** (Exit 307) die I-25 unterqueRt werden muss. Sie fahren jetzt auf der rechten Seite in Richtung Pecos.

**1416** Der **Pecos NHP** bietet eine restaurierte Kiva (ein Zeremonien- und Versammlungshaus) und die große Lehmziegel-Ruine der *Pueblo Mission Church*. Eintrittsgebühr. Kurz darauf passieren Sie den Ort **Pecos** weit abseits der I-25.

**1418** Biegen Sie an der Kreuzung links ab und folgen Sie den Schildern zur I-25.

**1424** Bei **Glorieta** (Exit 299) müssen Sie auf die I-25 in Richtung Santa Fe fahren. Im Hintergrund ist das *Glorieta Conference Center* zu sehen, das von Baptisten betrieben wird und der religiösen Schulung und geistigen Erbauung dient.

▷ Anschließend überqueren Sie den 2.287 m hohen Glorieta Pass. Die Gegend war übrigens 1846 Schauplatz einer entscheidenden Schlacht im Amerikanischen Bürgerkrieg, bei dem die 1.100 Mann starke Südstaatenarmee (gegen 1.300 Soldaten der Union) herbe Verluste hinnehmen musste. Auf beiden Seiten waren insgesamt 100 Tote und 150 Verletzte zu beklagen.

**1429** Vor **Canoncito** (Exit 294) verlassen Sie die Interstate. Fahren Sie am Stoppschild nach der Ausfahrt rechts und sofort links auf den Old Las Vegas Highway.

**1439** Halten Sie sich rechts und fahren Sie auf die Straße *Old Pecos Trail*, in die Sie rechts abbiegen. Halten Sie sich weiter rechts.

**1442** Sie treffen auf die Straße *Old Santa Fe Trail* (mündet von rechts) und überqueren den Paseo de Peralta, eine vierspurige Schnellstraße. Biegen Sie nach links in die De Vargas Street ab, die zum *Capitol* führt. Dort in der unmittelbaren Nähe des Santa Fe River (meist nur ein Rinnsal) habe ich bisher immer einen **P** Parkplatz gefunden [🌐 N 35.6850, W 105.9411]. Die Parkuhr füttern Sie mit Quartern (pro Quarter = 15 Minuten Parkzeit), erkunden die wunderschön gelegene, architektonisch unverwechselbare City der Hauptstadt New Mexicos und spazieren zum State Capitol (das aber nichts Besonderes bietet).

☹ Im Stadtzentrum von Santa Fe sind die Hotelpreise höher als normal. Planen Sie ihre Übernachtung daher lieber außerhalb der Stadt. Santa Fe ist ein beliebtes Touristenziel und daher ziemlich überlaufen.

**Santa Fe**, nur 63.000 Einwohner, ⇧ 2.135 m, 15x 🛏, KOA 🚐
1610 wurde vom damaligen spanischen Gouverneur Pedro de Peralta die Neugründung *Villa Real de Santa Fe de San Francisco de Asís* zur Hauptstadt der spanischen Provinz New Mexico erklärt – was sie auch heute noch ist. Der *Camino Real* (Königsweg) führte als Handelsstraße von El Paso den Rio Grande hinauf zum gerade entstehenden Ort Albuquerque und weiter nach Santa Fe.
Der Santa Fe Trail führte über tausend Meilen von Missouri nach Santa Fe. Er war der erste Verbindungsweg in den Westen und wurde einst von Siedlern und Händlern mit ihren Planwagen (wegen der Segeltuchplanen mit Segelschiffen verglichen und folglich auch *Prairie-Schooner* genannt) durch das Land der Comanchen, Kiowa und Apachen benutzt. Die fanden diese Trecks ganz toll und holten sich Feuerwasser, Gewehre und ggf. auch Skalps der Bleichgesichter als Wegzoll. Besonders die Comanchen waren berüchtigt für ihre blutrünstige Grausamkeit gegen die spanischen Eroberer, die weißen Siedler und andere Indianerstämme. Erst 1875 waren sie bei den vielen Auseinandersetzungen aufgerieben und ergaben sich der Armee.
In Santa Fe gibt es keine Hochhäuser: Fast alle Gebäude, einschließlich des *Capitols*, sind sandfarben im Pueblo-Stil gehalten und geschmackvoll in die Umgebung eingebettet. Hier finden Sie auch eine Vielzahl von interessanten Museen und die Santa Fe Opera ist weltberühmt. Etliche Kunstgewerbeläden bieten Indianerkunst an - vor allem die *Canyon Road* mit über 100 Galerien und Studios ist zu erwähnen. Eine Besonderheit sind die aufrecht stehenden Webrahmen, Navajo-Webstuhl genannt, auf denen Teppiche und Decken mit ihren typischen Mustern hergestellt werden.
🍴 Es gibt außerdem unzählige Restaurants mit gemütlichen Patios (Innenhöfen) um die *Santa Fe Plaza* herum, die als Park mit Orchestermuschel gestaltet ist [🌐 N 35.6874, W 105.9384]. Die Seite des Platzes, die wie eine Ladenzeile aussieht, ist die Front des *Gouverneurspalastes* aus dem Jahr 1610 und damit das älteste öffentliche Gebäude der USA. Hier schrieb der damalige Gouverneur Lew Wallace zwischen 1878 und 1880 seinen berühmten Roman *Ben Hur*, der später als stundenlanger Hollywoodschinken mit Charlton Heston verfilmt wurde. Als Richter bekam er es auch mit dem schon vorher erwähnten *Billy the Kid* zu tun
1922 wurde der deutsche Physiker Robert Oppenheimer als junger Mann von seinen Eltern u. a. aus gesundheitlichen Gründen auf ein Landschul-

*Kathedrale Basilica St. Francis*

internat in die Wüstengegend in der Nähe der Stadt geschickt. Nach der Flucht aus Deutschland entwickelte er mit einem großen Team aus Wissenschaftlern in Los Alamos die erste Atombombe, die im Süden New Mexicos bei White Sands getestet, für gut befunden und dann in Japan „erfolgreich" angewendet wurde.

Vergessen Sie nicht, in die geschmackvoll gestaltete *Kathedrale Basilica St. Francis* im neogotischen Stil hineinzugehen, die nur 200 m oberhalb des Platzes steht. An ihr wurde 15 Jahre lang von 1869 an gebaut, aber die Türme blieben unvollendet. Die Fenster stammen aus Frankreich und wurden nach Amerika verschifft, um dann in Planwagen nach Santa Fe transportiert zu werden.

Interessant ist auch die kleine *San Miguel Chapel* aus Adobe Bricks etwas abseits des Santa Fe Rivers am Santa Fe Trail Ecke De Vargas Street. Sie wurde 1610 erbaut und ist die älteste Kirche der USA.

Wenn Sie in etwas ruhigerer Atmosphäre Souvenirs aus New Mexico einkaufen möchten, sollten Sie sich später in Albuquerque umsehen. Vor allem die *Oldtown* (Altstadt) dort ist sehr stilvoll und kultiviert und hält viele Angebote zu deutlich niedrigeren Preisen bereit.

**1444** Nach der Stadtbesichtigung fahren Sie am besten auf der Cerrillos Road stadtauswärts auf die I-25 South am Exit 278. Von 1926 bis 1932 führte die Route 66 etwas weiter nördlich über den steilen *Bajada Hill*. Der Berg war wegen seiner engen Haarnadelkurven berüchtigt. Zahlreiche Unfälle – besonders nach Regenfällen auf der Naturstraße – verursachten schließlich die Schließung dieses Abschnitts.

An der Cerrillos Road liegt das *Silver Saddle Motel*, das für Santa Fe ausgesprochen preiswert (ab $ 55) und dabei auch sehr gut geführt ist [N 35.656, W 105.987401, www.santafesilversaddlemotel.com]. Als nette Besonderheit sind die liebevoll gearbeiteten Patchworktagesdecken auf den Betten hervorzuheben. Einige der Zimmer haben ein Thema, beispielsweise Route 66 und die beiden Country- und Westernsänger Willie Nelson und Roy Rogers.

▷ Erschrecken Sie nicht, wenn Sie vom *Rail Runner*, einem originell bemalten Expresszug mit einem Roadrunner-Motiv, auf dem Mittelstreifen der Interstate überholt werden, der von Santa Fe über Bernalillo und Albuquerque bis Belen verkehrt. Sieht toll aus! *Roadrunner* gehören zur Gattung der Rennkuckucke, sie fallen vor allem durch ihre langen Beine und den langen und spitzen Federschwanz auf. Sie kommen fast ausschließlich

im Südwesten der USA und im Norden Mexikos vor und mit etwas Glück werden Sie auch einen zu sehen bekommen. Bei uns wurde das pfiffige Tier vor allem durch die Zeichentrickfilmchen bekannt, in denen es um den Kleinkrieg mit einem trotteligen Kojoten geht. Beepbeep!

⇔ **Abstecher über Cerillos nach Madrid,** ☞ **5** Kapitel Abstecher & Alternativen

**1482** Verlassen Sie die I-25 bei Exit 248. 500 m nach der Ausfahrt gelangen Sie an die Schienen der Santa Fe Railroad. Von rechts mündet das alte Straßenstück vom Bajada Hill kommend ein. Fahren Sie hier links in Richtung Algodones auf dem Hwy. 313 South.

**1489** **Bernalillo**, 6.800 Einwohner, ⇧ 1.550 m.

**1504** **Albuquerque**, 848.000 Einw., ⇧ 1.617 m, 30x 🛏, KOA 🚐
(*El-bu-körki* gesprochen) Sie sind immer noch auf der SR 313, die später zur 4th Street wird. An einem Kreisverkehr endet die 313. Wenn Sie hier links auf die SR 556 abbiegen, fahren Sie direkt auf die **Sandia Mountains** zu. Unterqueren Sie die I-25 und fahren Sie auf der Tramway Rd. weiter.

Von der Talstation der *Sandia Peak Tramway* [N 35.190933, W 106.479431] verkehrt die zweitlängste (Schweizer) Seilbahn der Welt auf den 2.957 m hohen Sandia Peak - fast 4,5 km weit. Von hier oben haben Sie einen fantastischen Ausblick hinunter auf die Ebene mit Albuquerque. Übrigens führt von der anderen Bergseite eine Straße hinauf auf den Peak (Abstecher 5).

Wenn Sie am erwähnten Kreisverkehr geradeaus fahren, kreuzen Sie alsbald den Alameda Blvd. Sie gelangen dann nach links fahrend zum *Balloon Fiesta Field* und dem Museum. Jährlich findet hier im Oktober ein großes **Balloon Festival** statt, an dem bis zu 700 Heißluftballons aller Farben und Formen teilnehmen. In der übrigen Zeit empfiehlt sich für Interessierte ein Besuch im Balloon Museum [N 35.1889, W 106.5977, www.balloonmuseum.com].

**1510** Unterqueren Sie die I-40 und fahren Sie geradeaus bis ins Stadtzentrum. Wo es nicht mehr weitergeht, biegen Sie rechts ab und gleich darauf links in die 5th Street, die kurz darauf auf die Central Avenue NW trifft.

Direkt an dieser Kreuzung befindet sich das *KiMo Theater* aus dem Jahr 1927. Es zeigte zunächst nur Stummfilme, aber auch Stars der damaligen Zeit traten auf, beispielsweise Gloria Swanson, Ginger Rogers und Tom Mix. 1951 explodierte ein Boiler im Keller unter dem Popcornstand und ein sechsjähriger Junge starb dabei. Seitdem spukt sein Geist, bekleidet mit einem gestreiften Hemd und Jeans durchs Haus und führt boshaften Schabernack auf. Die Theaterleute haben sich über die Jahre an ihn gewöhnt und stellen sich mit ihm gut, indem sie Donuts und andere kleine Geschenke im Keller deponieren. Am nächsten Morgen sind diese Gaben regelmäßig verschwunden.

Schräg gegenüber der Kreuzung mit der 5th Street steht seit 1939 in der Central Ave. *Maisel's Indian Trading Post*, in dem von Anfang an indianisches Kunsthandwerk und Silberschmuck hergestellt und zu fairen Preisen verkauft wurde [N 35.0847, W 106.6532]. In den 1940er-Jahren waren hier bis zu 300 Indianer von den Stämmen der Navajos und Pueblos mit der Herstellung von wertvollen Souvenirs beschäftigt. Nach dem Tod des Gründers Morris Maisel schloss der Laden, wurde aber von seinem Enkel Skip in den 1980er-Jahren mit der Werbung „Indian Jewelry & Craft“ wieder eröffnet. Beachten Sie die Gemälde über den Schaufenstern im Eingangsbereich (NRHP).

☺ Wenn Sie ein Fan von alten Neonschildern sind, sollten Sie die *Central Street* nach links in östlicher Richtung nach *Nob Hill* befahren. Diese Gegend hat sich zu einem interessanten Mix aus Pubs, Restaurants und Boutiquen entwickelt. Hier reiht sich ein paar Meilen weiter auf über 6 Meilen ein altes Motel ans andere. Teilweise stehen nur noch die Schilder da, andere sind in Apartments für Langzeitmieter umgewandelt, beispielsweise die *Tewa Lodge* (NRHP), die *De Anza Motor Lodge* (NRHP) und der *Aztec Auto Court* (NRHP). Dies war die erwähnte Route-66-Einfahrt in Albuquerque nach 1937 (zu fahren über die I-40, ☞ Mi. 1322).
Das erste Shopping Center (NRHP) außerhalb Downtown Albuquerque wurde bereits 1946 am Central Blvd. Ecke Carlisle Blvd. am Nob Hill eingerichtet. Es erlaubte Autofahrern erstmalig, möglichst direkt zu den Läden zu fahren und dort auch zu parken – heute eine Selbstverständlichkeit. In der Gegend um Nob Hill befindet sich die bereits 1889 gegründete 🎓 University of New Mexico, die derzeit mehr als 25.000 Studenten hat.
✕ Ebenfalls an der Central Avenue SE 3222 befindet sich der *Kelly's Brew Pub*. Das Gebäude wurde 1939 unter dem Namen Jones Motor

Company als Texaco Tankstelle eröffnet und war bis 1957 in Betrieb. 1999 kaufte Kelly's Brewery die Anlage (NRHP) und restaurierte sie - sogar mit den Benzinpumpen zur Dekoration [N 35.0802, W 106.6086, www.kellysbrewpub.com]. Man kann auch gut beschirmt draußen sitzen und die Welt an sich vorbeiziehen lassen.

Zufriedene Leser haben mich auf das *Route-66-Diner* in der Central Ave. NE 1405 aufmerksam gemacht, das vor allem durch seine nostalgische Einrichtung und neben Hamburgern durch seine Milk Shakes besticht [N 35.0820, W 106.6309, www.66diner.com]. Nach meinem Besuch 2015 kann ich dieses Lob bestätigen.

Danach fahren Sie wieder zurück zur Kreuzung mit der 5th Street und fahren auf der Central weiter geradeaus nach Westen.

**1514** Auf der rechten Seite liegt ein Parkplatz (nach 1,2 Mi.) direkt an der „Altstadt" [N 35.0948, W 106.6696].

Die *Old Town* von Albuquerque mit der schönen *Old Town Plaza* sollten Sie sich unbedingt ansehen. Eine Vielzahl von Kunstgewerbe-, Schmuck- und Souvenirläden erwartet Sie ebenso wie hübsche Restaurants mit mexikanischer Küche. Die Plaza ist mit Bäumen bestanden und wirkt wie ein kleiner Park. Mit etwas Glück tritt im Musikpavillon eine Band auf und spielt mexikanische Rhythmen. Direkt am Platz steht die *San Felipe de Neri Church* aus dem Jahr 1793. Schon 1706 wurde mit dem Bau der ersten Kirche an dieser Stelle begonnen, die aber nach sintflutartigen Regenfällen 1793 zusammenbrach. Die Wände der heutigen Kirche wurden deshalb stabiler, mit 1,50 m Breite gebaut.

Bitte beachten Sie, dass gegen 21:00 die Restaurants schließen.

In fußläufiger Entfernung zur Altstadt liegt in der 2321 Central Ave. NW die *Econo Lodge* mit Pool in ein paar Minuten Entfernung zur Plaza (ab $ 65). Das Motel ist erst 2015 renoviert worden und bietet sogar ein gekochtes Frühstück an.

Zum Dinner bietet sich das nahe gelegene *Frontier Restaurant* in angenehmer Atmosphäre an.

⌘ Der bereits vorher in Santa Fe erwähnte Robert Oppenheimer hat hier in der Stadt seine Spuren hinterlassen: Ein Museum zeigt Details zum Werden der Atombombe und deren grausiger Anwendung.

Bleiben Sie auf der *Central Avenue*, die einen riesigen Bogen nach links macht und dann den Rio Grande (der gar nicht so „grande" ist) überquert, und fahren Sie den *Nine Mile Hill* hinauf (der Hügel ist 9 Meilen von der City entfernt). Schauen Sie mal zurück - der Blick ist eindrucksvoll, vor allem wenn die Morgensonne auf die Stadt scheint.

*Blick zurück*

⇔ **Alternative: Streckenführung vor 1937,** ☞ **6** Kapitel Abstecher & Alternativen

1521 An der Kreuzung mit der I-40 fahren Sie nach rechts über die Brücke und vor der großen Lkw-Station „Freightliner Trucks" nach links auf die Frontage Road. Sie befinden sich jetzt auf der rechten Seite der Interstate. Nach ein paar Hundert Metern finden Sie rechts die riesengroße „Camperworld", einen Wohnmobilhändler mit Fahrzeugen jeder Preisklasse, Größe und Länge.

1531 Bei **Rio Puerco** fahren Sie auf die I-40/Coronado Freeway. Hier können Sie an der Auffahrt zur Interstate bei einer 76 m langen alten Fachwerkbrücke aus Stahl von 1933 stoppen. Die Brücke über den Rio Puerco ist für den

Verkehr gesperrt, aber Sie können hier parken und hinüberspazieren (NRHP). Ein Stück weiter vorn ist schon das Spielcasino der Pueblo-Indianer zu sehen. Um auch Route-66-Reisende einzufangen, zeigt ein Route-66-Schild genau dorthin. Wenn Sie sich nicht fürs Glücksspiel interessieren, ignorieren Sie es und fahren geradeaus weiter auf die Interstate.

Etwas ähnlich Merkwürdiges passiert auch am **Exit 126**, wo ein bekanntes Route-66-Schild Sie zum Verlassen der Interstate auffordert – völlig außerhalb des 66-Verlaufs – nach Los Lunas. Ignorieren Sie das Schild und fahren Sie auf der I-40 weiter!

**1553** Am **Exit 117** bei **Mesita** biegen Sie ab und fahren auf die rechte Frontage Road.

Ein Schild am Straßenrand warnt an dieser Stelle davor, die Indianersiedlung und Menschen zu fotografieren, zu filmen oder zu zeichnen und droht sogar Bestrafung an. Die Route 66 führt jetzt mitten durch das Land der Pueblo-Indianer, die hier schon seit etwa 1300 n. Chr. siedeln und heute 95 % der Bevölkerung stellen.

Hier beginnt ein besonders schöner Abschnitt durch das Tohajiilee-Indianerreservat, das zur *Navajo-Nation* gehört. Das Landschaftsbild wird bestimmt durch große und kleine *Mesas* (Tafelberge), rötliche Felsformationen und grüne Täler. Die Straße windet sich eng an Felsformationen vulkanischen Ursprungs vorbei, beispielsweise mit der Fast-180-Grad-Kurve *Dead Man's Curve* und dem einzelnstehenden *Owl Rock* (mit viel Fantasie ist wohl eine Eule zu erkennen). Kurz darauf wird eine doppelgleisige Bahnstrecke überquert.

**1558** **Laguna**, 450 Einwohner, ⇧ 1.770 m.

Der Name weist auf einen inzwischen längst ausgetrockneten, großen See hin. In der Ferne ist das Dorf gut zu sehen. Besonders die St.-Joseph-Kirche sticht aus der Ansiedlung hervor. Biegen Sie rechts ab auf die SR 124.

**1568** **Budville**. Alte Kneipe und ⛽ Phillips-66-Tankstelle von 1938 am linken Straßenrand.

Bud Rice betrieb auch ein Abschleppunternehmen nebst Autowerkstatt und war obendrein noch Friedensrichter. Die Story mit dem Keilriemen geht so: Ein Reisender brauchte einen neuen Keilriemen für seinen Motor. Nachdem Bud ihm einen neuen montiert hatte, war das dem guten Mann zu teuer und er fing an zu lamentieren. Kurzerhand holte Bud sein Taschenmesser raus und schnitt den Riemen durch. Fassungslos musste der Knauser sein Auto vom Hof auf die andere Straßenseite schieben. 1967 wurde der Eigentümer Bud bei einem Überfall in seinem Laden erschossen, aber die Täter nie gefasst. 12 Jahre später gab seine Frau auf und schloss das Geschäft.

*Alte Kneipe und Phillips-66-Tankstelle in Budville.*

Gleich hinter der Tankstelle zweigt rechts ein altes, 2 Mi. langes Teilstück der 66 ab, der sog. *Cubero Loop*. Die SR 124 führt weiter geradeaus und der Loop mündet wieder ein. 1 Meile nach der Einmündung führt links eine Straße zum Sky City Casino mit Hotel und Campingplatz.

1571 **Villa de Cubero** (über den Cubero Loop zu erreichen). In den 1930er-Jahren lebten hier fast eintausend Menschen. Die Trading Post hat als einziges Geschäft den Niedergang überlebt.

Im Tourist Court - einem der damaligen Motels - hat *Ernest Hemingway* 1951 an seinem Roman „Der alte Mann und das Meer" geschrieben. Seine Vermieterin hatte überhaupt keine hohe Meinung von ihm, u. a. weil er seine leeren Schnapsflaschen aus dem Badezimmerfenster entsorgte, sein Zimmer ein Saustall war und er auch wenig Körperpflege betrieb. Einmal nannte sie ihn anderen gegenüber einen „dreckigen Teufel". Sein Spanisch war so gut, dass er das verstand, aber gelassen überhörte. Nachdem das Buch erschienen war, ließ er ihr auf einem Umweg ein Exemplar mit der Widmung „The dirty old devil, E.H." zukommen. Einen Beweis für diese bemerkenswerte Geschichte gibt es allerdings nicht.

**1573** **San Fidel**. Rummelig anmutende Ghost Town mit beispielsweise dem Green Café in fortgeschrittenem Stadium des Verfalls.

**1575** Hier stehen an der rechten Straßenseite nur noch die Schilder und die Betonfundamente eines Motels und Lebensmittelladens der *Whiting Brothers*, die in den frühen Jahren der Route 66 und des Automobils eine Kette von Tankstellen, Motels und *Grocery Stores* im Südwesten unterhielten. Mit dem Untergang der 66 ging auch die Firma der Gebrüder Whiting unter [🌐 N 35.0771, W 107.6474].

**1576** In Höhe Exit 96 überqueren Sie mit der SR 124 auf einer geschwungenen Trassenführung die I-40 und fahren auf der linken Seite der Interstate weiter. Gleich darauf mündet von links die Indian Service Route 27 ein, die nach **McCartys** führt. Wenn Sie am Stoppschild rechts abbiegen, gelangen Sie zur gut erhaltenen Kirche *Santa Maria de Acoma* im spanischen Kolonialstil aus Felssteinen, 1933 erbaut. Beachten Sie die schöne Eingangstür mit der Aufschrift Santa Maria Mission [🌐 N 35.0652, W 107.6768].

**1580** Auf der rechten Straßenseite taucht ein schwarzer Lavastrom auf, der zum weiter südlich gelegenen ☞ **El Malpais NM** gehört. Die Lava wurde vor 2.000 bis 3.000 Jahren aus dem südlich gelegenen, kleinen **McCartys Crater** ausgestoßen. Vor dem Exit 89 der I-40 ist die erste Pahoehoe-Lava in den Formen Strick-, Fladen- und Schollenlava zu sehen, teilweise mit Aufbruchspalten, später auch auf der linken Seite der Route 66 zum Exit 85 hin.

**1582** Die Straße unterquert die I-40 und Sie fahren auf der rechten Frontage weiter.

1583 Fahren Sie weiter Richtung Grants schräg rechts auf die SR 117, die kurz darauf zur Santa Fe Ave/SR 122 wird.

*Neonreklame*
*The Roarin' 20's Speak Easy Bar*

**1590 Grants,** 8.800 Einwohner, ⇧ 1.970 m, 7x 🛏 (alle in der Santa Fe Ave)

Einige schöne alte Neonreklamen vor allem an der Santa Fe Ave. sind noch vorhanden, beispielsweise Franciscan Lodge, Southwest Motel (ab $ 35), Sands Motel (ab $ 35), Grants Café, The Roarin' 20's Speak Easy Bar, Los Alamitos Motel, Uranium Café etc.

⌘ Das *Mining Museum* Santa Fe Ave. Ecke Iron Ave. erinnert an die Boomzeiten bis Mitte der 1980er-Jahre, als noch Uran gefördert wurde. Außerdem sind eine Vielzahl an Fossilien, Mineralien und Gestein ausgestellt. Unbedingt die Untergrundtour mitmachen [🌐 N 35.1534, W 107.8549, 💻 www.grants.org].

⇔ **Abstecher zum Bandero Volcano und El Malpais National Monument,** ☞ **7** Kapitel Abstecher & Alternativen

1592 **Milan.** Gleich hinter dem Ort wird der Hwy. 122 vierspurig bis kurz vor Bluewater.

1602 **Bluewater**. Die Ruinen der *Old Crater Trading Post* sind heute fast hinter Buschwerk verborgen. Sie schloss 1973. In seinem Testament bestimmte Mr. Bowlin, dass das Gebäude einer religiösen Bestimmung zugeführt werden solle. So wurde es bis Mitte der 1990er-Jahre als Bibelschule und Kirche genutzt. Beachten Sie die leider arg verblichenen Murals (Wandmalereien) am Gebäude.

**1618** **Thoreau**, ⇧ 2.195 m
Am **Exit 53** stehen die Reste des *Red Mountain Market* und 100 m weiter die *Roy T. Herman's Grarage and Service Station* mit drei weißen Zapfsäulen. Sie entstand 1937 als Standard Oil Station und wurde ab 1963 als Werkstatt geführt. Heute macht sie einen heruntergekommenen Eindruck.

⇔ **Abstecher zum Chaco Canyon,** ☞ **8** Kapitel Abstecher & Alternativen

**1625** Fahren Sie bei Exit 47 auf die I-40. Hier an der *Continental Divide*, der kontinentalen Wasserscheide, treffen Sie auf eine uralte Unternehmung der längst vergangenen Whiting Brothers. Die Wasserscheide ist hier über ⇧ 2.217 m hoch und bildet das Rückgrat des nordamerikanischen Kontinents. Alles Wasser, das von hier nach Westen fließt, strömt in den Pazifik und nach Osten in den Golf von Mexiko.

**1636** Bei Exit 36 fahren Sie von der Interstate auf die rechte Frontage. Rechts begleitet Sie die Bahnlinie und links die Interstate.

**1646** **Gallup**, 20.400 Einwohner, ⇧ 1.970 m, 19x, KOA
Gallup entstand 1880 als Eisenbahnerstadt der Santa Fe Railroad. Es ist heute das Zentrum vieler Indianerstämme, die sich hier seit über 90 Jahren regelmäßig zu *Intertribal Meetings* treffen. Navajos, Zuni und Hopi kommen dann zusammen. Da sich die Universität von New Mexico hier befindet, ist die Stadt jugendlich-akademisch angehaucht. Im Sommer finden abends von 19:00 bis 20:00 Indianertänze *(Sunset Dances)* am *Cultural Center* (beim Amtrak-Bahnhof) statt [N 35.5290, W 108.7406]. Im Juni, Juli und August werden an Wochenenden Rodeos und ein *Bullriding* im Red Rock Park 4 Mi. östlich veranstaltet, an denen jeweils 800 bis 1.000 Mutige teilnehmen. Südlich von Gallup liegt das Zuni-Indianerreservat, nördlich das Reservat der Navajos. Im County McKinley stellen die Indianer mit 70 % den größten Bevölkerungsanteil.

Angehörige der **Navajos** wurden im Zweiten Weltkrieg als Verschlüsselungsexperten im Pazifikkrieg gegen die Japaner eingesetzt. Ihre Stammessprache war bis dahin völlig unerforscht oder schriftlich niedergelegt worden, so dass niemand den sog. *Navajocode* entschlüsseln konnte.

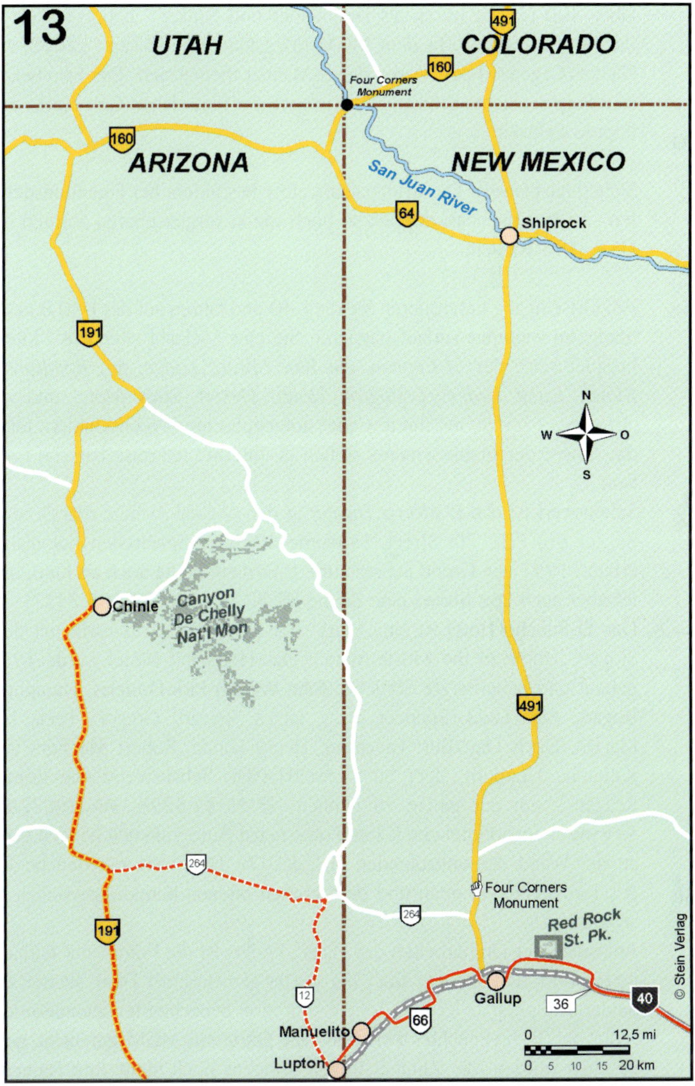
13
UTAH
COLORADO
ARIZONA
NEW MEXICO
Four Corners Monument
San Juan River
Shiprock
Chinle
Canyon De Chelly Nat'l Mon
Four Corners Monument
Red Rock St. Pk.
Gallup
Manuelito
Lupton
491
160
64
191
264
12
66
36
40
N
W
O
S
0
12,5 mi
0 5 10 15 20 km
© Stein Verlag

Über 400 Navajo waren als Fernmelder und Funker - hauptsächlich im Pazifik - im Einsatz. In dem MGM-Kriegsfilm „Windtalkers“ (2002) mit Nicolas Cage wird das Wirken dieser Männer thematisiert. Der Film bekam allerdings schlechte Kritiken - u. a. wegen der blutreichen Gemetzel - und floppte weltweit.

☹ Sicherheitshinweis: Die Kriminalitätsrate - besonders bei Eigentumsdelikten - ist hier mehr als doppelt so hoch wie in vergleichbaren Städten der USA. Also Vorsicht.

Am Ortseingang unterqueren Sie die I-40 und fahren auf der I-40 B in die Stadt. Im weiteren Verlauf passieren Sie eine Vielzahl alter Motels, beispielsweise das *El Capitan*, die *Blue Spruce Lodge*, das *Roadrunner Motel, Lariat Lodge, Lexington Hotel, Desert Skies Motel* und die *Arrowhead Lodge*, mit ihren wieder aufgehübschten Neonschildern (über das Innere der Etablissements stehen im Internet teilweise harsche Kritiken).

Sehenswert ist das *El Morro Theater* in der W Coal Avenue (Parallelstraße zur 66) Ecke 7th Street. Es wurde 1928 im Spanischen Kolonialstil erbaut, 1991 von Grund auf restauriert. Es dient heute noch als Kino, bietet aber auch Live-Shows eine Bühne [N 35.5270, W 108.7427].

Das **El Rancho Hotel** ist ein „Muss“ auf dieser Reise! Es wirbt mit dem Slogan „Home of the Movie Stars“. Das Hotel mit Motel wurde 1937 gebaut und beherbergte Stars wie John Wayne, Kirk Douglas, Humphrey Bogart, Alan Ladd, Spencer Tracy, James Stewart, Gregory Peck, Lee Marvin, Doris Day, Burt Lancaster, Henry Fonda, Robert Mitchum und Katharine Hepburn, aber auch zweitklassige Schauspieler wie Ronald Reagan - um nur einige zu nennen [N 35.5298, W 108.7280, www.elranchohotel.com]. Ihre Fotos nebst Autogrammen hängen oben an der Wand der umlaufenden Galerie. Die Hotelhalle mit den beiden geschwungenen Treppen und dem großen offenen Kamin dazwischen ist sehenswert.

Anlässlich der Dreharbeiten des Films „Endlos ist die Prärie“ mit Katharine Hepburn und Spencer Tracy (ihr vierter gemeinsamer Film), setzten die beiden Hauptdarsteller ihre Romanze in zwei benachbarten Zimmern fort - obwohl Techtelmechtel zwischen den Stars von MGM gar nicht gern gesehen wurden (die Zimmer tragen übrigens noch heute ihre Namen).

*Die Hotelhalle des El Rancho Hotels mit dem großen offenen Kamin*

Eine vom Hotel augenzwinkernd eingesetzte Sperrholztür in einem der Kleiderschränke ermöglichte ihnen heimliche Besuche.

Der Film entstand 1946 in der Umgebung von Gallup und im nahe gelegenen *Canyon de Chelley* (☞ Abstecher bei Mi. 1771). Insgesamt wirkten die beiden in neun Filmen zusammen mit. Der Film mit dem Originaltitel „Sea of Grass" hat hintergründig die Umwandlung von Weideland zu Farmland und damit die Entstehung der *Dust Bowl* zum Thema. Der darauf folgende Exodus der *Okies* aus Oklahoma wird eindringlich in dem Film „Früchte des Zorns" (nach dem Buch von John Steinbeck) dargestellt und hat somit indirekt mit der Route 66 als Fluchtweg nach Kalifornien zu tun.

Im Restaurant können Sie zu annehmbaren Preisen gut essen. Da das El Rancho (NRHP) von dem Bruder des Regisseurs und Filmproduzenten D. W. Griffith (u. a. mit Charlie Chaplin Mitgründer von United Artists) gebaut wurde, war es natürlich auch Hauptquartier der jeweiligen Filmcrews, die Western oder westernähnliche Filme in der Gegend drehten.

John Wayne (oder war es Errol Flynn?) soll hier nach anstrengenden Drehtagen auf seinem Pferd durch die Tür der Bar geritten sein und lautstark „Zwei Bier - für mich und mein Pferd" beim Barkeeper geordert haben.

☹ Sollten Sie allerdings zum Essen ein Glas Wein oder Bier trinken wollen - suchen Sie sich keinen Sonntag für einen Aufenthalt in Gallup aus. Im ganzen Ort sind sonntags alkoholische Getränke tabu! Dafür wird unter der Woche gern und reichlich gebechert, die große Anzahl von Bars und Liquor Stores beweist das. In den umliegenden Reservaten ist Alkohol generell verboten, sie sind „trocken" und Verstöße werden streng geahndet.

☹ Durch den lang gestreckten Rangierbahnhof parallel zur Main Street (Route 66) kann es in Gallup nachts laut sein, aber inzwischen haben Sie sich vielleicht schon an die Warnsignale der Züge gewöhnt?

⇔ **Abstecher zu den Four Corners,** ☞ **9** Kapitel Abstecher & Alternativen

**1651** Fahren Sie an den Gleisanlagen entlang und bleiben Sie auf der Hauptstraße SR 118 West/I-40 B, die hier „Historic 66" heißt.

**1656** Sie unterqueren die I-40.

**1659** Bleiben Sie auf der SR 118, die hier nach links abknickt, und fahren Sie unter der Brücke hindurch sofort rechts auf der linken Frontage Rocky Point Rd. weiter. Sie passieren einen Rastplatz der I-40.

**1663** Die I-40 wird wieder unterquert. Fahren Sie jetzt auf der rechten Frontage weiter. Auf der linken Seite verlaufen nun die Eisenbahngleise, der Rio Puerco mäandert weiter links davon und die I-40 ist auch auszumachen. Einige Hütten markieren den ehemaligen Ort **Manuelito.**

**1671** **Chief Yellowhorse** liegt unterhalb einer hohen Felswand und wird auf Werbetafeln als echtes Indianerdorf dargestellt. Es handelt sich aber lediglich um eine Ansammlung von Souvenir- und Kunsthandwerksläden - also eine typische *Tourist Trap*, bei der naiven Touristen die Dollars aus der Tasche gezogen werden sollen. Der Bau entstand 1951 als Kulisse zum Billy-Wilder-Film „Reporter des Satans" mit Kirk Douglas in der Hauptrolle. Der Streifen nimmt die Praktiken der Boulevardpresse aufs Korn und hält den sensationshungrigen Menschen einen Spiegel vor.

**1672** Gleich nebenan befindet sich die Grenze zu Arizona mit einem **i** Welcome Center hinter den gelben Pferden. Von diesem Center können Sie entweder weiter auf die I-40 fahren oder wenden und zurück unter der Unterführung hindurch auf der Route 66 weiterfahren.

# Route durch Arizona 411 Mi.

- 🛈 Chamber of Commerce, Seligman, ☏ 520-422-3939
- ♦ Chamber of Commerce, 100 E. Arizona, Holbrook AZ 86025, ☏ 520-524-6558
- ♦ Visitor Center, 1 E. Route 66, Flagstaff AZ 86001, ☏ 928-774-9541
- ♦ Grand Canyon Railway Business Office, 123 N. San Francisco, Suite 210, Flagstaff AZ 86001, ☏ 1-800-843-8724
- ♦ Visitor Center, 200 W. Railroad Ave, Williams AZ 86046, ☏ 602-635-4061

Auf den Autokennzeichen Arizonas lesen Sie den Slogan „*The Canyon State*". Viele Naturwunder erwarten Sie in diesem Staat.

Die bekannteste Attraktion ist der **Grand Canyon**, der jedes Jahr von fünf Millionen Touristen besucht wird. Die Route 66 führt zwar nicht direkt daran vorbei, aber von Flagstaff oder Williams aus haben Sie es nicht mehr weit. Sie sollten, wenn Sie den Grand Canyon noch nicht kennen, hierfür unbedingt Zeit einplanen. Ich beschreibe den Abstecher weiter unten.

Nicht so spektakulär, aber deshalb nicht weniger schön, ist der **Canyon de Chelly** (gesprochen „kenjen de tschee"). Das Nationalmonument, das im Reservat der Navajo-Indianer liegt, ist unter anderem wegen der Klippenwohnungen und der Felsformationen von Interesse. Von Chambers oder Lupton aus ist er bequem zu erreichen.

Unmittelbar an der Route 66 liegt der **Petrified Forest National Park**. Am Eingang des Parks haben Sie einen fantastischen Ausblick auf die **Painted Desert**, eine Steinwüste, die je nach Lichteinfall ein unglaubliches Farbenspiel bietet. In dem versteinerten Wald sind 225 Mio. Jahre alte Baumstämme gut erkennbar zu Stein geworden, der in allen Farben schimmert.

Den **Meteor Crater**, fast unmittelbar an der Route gelegen, sollten Sie auch nicht auslassen. Vor fünfzigtausend Jahren ist durch einen gewaltigen Meteoriteneinschlag ein 170 m tiefer Krater gebildet worden. Ein Weg führt zu dessen Rand hinauf, von dort können Sie die riesige „Schüssel" überblicken.

Kleine Orte wie **Seligman** und **Oatman** sind unbedingt einen Aufenthalt wert. Bei der Planung Ihrer Tour sollten Sie daher für Arizona mindestens ein bis zwei Extratage vorsehen.

☺ In Arizona erwartet Sie ab Seligman ein gut erhaltener, besonders schöner Abschnitt der Route 66, auf dem Sie zur Abwechslung einmal nicht ständig neben der Interstate herfahren. Bevor es aber so weit ist, müssen Sie leider über lange Strecken die I-40 benutzen!

☺ An der Grenze müssen Sie sich entscheiden, ob Sie stur dem einstigen Verlauf der Route 66 folgen wollen oder ob alternativ außerordentliches Sightseeing angesagt ist. Mit stur meine ich, dass Sie die nächsten 100 Meilen ständig die Frontage Road verlassen und immer wieder auf die I-40 rauf- und runterfahren müssen.

☺ Als Alternative beschreibe ich weiter unten den Besuch zum **Canyon de Chelly** und zum **Petrified Forest National Park.**

1672 An der Grenze unterqueren Sie beim Chief Yellowhorse und vor dem ℹ *Arizona Welcome Center* [🌐 N 35.3531, W 109.0576] die I-40 und fahren auf der linken Frontage weiter. Gleich an der Ecke rechts hinter der

Unterführung steht ein *Indian Market*, der schon seit Jahren verlassen ist. 5 Mi. weiter kreuzen Sie die I-40 und fahren auf der rechten Frontage weiter.

Am **Exit 351** steht auf einer Anhöhe eine größere Trading Post, *Indian City* genannt. Man verkauft Souvenirs und indianisches Kunsthandwerk.

Am **Exit 348** können Sie die *Fort Courage Trading Post* sehen, ein schlecht imitiertes Fort, dessen Restaurant aber schon seit Jahren geschlossen ist. Bleiben Sie weitere 7 Mi. auf der rechten Frontage.

Ab **Exit 346** hat die Asphaltstraße eine - gelinde gesagt - raue Oberfläche mit unschönen Schlaglöchern und geht bald in eine Schotterstraße über; sie heißt deshalb auch *Querino Dirt Road.* Rechnen Sie mit Staub oder Matsch auf 4,5 Meilen, je nach Wetterlage. Für Motorradfahrer nicht unbedingt zu empfehlen!

Alsbald überqueren Sie eine über 200 m lange, gut erhaltene Stahlbrücke (NRHP) über den *Querino Canyon* (auf 3 t Gewicht begrenzt), die 1929 gebaut wurde.

**1690** Am **Exit 341** müssen Sie am Indian Center wieder auf die I-40 fahren.
**1692** Am **Exit 339** geht's bei **Sanders** auf die rechte Frontage (US 191) bis …

**1698** **Chambers**, ⇧ 1.830 m.
Bei **Exit 333** fahren Sie wieder auf die Interstate 40.
Am **Exit 325** befindet sich auf der anderen Seite das *Navajo Travel Center* mit indianischem Kunsthandwerk und -Souvenirs, ein Subway-Imbiss und eine Shell-Tankstelle.
Wenn es in *den* **Petrified Forest NP** gehen soll (☞ Beschreibung weiter unten) fahren Sie bis zum Exit 311.
Bei Exit 289 geht's über den Navajo Blvd/B 40 nach …

**1771** **Holbrook**, 5.400 Einwohner, ⇧ 1.600 m, 11x 🛏, KOA 🚐
Vom östlichen Stadtrand Holbrooks bis zum westlichen sind es 5 Meilen und die Route 66 führt mitten durch die Stadt. Bevor Sie zum Stadtzentrum fahren, unterqueren Sie zunächst die I-40 und knicken später nach rechts auf den Business Loop 40/SR 180 (Hopi Drive) ab.

Ende des 19. Jahrhunderts war Holbrook eine gesetzlose Stadt, die vor allem von einer Cowboy-Gang, die sich selbst die *Hashknifes* nannte, beherrscht wurde. Mit einer Einwohnerzahl von etwa 250 waren 26 Tote bei Schießereien im Jahr 1886 ein Rekord. Als eine Gruppe von Cowboys die Hashknifes des Pferdediebstahls bezichtigte, gab es eine wilde Schießerei im Saloon, der fortan als „Bucket of Blood Saloon" in die Geschichte einging. Die Ruine der berüchtigten Kneipe in der Nähe der Eisenbahngleise ist heutzutage vernagelt und wird nicht mehr zu retten sein. Damit die Vergangenheit nicht total in Vergessenheit gerät, hat man die Straße schon mal in „Bucket of Blood Street" umbenannt.

🛏 Holbrook ist keine Geisterstadt und eine Übernachtung wert. Viele alte Motels (die neuen Motels liegen überwiegend nach dem Exit 289 am Navajo Blvd), ein Navajo-Museum mit sehenswerter Gefängniszelle (Navajo Blvd. Ecke Arizona St), eine alte Trading Post und urige Kneipen erwarten Sie in diesem Ort.

🍴 Kurz nach der rechtwinkligen Abzweigung vom Navajo Blvd in den Hopi Drive befindet sich *Joe & Aggie's Café*. Seit 1943 werden hier vor allem mexikanische Gerichte (beispielsweise Cheese Enchilada) und ein reichhal-

*Wigwam Motel*

tiges Frühstück angeboten. Die Meinungen von 66-Travellern über das Essen reichen von „großartig" bis „fürchterlich", je nach Erwartungshaltung [💻 www.joeandaggiescafe.com].

🛏 Ebenfalls am Hopi Drive (zwischen 8th und 9th Avenue) befindet sich die *Globetrotter Lodge*, ein Motel, das einem Ehepaar aus Kitzbühel gehört (ab $ 75). Es wird wegen der Freundlichkeit, Effizienz und Sauberkeit im Internet und von Lesern gelobt [🌐 N 35.9032, W 110.1698, 💻 www.globetrotterlodge.com].

🛏 Schräg gegenüber erregt das historische 🛏 *Wigwam Motel* (erbaut 1950) Aufmerksamkeit (ab $ 65). Schön angeordnet stehen hier 15 Tipis aus Stahl und Beton, täuschend echt als Indianerzelte (NRHP). Davor sind mehrere Oldtimer geparkt, die ausgezeichnet zum Ambiente passen. Die Nummerierung geht zwar bis 16, aber das Tepee Nr. 13 sucht man aus Aberglauben vergebens. Leider haben die Wigwams den Nachteil, dass sie sehr dunkel sind, denn sie haben nur ein kleines Fenster. Das Motel ist sehr beliebt, deshalb empfielt sich eine Reservierung: ✉ reservations@sleepinawigwam.com.

🛏 Wenn das Motel hier ausgebucht sein sollte, es gibt noch ein ebensolches in Rialto, ☞ Meile 2339. Insgesamt wurden sieben Wigwam Motels in den USA nach denselben Plänen gebaut, von denen aber nur noch drei in Betrieb sind.

⇔ **Empfohlener Sidetrip zum Canyon de Chelly,** ☞ **10** Kapitel Abstecher & Alternativen

⇔ **Abstecher in den Petrified Forest National Park,** ☞ **11** Kapitel Abstecher & Alternativen

**1777** Von Holbrook müssen Sie auf die I-40 fahren. Nach 4 Meilen kommen Sie an einem Kohlekraftwerk, der Cholla Power Plant, mit einem See vorbei, das die Natur verschandelt. Die Landschaft wird zur welligen, grasbedeckten Fläche, die dann und wann von *Washes*, Rinnen von überwiegend ausgetrockneten Bächen und Flüssen, unterbrochen wird. Die Interstate nähert sich an den Rio Puerco an, der von niedrigen Zedern und Pappeln markiert wird und meist kein oder nur wenig Wasser führt.

Beim Exit 280 haben Sie Gelegenheit, **Geronimos Trading Post** zu besuchen, ein altes Route-66-Original mit dem weltgrößten *Petrified Tree*. Zum Verkauf stehen polierte und hübsch anzusehende Stücke von versteinerten Bäumen in der Preisklasse ab $ 1.000 und aufwärts für etwas größere Teile.

Fahren Sie anschließend wieder auf die Interstate. Ein Schild am Highway weist auf die Höhe von 5.000 feet = 1.524 m hin. Beim Exit 277 fahren Sie auf dem Business Loop durch **Joseph City**. Am Ortseingang steht ein Denkmal aus versteinerten Holzstücken, das an das *Old Fort* (eine frühe Mormonensiedlung) erinnert. Sie sind jetzt rechts vom Highway.

**1787** Überqueren Sie die I-40 am Exit 274 und fahren Sie auf der linken Frontage Road weiter.

**1792** *„Here it is: Jack Rabbit"*, ein alter *Trading Post* aus dem Jahr 1949. Heute ist er ein Souvenirladen, u. a. auch mit Route-66-Schnickschnack. Ein stabiles, blaues Karnickel draußen vor dem Haus lädt zum Ritt mit 📷 „Fotoshooting" ein. Danach müssen Sie wieder auf die Interstate.

Am Exit 257 führt der Hwy. 87 genau 14 Mi. nach Norden zum **Little Desert Painted Park**, weiteren bunten Felsformationen, die einen Ver-

gleich mit denen beim Petrified Forest nicht zu scheuen brauchen [🌐 N 35.1556, W 110.4737]. Tatsächlich kamen sie mir noch farbenfreudiger vor – oder lag es an der Beleuchtung?
Beim Exit 257 überqueren Sie die Interstate und fahren auf die linke Frontage. Die Straße wird zum Business Loop 40 und führt mit geteilten Fahrbahnen hinein nach ...

*Skulptur unter dem Schild „Standin on the Corner"*

1807 **Winslow**, 10.300 Einwohner, ⇧ 1.478 m, 8x 🛏
Achten Sie darauf, dass die 66 aus zwei Einbahnstraßen besteht, die gegenläufig durch die Stadt führen! Also nicht wenden!
Fahren Sie auf der 40 B (3rd Street) in die Stadt und biegen Sie in die Warren Ave. links ab, dann an der 2nd Street links. Ein paar Gebäude aus der „guten alten Zeit" sind geblieben. An der Ecke 2nd Street Kinsley Avenue steht eine lebensgroße Skulptur mit einer Gitarre in der Hand unter dem Schild *Standin on the Corner*. Es erinnert an den Song von den Eagles „Take it Easy", in dem Winslow vorkommt - die Eagles haben die Stadt allerdings nie besucht [🌐 N 35.0234, W 110.6980]. Gegenüber

hat sich ein bestens sortierter 66-Souvenirladen in einem ehemaligen Bankgebäude häuslich eingerichtet. Mitten auf der Straßenkreuzung ist ein riesengroßes aufgemaltes Emblem Arizona Route 66 zu sehen.

Zwei Häuserblocks weiter befindet sich das historische *La Posada Hotel* mit dem Amtrak-Bahnhof [🌐 N 35.0217, W 110.6943, 💻 www.laposada.org/]. Hier hält der Amtrak Southwest-Chief-Zug von L.A. nach Chicago zweimal täglich für ein paar Minuten. Das Hotel wurde 1929 als das letzte von insgesamt 84 sog. *Harvey Houses* erbaut und war für Bahnreisende der Santa Fe Railroad ein Bahnhofshotel mit Restaurant für gehobene Ansprüche (mehr zu den Harvey Houses ☞ Mi. 612).

Weil immer mehr Reisende im eigenen Auto - statt mit der Bahn - auf immer besseren Überlandstraßen unterwegs waren, wurde das Hotel 1957 mangels Gästen geschlossen und das Inventar versteigert. Bei dem Eigentümer – der Santa Fe Railroad – war ein Abriss im Gespräch. Erst 1997 wurde das Gebäude durch eine aufwendige Renovierung im Wert von $ 12 Mio. vor dem endgültigen Verfall gerettet. Federführend dabei war Allan Affeldt, der mit seiner Frau Tina und Manager Dan Lutzick Geld und Energie aufbrachte, um dieses Juwel zu retten. Nicht nur das Äußere des Hauses ist ansprechend gestaltet, auch das Innere macht einen gediegenen Eindruck (NRHP). Hotel und Restaurant sind wieder zum Leben erweckt und erhalten einhelliges Lob (Zimmer $ 120 bis 150). Allan Affeldt ist inzwischen dabei, das *La Castaneda Hotel* in ☞ Las Vegas (New Mexico) zu renovieren und wieder zu eröffnen – übrigens auch ein tolles ehem. *Harvey House*. Leider waren 2015 noch keine Aktivitäten erkennbar.

**1810** Fahren Sie wieder auf die I-40. Wenn Sie im Frühsommer unterwegs sind, können die *San Francisco Peaks* in der Ferne noch Schneekappen tragen. Später folgt eine ⛼ Rest Area.

**1828** Exit 233, **Meteor Crater**.
Er ist einer der gewaltigsten Zeugnisse eines Meteoriteneinschlags auf der Erde. Der Krater entstand vor etwa 49.000 Jahren durch einen etwa 60.000 t schweren Brocken aus Eisen und Nickel. Geologen fanden heraus, dass dieser Meteorit nur etwa 45 m groß gewesen ist und mit einer Geschwindigkeit von über 45.000 km/h einschlug. Der Durchmesser des Kraterrands misst 1.200 m und die Höhe des Randes vom Grund beträgt

über 170 m. Ein Film zeigt Wissenswertes über Meteoriten und die vermutliche Entstehung des Kraters. Wegen der Ähnlichkeit des Gebietes mit der Mondoberfläche hatte die NASA hier ein Trainingslager für die Apollo-Astronauten eingerichtet. Da der Krater nur 6 Mi. abseits der Strecke liegt, sollten Sie die Gelegenheit nicht versäumen, das Gelände und das interessante ⌘ Museum zu besichtigen [🌐 N 35.0337, W 111.0220, 💻 www.meteorcrater.com]. Ob es das hohe Eintrittsgeld von $ 16 pro Person wert ist?

*Meteor Crater*

Übrigens: Direkt hinter dem Campingplatz ist noch die alte, unbefestigte Trasse der ganz frühen 66 zu erkennen, wo sie die Zufahrt zum Krater kreuzt.

Fahren Sie weiter auf der I-40.

1831 Direkt beim Exit 230 kommen Sie nach **Two Guns** - oder was davon übrig ist. Auf der anderen Seite der Autobahn ist ein ganz altes Stück der Route

66 zu erkennen, das nach ein paar Hundert Metern ins Nichts geht. Sie sehen außerdem die Reste einer Tankstelle und die Ruine eines ehemaligen KOA-Campgrounds. Etwas unterhalb liegt eine weitere Ruine mit der Aufschrift „Mountain Lion" - einst der Eingang zu einem Zoo, der für frühere Reisende eine kleine Attraktion am Rande der Straße bot - die Reste der Gehege sind noch zu erkennen. Unterhalb davon ist eine Betonbrücke über den Canyon Diablo auszumachen, eine lange und tiefe Schlucht.

*Ruine eines ehemaligen KOA-Campgrounds*

Die Gegend war ursprünglich Siedlungsgebiet der Navajo-Indianer, die unter den ständigen Überfällen der Apachen zu leiden hatten. Wenn die Überfallenen die Mörder und Räuber verfolgten, waren diese regelmäßig wie vom Erdboden verschluckt. Das ging über Jahre so, bis durch Zufall eine große versteckte Höhle entdeckt wurde, in der sich die Apachen zu verbergen pflegten. Flugs wurden von den Navajos trockene Büsche und Bäume herbeigeschafft und in Brand gesetzt. Wer von den Apachen aus dem Höhleneingang fliehen wollte, wurde gnadenlos erschossen. Nachdem der letzte Todesgesang der Eingeschlossenen verstummt war, fand man 42 erstickte und verbrannte Feinde vor. Nach diesem Geschehen gab es nie wieder Überfälle der Apachen gegen die Navajos.

**Canyon Diablo** war um 1880 auch der Name einer Westernstadt, die damals übler als Tombstone und Dodge City beleumundet war. Als schließlich ein Sheriff angestellt wurde, überlebte er das Anheften seines Sterns nur drei Stunden - seine Nachfolger brachten es immerhin auf ein paar Wochen.

Nach alten Unterlagen soll es 14 Saloons, 10 Spielhöllen, 4 Bordelle und 2 Tanzhallen gegeben haben. Als 1890 die Eisenbahnbrücke fertiggestellt war, wurde es uninteressant für die Ganoven, alle Outlaws verließen die Stadt und es kehrte Ruhe ein. Heute ist es sehr ruhig hier, es gibt nicht einmal mehr Ruinen und Geister.

**1843** **Twin Arrows**. Sie können am Exit 219 die Interstate verlassen und auf die linke Frontage fahren. Aber eigentlich lohnt es sich nicht, wegen der inzwischen verlassenen Trading Post mit den riesigen rotgelben Zwillingspfeilen extra abzufahren, denn die Straße endet und Sie müssen zurück auf die I-40. Interessant dürfte aber sein, dass hier eine Szene aus dem Film „Forrest Gump" mit Tom Hanks spielt, bei der im Hintergrund die beiden Pfeile kurz zu sehen sind.

**1851** „Don't forget **Winona**!" Exit 211, vor der Tankstelle nach rechts. Hier gibt's absolut nichts Bemerkenswertes zu sehen und Winona hat es wohl nur in den Song über die Sixty Six geschafft, weil es sich so gut auf Arizona reimt.

**1852** Wenig später fahren Sie an der alten, stählernen, aber heute gesperrten Walnut-Canyon-Brücke (NRHP, erbaut 1924) über den meist trockenen *Walnut Creek* vorbei. Hier soll auch eine Szene aus dem Film *Forrest Gump* spielen.

**1861** Fahren Sie am Exit 204 ab, folgen Sie der 66 und biegen Sie dann links auf die US 89 in Richtung Flagstaff ein.

An diesem Exit können Sie einen 3 Meilen langen Abstecher nach Süden in den **Walnut-Canyon** hinein machen, der zum National Monument erklärt wurde – und seitdem $ 5 pro Person Eintritt kostet [🌐 N 35.1722, W 111.5085]. In der Schlucht sind um 1100 n. Chr. eine Anzahl von Behausungen von den Anasazi-Indianern in die Felswände geschlagen worden, die aber vor 700 Jahren aufgegeben wurden. Ein 1,5 km langer Rundweg führt vom Visitor Center über 200 Stufen in den Canyon hinab am Creek entlang zu den *Cliff Dwellings.* Vom oben verlaufenden Rim Trail haben Sie aber auch einen ausgezeichneten Blick auf die fast 100 m tiefer liegende Anlage. Das National Monument liegt auf einer Höhe von 2.100 m. Wegen seiner Höhenlage kann die Wintertemperatur bis -15°C fallen, während im Sommer Höchsttemperaturen von über 30°C erreicht werden.

1864 **Flagstaff**, 129.000 Einwohner, ⇧ 2.130 m, 38x, KOA
Die Stadt liegt sehr schön unterhalb der *San Francisco Mountains* mit dem höchsten Berg Arizonas, dem *Humphrey's Peak*, mit 3.853 m Höhe. Im frühen Frühjahr oder im Herbst können die Gipfel schneeweiß gepudert sein.

Als eine Gruppe von Siedlungswilligen am 4. Juli 1876 hier kampierte, kam die Idee auf, eine sehr hoch und gerade gewachsene Ponderosa-Kiefer als Fahnenmast zu gebrauchen, um das hundertjährige Bestehen der USA zu feiern. Gesagt, getan. Die Äste des über 50 m hohen Baumes wurden kurzerhand abgesägt und die Stars-and-Stripes aufgezogen. Dieser „Flag Staff" diente nachfolgenden Siedlern lange als Wegweiser durch das noch unbekannte Land und der Ort hatte seinen Namen weg. 1882 kam die Eisenbahn und schon bald wuchs und gedieh Flagstaff zu Stadtgröße.

Selbst in der Hochsaison zeigten viele Motels bei der Fahrt in die Stadt „Vacancy" an, d. h. es waren Zimmer frei. Zumindest, wenn Sie am frühen Nachmittag ankommen, haben Sie also sehr gute Chancen, etwas Günstiges zu ergattern. Teilweise originelle Neonreklamen weisen auf alte Motels und Restaurants unterschiedlichen Standards und Bewertungen im Internet hin, beispielsweise das *America's Best Inn*, das *Travel Inn*, das *Knights Inn*, das *Western Hills Motel* oder das *Galaxy Diner*.
Am Ortseingang liegt rechts ein großes Blockhaus, der legendäre *Museum Club* aus dem Jahr 1931. Die große Neon-Gitarre vor dem Parkplatz ist nicht zu übersehen [🌐 N 35.2140, W 111.5995]. Der Eingang ist aus einer riesigen Baumgabel gestaltet und im Inneren befinden sich um die große Tanzfläche herum fünf weitere Baumstämme, die das Dach tragen. Hier treten regelmäßig Rock-Gruppen und Country- und Western-Sänger auf. Die Bilderwand zeigt, dass viele Prominente „The Zoo", wie der

Museum Club auch genannt wird, besucht haben. „Zoo“ deshalb, weil das Haus von einem Tierpräparator gebaut wurde, der sein Geschäft bis in die 1930er-Jahre hier betrieb.

1867 **Downtown Flagstaff**, die Route 66 ist hier gut beschildert. Die Gleise der Santa Fe Railroad begleiten Sie in die Stadt hinein. Kurz vor dem Bahnhof steht die Dampflok No. 25 von 1911 der Southwest Lumber Mills, einem Sägewerksunternehmen, das bis in die 1960er-Jahre in Arizona aktiv war.

Um wieder aus der Stadt herauszukommen, fahren Sie auf der Santa Fe Avenue weiter am Bahnhof vorbei, nach links unter der Eisenbahnunterführung hindurch und etwas später schräg rechts auf die Business 40 ab. Auch hier gibt's noch weitere günstige Motels.

Im hübschen Amtrak-Bahnhof befindet sich das *Visitor Center* mit reichlich Informationen zu den Sehenswürdigkeiten und einem Stadtplan. Falls Sie nicht in Flagstaff übernachten wollen, sollten Sie aber wenigstens hier parken und einen Bummel durch die hübsche *Downtown* gleich gegenüber machen.

Nur einen Block nördlich steht das 1927 eröffnete *Monte Vista Hotel*, ein großer Backsteinkasten an der Ecke N San Francisco St. und Aspen Ave. mit einer riesigen Neonreklame auf dem Dach [N 35.1982, W 111.6472, www.hotelmontevista.com/]. Das Hotelinnere hat noch den Charme vergangener Zeiten und macht immer noch einen gediegenen Eindruck - allerdings mit recht abgewohntem Inventar. Illustre Gäste waren im vergangenen Jahrhundert u. a. John Wayne, Bob Hope, Bing Crosby, Michael J. Fox, Gary Cooper, Lee Marvin, Spencer Tracy, Clark Gable, Humphrey Bogart und Anthony Hopkins, um nur einige zu nennen. Sie logierten hier bei Dreharbeiten zu unzähligen Western, die in der malerischen Umgebung entstanden.

Einen Block weiter steht ein weiteres imposantes Gebäude, das *Old Coconino Courthouse*, das ehemalige Gerichtsgebäude von 1894 aus rotem Sandstein. In der Aspen Avenue stehen einen Block nach Westen als historisches Gebäude das *Orpheum Theater*. Der Vorgänger des Theaters war das Majestic, das am Neujahrstag 1915 unter dem Gewicht einer 2,50 m dicken Schneelast zusammenbrach. Zwei Jahre später eröffnete es unter seinem jetzigen Namen – und steht noch immer an seinem Platz.

15
NEVADA
N
W
O
S
Lake Mead
Hoover Dam
Las Vegas
Lake Mead National Recreation Area
Grand Canyon Skywalk
Colorado
Peach Springs
66
Truxton
Grand Canyon Caverns
93
Hackberry
Valentine
Kingman
Oatman
Las Vegas
Colorado
40
ARIZONA
93
Needles
133
Golden Shores
Topock
95
KALIFORNIEN

Grand Canyon National Park
Colorado
Grand Canyon Village
Tusayan
64
ARIZONA
180
89
Seligman
Ash Fork
165
167
171
40
Williams
66
139
146
185
Bellemont
Flagstaff
191
17
Montezuma Castle National Monument
0
12,5 mi
0 5 10 15 20 km
© Stein Verlag

⇔ **Abstecher zum Grand Canyon National Park,** ☞ **12** Kapitel Abstecher & Alternativen

⇔ **Größere Abstecher von Flagstaff,** ☞ **13** Kapitel Abstecher & Alternativen

**1870** Wieder auf der Route 66 aus Flagstaff hinaus fahren Sie weiter auf dem Business Loop 40, der bald in die I-40 aufgeht. Später weist ein Schild an der Interstate darauf hin, dass Sie soeben die *Arizona Divide* mit einer Höhe von 7.325 ft = 2.233 m überqueren.

**1878** Am Exit 185, bei **Bellemont**, machen Sie einen kleinen Abstecher und fahren über die Interstatebrücke. Hier befindet sich das *Navajo-Armee-Munitionsdepot* aus dem Jahr 1942, das nach dem Überfall auf Pearl Harbour hier eingerichtet wurde. Nicht anfassen - nur anschauen!

Weiter die linke E Bellemont Road hinunter dürfte für Biker der große *Harley-Davidson-Händler* interessant sein. Als Nächstes kommt ein Wohnmobilhändler namens Camping World in Sicht. Das *Pine Breeze Inn* (Aufschrift Richfield) [🌐 N 35.2240, W 111.8008] 1,5 Meilen weiter spielte als Motel im Film „Easy Rider" (mit Peter Fonda und Dennis Hopper) eine Rolle. Die beiden Biker wollen auf ihrem Weg durch Amerika hier übernachten. Der Wirt - die Motorräder sehend und Ärger befürchtend - stellt schnell das Neonschild blinkend auf „No Vacancy" (Kein Zimmer frei), sodass die beiden weiterziehen.

Fahren Sie weiter auf der rechten Frontage.
Hier beginnt kurz darauf ein Stück feste Schotterstraße, das aber gut befahrbar ist. Man kommt zwar wegen der knapp 3 Mi. langen Piste durch den Kiefernwald etwas langsamer voran, aber die Landschaft ist wunderschön. Rechnen Sie damit, dass gelegentlich Rinder den Weg kreuzen!

**1885** **Parks**, 1.150 Einwohner, ⇧ 2.158 m
An einer Texaco-Tankstelle mit Auffahrt zur I-40 vorbei erreichen Sie den *Parks in the Pines General Store* mit einer ⛽ 76-Tankstelle von 1910. Der Kramladen versorgt die Leute aus der Umgebung mit dem Notwendigsten und bietet auch Snacks an [🌐 N 35.2600, W 111.9484].

**1892** In Höhe des Exit 171 steht am rechten Straßenrand etwas versteckt ein kleines Informationsschild über die alte Route. Fahren Sie nach links auf die Deer Farm Road (CR 146). Später fahren Sie ca. 2,5 Mi. wieder auf Schotter - die erlaubten 35/Mph können Sie aber gut fahren. Bevor Sie auf normalem Asphalt weiterrollen, fahren Sie aber noch ca. 200 m auf uraltem, über die Jahrzehnte rissig gewordenem, rötlichem Asphalt. Sie befinden sich auf der Circle Pines Rd. weiterhin auf der rechten Seite der Interstate.

**1897** Hinter dem KOA Campground fahren Sie auf die I-40, dann gleich wieder am nächsten Exit 165 ab und unter der I-40 hindurch.

**1898** An dieser Ausfahrt der Interstate befindet sich links ein „Drive Thru"-Tierpark namens *Bearizona*, durch den Besucher mit ihrem eigenen Auto fahren können [N 35.2561, W 112.1537, www.bearizona.com]. Zu sehen sind innerhalb von 2 Stunden alle nordamerikanischen Tiere wie Hirsche, Schwarzbären, Bisons, Bighornschafe und Wölfe, um nur einige zu nennen.

**1900** **Williams**, 2.900 Einwohner, 2.067 m, 34x, KOA

Achten Sie darauf, dass die 66 aus zwei Einbahnstraßen besteht, die entgegengesetzt durch die Stadt führen!

Etwas weiter den Berg hinunter liegt rechts das *Canyon Motel & RV Park*, leicht an den beiden als Hotelsuiten fungierenden *Santa Fe Caboose* (Bremserwagen) und dem Pullmanwagen der *Grand Canyon Railroad* zu erkennen (ab $ 45). Außerdem sind mehrere Hütten zu mieten und reichlich Platz für Wohnmobile und Zelte gibt es auch [www.thecanyonmotel.com].

Die Route 66 führt auf zwei Einbahnstraßen mitten durch das Städtchen. Auf der gesamten Route war Williams der letzte Ort, der die 66 verlor, als sie durch die I-40 ersetzt wurde. Es gibt hier viele schöne alte Restaurants, Diners, Motels, Saloons, Souvenirshops und Route-66-Läden. Achten Sie auf einen kleinen Laden, der u. a. hübsche Stoffe als Meterware mit Route-66-Motiven verkauft, die daheim zu Kissenbezügen oder Sitzpolstern genäht werden können.

Interessant ist die rotweiße ehemalige *Bene Gas Station*, die zum *Cruiser's Café* mit Freisitz unterm Tankstellendach und einem roten Oltimer auf dem Dach umfunktioniert wurde. Weitere interessante Restaurants und Diners mit hübschen Neonschildern sind u. a. *Rod's Steakhouse, Wild West Junction, Twisters Soda Fountain, Goldie's Route 66 Diner* und *The Singing Pig Restaurant.*

Etwas besonderes (auch vom Preis: ab $ 140) ist das *Red Garter Inn* (Rotes Strumpfband), das einst ein Bordell war und heute zum teuren B&B umfunktioniert wurde. Spruch: „Hab die letzte Nacht im Puff verbracht".

Als Tipp zur Übernachtung bietet sich u. a. *The Lodge on Route 66* an, das allgemein gelobt wird [🌐 N 35.2512, W 112.1857, 💻 thelodgeonroute66.com/]. Einen Block weiter steht das *Route-66-Inn,* das garstige Kritiken im Internet bekam. Das kleine *Highlander Motel* dagegen dagegen bekam günstige Benotungen. Das fast am Ortsausgang gelegene Motel 6 West ist frisch renoviert worden und verdient ein großes Lob.

*Souvenirs*

⌘ *Pete's Gas Station Museum* ist eine Tankstelle mit zwei Tanksäulen (Mobilgas und Shell). Sie wurde 1949 erbaut und schloss 1989 endgültig. Gezeigt wird in der Sammlung alles, was mit Tankstellen und der Route 66 zu tun hat - entsprechende Souvenirs sind auch im Angebot.

Williams bezeichnet sich gern als „Tor zum Grand Canyon", denn vom Bahnhof in der Innenstadt gibt es tägliche Abfahrten mit dem Nostalgiezug zum **Grand Canyon**. Die Linie wurde bereits 1901 erbaut und war einst die einzige Verbindung für Touristen zum Südrand der Großen Schlucht. Einhergehend mit dem Straßenbau des Hwy. 64 kam der Niedergang und der Zugverkehr wurde 1969 eingestellt. 1989 wagte man einen Neuanfang und heutzutage befördert die Bahn jährlich fast eine Viertelmillion Fahrgäste zum Canyon.

Die Züge fahren täglich ab Williams 9:30, an GC 11:45, ab GC 15:30, an Williams 17:45. Je nach Wagenklasse kostet das Ticket ab $ 60 bis $ 190 (Kinder ab $ 30), zuzüglich Parkeintrittsgeld. Reservierungen sind empfehlenswert.

Der überwiegende Teil der Züge wird von einer schicken Diesellok gezogen. An bestimmten Tagen im Jahr werden aber stündlich zur vollen Stunde Kurztouren zum 8 Mi. entfernten Cataract Creek durchgeführt. Die Station der Grand Canyon Railway [🌐 N 35.1791, W 103.7162, 💻 www.thetrain.com] liegt gleich neben dem Amtrak-Bahnhof, an dem der tägliche „Southwest Chief" (Chicago-Albuquerque-L.A.) hält.

Aber selbstverständlich können Sie auch mit Ihrem eigenen Auto die 50 Mi. auf dem Hwy. 64/180 zum Park am South Rim des Grand Canyons fahren [🌐 N 36.0488, W 112.1280], wie beispielsweise unter Flagstaff beschrieben.

**1902** Ortsausgang, fahren Sie hinter der Brücke über die Interstate 40 sofort auf die Auffahrt. Später geht es über eine längere Strecke mit 6 % Gefälle bergab.

**1917** Bei **Ash Fork**, Exit 146, fahren Sie nach der Ausfahrt rechts auf den Business Loop. Immerhin hat das Gefälle etwas gebracht und Sie sind jetzt auf 1.567 m Höhe. Wie in einigen anderen Orten auch, führt die Route 66 als zwei Einbahnstraßen durch das Dorf.

Auffällig ist *DeSoto's Beauty and Barber Shop* in der Lewis Avenue (ehem. Texaco-Tankstelle von 1950) mit einem echten DeSoto-Automobil mit Elvis am Steuer auf dem Dach. Diese Chrysler-Marke wurde bereits 1961 eingestellt. Einen absolut verlassenen Eindruck macht auch der Route-66-Grill gleich nebenan. Am Ortsausgang haben mehrere Hersteller ihre Lagerplätze für spezielle Gehwegplatten aus Flagstone und Kaibab Stone.

*DeSoto's Beauty and Barber Shop*

**1919** Zurück auf die Interstate. Wenn Sie etwa 3 Mi. vor dem Exit 139 nach links schauen, können Sie von der Autobahnbrücke über einem trockenen Flussbett ein Stück der alten, unbefestigten 66 in 300 m Entfernung erkennen.

**1924** Exit 139: Fahren Sie an der Ausfahrt auf die Crookton Road. Auf der linken Seite sind manchmal noch alte Trassenteile der ursprünglichen 66 aus der Zeit von 1920 bis 1930 zu erkennen.

Entlang dieser Strecke erscheinen kleine, schmale, rotweiße Werbeschilder der Firma *Burma-Shave* hintereinander, die ab 1926 bis 1963 in fast allen amerikanischen Staaten zu sehen waren und reimend für eine Rasiercreme warben, die keinen Pinsel mehr erforderlich machte. Sie wurden *Roadside Billboards* genannt und hatten entweder nur witzigen, unterhaltenden Wert oder sollten auch erzieherisch wirken, wie dieses hier zum Beispiel:

*The one who drives*
*when he's been drinking*
*depends on You*

*to do it's thinking*
*Burma-Shave*

oder dieser hier

*What can be said*
*About 66*
*Adventure and Travel*
*It has the Mix*
*Burma-Shave*

☺ Ab hier beginnt für 158 Meilen einer der besterhaltenen Abschnitte der alten Route 66! Die Straße entfernt sich zum Glück immer mehr von der I-40 und das Rauschen und Brummen des Verkehrs verklingt langsam in der Ferne. Vielen Besitzern von Läden, Restaurants, Tankstellen und Motels gerade auf diesem Stück hat der Bau der Interstate das Leben schwer gemacht. Durch die Bemühungen der Route 66 Association unter der Icone *Angel Delgadillo* wurde diese Strecke aber wieder ins Bewusstsein zurückgebracht (☞ Mi. 1942).

**1934** An einer Brücke über die Eisenbahnlinie ist rechts noch eine ältere Betonbrücke und ein Straßenstück der Route 66 zu sehen. Auch später erkennt man bei genauem Hinsehen noch alte Trassenabschnitte. Sie überqueren die B 40 (die von der Interstate kommt) und biegen später in den Business Loop 40 links ab.

**1942** **Seligman**, 460 Einwohner, ⇧ 1.600 m, 7x 🛏, KOA 🚐
Dieser Ort ist ein „Muss" für jeden Route-66-Fahrer! Einige Orte, die wie Seligman („Sligmen" gesprochen) nahe an der Interstate liegen, sind inzwischen so populär, dass Touristen in Reisebussen einen Abstecher dorthin machen. Man mag dies als Einzelreisender bedauern, für die Geschäfte in den kleinen Orten ist es aber eine Überlebenschance. Seligman wurde 1886 gegründet und lebte von der Santa Fe Railroad, die hier Reparaturwerkstätten unterhielt, sowie von den Reisenden auf der Route 66.

Der Ort wurde nach dem Bankier Joseph Seligman benannt, dessen Bankhaus Mitte des 19. Jahrhunderts diverse Eisenbahnlinien finanzierte, u. a.

auch die Santa Fe Railroad Company. Die Gebrüder Seligman stammten übrigens aus Baiersdorf bei Erlangen und wanderten 1837 nach New York aus. Anfang des 20. Jahrhunderts cofinanzierte ihre Bank auch den Bau des Panama-Kanals, ein teures und wagemutiges Unternehmen. Wegen ihrer skrupellosen Geschäftsmethoden im 19. Jahrhundert wurden die Seligmans in den USA auch als „Robber Barons" (Raubritter) tituliert. 1877 wurde der Familie Seligman der Aufenthalt im 834-Zimmer-Grand-Union-Hotel in Saratoga im Staat New York verweigert bzw. ihnen nahegelegt, das sie hier unerwünscht seien, weil sie Juden sind. Das war das erste Mal, dass Antisemitismus in den USA so offen zutage getreten war. Als die Interstate 40 gebaut und die Route-66-Schilder entfernt wurden, drohten kleine Ortschaften wie Seligman und viele andere, von einer Stunde zur anderen in die Bedeutungslosigkeit zu fallen - plötzlich rauschte der Verkehr an Seligman vorbei. Es war ein Verdienst von *Angel Delgadillo*, dem Friseur des Ortes, dass es anders kam. Mit einigen Gleichgesinnten gründete er die Historic Route 66 Association of Arizona, wurde dessen Präsident und erreichte, dass der Staat Arizona 1987 den Abschnitt zwischen Seligman und Kingman offiziell als „Historic Route 66" bezeichnete. Später wurde dies auch auf andere Straßenabschnitte ausgedehnt. Angel feierte im April 2011 seinen 84. Geburtstag und wurde da noch radelnderweise auf der Main Street gesehen! In einem Interview sagte er: „Am 22. September 1978 pünktlich um zwei ließ man unsere kleine Stadt einfach sterben. Ich stand am Fenster meines Geschäftes, und es fuhr einfach niemand mehr vorbei." Der Ort lag verlassen und war tot.

✕ Am Ortseingang von Seligman finden Sie auf der linken Seite das bekannte ✕ *Snow Cap Drive In*, das früher Juan Delgadillo gehörte, der keinen Gast ohne einen kleinen Gag bediente. Sein Bruder Angel hatte nebenan seinen Barber Shop, der aber heute nur als Showroom existiert. Das Snow Cap betreibt heute Juans Sohn John, der die Tradition seines 2004 verstorbenen Vaters fortführt. Ein beliebter Snack ist der würzige Chorizoburger, mit einer mexikanischen Wurstfüllung, der allgemein gelobt wird. Im hinteren Bereich des Geländes befinden sich einige witzige Relikte aus längst vergangenen Zeiten, beispielsweise Schilder aller Art. Der lange Raum mit der Essensausgabe ist rundherum mit Visitenkarten aus aller Welt dekoriert [🌐 N 35.1791, W 103.7162],
💻 www.route66giftshop.com/,

💻 http://km42.spiegel.de/home/index.php?directid=4186 (Videoclip Delgadillo). Geistreich ist das Schild „Sorry, we're open" und auf der Speisekarte findet sich „Hamburger without Ham" oder die Tür mit den zwei Knäufen. Fragt ein Gast nach einem Straw, also einem Strohhalm, dann hat der Wirt schnell wie der Blitz ein Bündel Stroh (dasselbe Wort: Straw) von unter der Theke zur Hand. Vermeintlich übel mitgespielt wird Leuten, die nach Senf fragen: Blitzschnell hat er eine senffarbene Plastikflasche zur Hand, mit der er den Gast bespritzt - heraus kommt aber nur eine senffarbene Schnur - großes Erschrecken, igitt! Reflexartig fängt sich der Spaßvogel dann auch schon mal eine Ohrfeige von einer Kundin ein. Versäumen Sie auf keinen Fall einen Besuch!

*Snow Cap Drive In*

Weiter die Chino Street hinunter gibt's noch mehrere Souvenirläden, die alle ein leicht unterschiedliches Sortiment anbieten, beispielsweise das *Roadrunner Café*. Besonders gut hat mir der *Rusty Bolt Gift Shop* mit den Damen im Obergeschoss und den beiden geparkten Oldtimern auf der Straße gefallen - Elvis lebt! (📷 ☞ 222)

🛏 Auf der gegenüberliegenden Straßenseite befindet sich die *Canyon Lodge* [💻 www.route66canyonlodge.com] und das *Historic Route 66 Motel* [💻 www.route66seligmanarizona.com].

In einigen Motels wird übrigens Deutsch verstanden. Auch werden alle anderen fünf Motels von den Gästen gelobt - was leider in anderen Orten keine Selbstverständlichkeit ist.

🍴 Ganz am Ortsausgang links liegt *Westside Lilo's Café*, erkennbar an der amerikanischen und deutschen Flagge. Lilo aus Wiesbaden heiratete nach dem Krieg einen amerikanischen Soldaten und zog mit ihm hierher. Inzwischen hat ihre Tochter das Geschäft übernommen. Im Restaurant werden

*Souvenirladen Rusty Bolt Gift Shop*

teutonische Gerichte angeboten: beispielsweise Bratwurst mit Sauerkraut und Püree, Schnitzel in Variationen sowie verschiedene selbstgemachte Torten.

Gegenüber liegt das *Road Kill Café* mit dem Slogan „You kill it - we grill it", das auf der Speisekarte obskure Menüs wie *Splatter Platter, Swirl of Squirrel, Big Bagged Stag* und *Highway Hash* verzeichnet. Igitt! Natürlich wird nur ganz normales, leckeres Essen wie holzkohlegegrillte Hamburger und so weiter angeboten.

Fahren Sie die Hauptstraße aus Seligman hinaus, zunächst linker Hand begleitet von der Bahnlinie.

**1967 Grand Canyon Caverns**

Die Höhlen wurden 1927 von einem Cowboy entdeckt, der beinahe in ein Erdloch fiel, als er auf dem Weg zu einer Pokerpartie mit Kumpels war. Flugs kaufte er das Gelände, weil er dort Gold vermutete. Damit war es allerdings nichts und fortan vermarktete er die Karsthöhle als Touristenattraktion [🌐 N 35.5291, W 113.2310, 💻 www.gccaverns.com]. Ein Aufzug fährt 21 Stockwerke in eine Tiefe von über 60 m hinunter. Eine Führung dauert etwa 45 Minuten und ist ein Muss für Höhlenfans, die sich an den stehenden Stalagmiten und hängenden Stalaktiten nicht satt sehen können. Nehmen Sie einen Pulli mit hinunter - es wird 13 Grad kalt! Oben gibt's das 🛏 Cavern Inn Motel, ✕ Restaurant, Souvenirladen und einen 🚐 Campingplatz.

1978 **Peach Springs**, 600 Einwohner, ⇧ 1.460 m.
Der unscheinbare Ort ist das Zentrum des Hualapai-Indianer-Reservats. Eine alte ⛽ Tankstelle von 1928 befindet sich als Ruine am Ortsausgang. Hinter dem Ort sind auf der linken Seite noch uralte Teilstücke der Route 66 zu erkennen.
Vom Ort führt die unbefestigte *Diamond Creek Road* als einzige Straße zum Grund des Grand Canyon in 470 m Tiefe hinab. Zum Befahren ist ein Permit erforderlich, das in der Hualapai Lodge teuer erworben werden kann oder Sie nehmen an einer geführten Tour dorthin teil. Die Piste ist über 21 Mi. lang und in einem erbärmlichen Zustand. Die letzten zwei Meilen muss entlang des Flussbetts gefahren werden, auch wenn es Wasser führt. Mietwagenfirmen verbieten das Befahren derart unbefestigter Pisten! Außerdem ist die Schlucht des Colorado Rivers hier längst nicht so spektakulär wie im Nationalpark.

1988 **Truxton**.
▷ Das Orlando Motel und die Barker Apartments sind auf dem Weg des Verfalls, während die ⛽ Tankstelle *Truxton Station* noch gut erhalten bzw. renoviert ist. Beim 🛏 *Frontier Motel* reichten die Mittel leider bisher nur zum Aufpeppen der Neonreklame und der Fassade. Vielleicht bringt das neue Management das Etablissement wieder auf Kurs.
▷ Etwas abseits steht ein wenig heimelig wirkender Gebäudeklotz, der von 1901 bis 1937 als Schule und Internat für Indianerschüler der Stämme der Apachen, Havasupai, Hopi, Mohave, Navajo und Hualapais diente. Getrennt von ihren Familien besuchten sie vormittags die Schule, um nachmittags verschiedene Arbeiten vor Ort zu verrichten. Es herrschte ein strenges Regiment in der Truxton Canyon Training School, um die Ordnung aufrecht zu erhalten.

1994 **Crozier.**
Wenn Sie hier über Ihre linke Schulter zurückblicken, können Sie die Schienen der BNSF-Eisenbahnlinie sehen, die sich den *Crozier Canyon*

hinaufwinden. Mit etwas Glück können Sie sogar Güterzüge sehen, die mit bis zu 4 Lokomotiven über 100 Waggons ziehen.

1 Meile weiter taucht auf der rechten Seite der Straße das Gehege von *Ceepers of the Wild Nature Park* auf. In diesem privaten Non-Profit-Tierasyl werden verlassene und verstoßene Tiere aus Zirkussen, Zoos, Showbühnen, privaten Häusern etc. (sogar Tiger, Bären und Löwen) gesund gepflegt und erhalten ihr Gnadenbrot. Das Eintrittsgeld von $ 18 - zwar für eine gute Sache - halte ich allerdings für überzogen.

1998 **Valentine**.

⛽ Die alte Chevron-Tankstelle mit den zwei Säulen in Rot und Blau ist eingezäunt und zeigt auf einer Säule $ 1,03 pro Gallone. Eine Meile weiter auf der linken Seite ist eine weitere Tankstelle mit Stacheldraht eingezäunt und inzwischen von der Natur zurückerobert worden, nur das „76-Schild" strahlt noch in altem Glanz.

Nebenan war das Post Office untergebracht, das jedes Jahr vor dem Valentinstag heftig mit dem Stempeln von Postsendungen zu tun hatte. 1990 wurde die Post von einem Biker überfallen, ausgeraubt und die Angestellte erschossen. Ihr gramgebeugter Ehemann zerstörte daraufhin das Gebäude mit einem Bulldozer und verließ den Ort für immer.

2002 **Hackberry**, 10 Einwohner, ⇧ 1.090 m

Der Ort begann zu boomen, als 1874 Gold und Silber entdeckt und gefördert wurde. Die Mine schloss 1919. Bis dahin wurden über $ 3 Mio. in Silber erwirtschaftet. Zur besten Zeit gab es eine kleine Schule, ein Postamt und zwei Bordelle.

⌘ Rechts an der Hauptstraße steht ein altertümlicher *General Store* aus dem Jahr 1935 mit alter ⛽ Tankstelle und Zapfsäulen und einem vor sich hinrostenden Ford-A-Oldtimer nebst einer rot-weißen 57er-Corvette. Innen gibt's ein Museum mit Route-66-Kuriositäten und Fotos sowie Verkauf von Route-66-Souvenirs. Allein die Damen- und Herren-Restrooms sind einen Stopp wert! Nach hinten raus sind einige Oldtimer, eine alte Werkstatt und die erwähnten *Billboards* von Burma-Shave nebst anderen Antiqui- und Kuriositäten zu sehen. Im Film *Easy Rider* (mit Peter Fonda, Dennis Hopper, Jack Nicholson) taucht die Location kurz auf. Noch ein guter Spruch auf dem Außengelände:

*Instead of Brake*
*Rely on Horn*
*Many Make*
*Big Mistake*
*Burma-Shave*

*Altertümlicher General Store*

Etwa 3 Mi. westlich liegt der *Trailer Park Kozy Corner* direkt an der Straße/Ecke Antares Road. Neben dem Eingang steht als Blickfang die fast 5 m große Skulptur *Giganticus Headicus*, die an die Köpfe der Osterinsel-Moais erinnert.

2011 **Valle Vista** bietet *Mike's Outpost Saloon*, eine urige Kneipe im Westernstil.

2024 Bald sind die Ausläufer von Kingman erreicht. Sie fahren zuerst durch die „Gas-Food-Lodging-Meile“ mit den neueren Motels der bekannten Ketten.

2026 **Kingman**, 29.000 Einwohner, ⇧ 1.052 m, 26x 🛏, KOA 🚐
Sie unterqueren die I-40. Die Straße wird zum Business Loop und heißt hier Andy Devine Boulevard (benannt nach einem Hollywoodschauspieler

von B-Filmen, meist Western, der seine Jugend hier verbrachte). Die Stadt liegt nur gut 1.000 m hoch, was sich natürlich in den höheren Temperaturen darstellt. Kingman nennt sich selbst „Heart of Historic Route 66" - so steht es auf dem weißen Silo an der Hauptstraße. Der Bahnhof befindet sich ein paar Hundert Meter weiter. Auf der gegenüberliegenden Seite der Straßenkreuzung am Amtrak-Bahnhof steht das *Beale Hotel.* Einst das erste Hotel der Stadt, in dem schon John Fords Filmcrew beim Dreh von „Früchte des Zorns" abgestiegen war, hat der Zahn der Zeit gehörig an dem Gebäude geknabbert. Bei meinem letzten Besuch war es geschlossen.

Kingman war schon immer ein wichtiger Zwischenstopp für Touristen und bietet eine Vielzahl von Motels und Restaurants, die an die vergangenen Route-66-Zeiten erinnern. Preisgünstig – aber dafür leider etwas abgewohnt – ist das *Hill Top Motel* in der Hauptstraße Andy Devine Ave. (ab $ 45). Ähnliches ist auch vom *Ramblin Rose Motel* zu sagen, das deshalb auch bei den Bewertungen im Internet nicht sehr vorteilhaft abschneidet. Besser benotet wird das *El Trovatore*, dessen Manko aber ein wichtigtuerischer Manager ist, der sich ungefragt und ausführlich über Kingman und die Route 66 auslässt. Gut schneiden dagegen aber die *Travelodge* und das *Best Western* im Preis-Leistungsverhältnis ab.

Die Stadt liegt in der Mitte des 158 Meilen langen, ununterbrochen fast original erhaltenen Streckenabschnittes der Doppelsechs zwischen Seligman und Topock. Viele historische Häuser und Läden wurden liebevoll restauriert, wie z. B. *Mr. D'z Diner* (S. 45), der schön kitschig in Türkis und Pink die Aufmerksamkeit der Touristen auf sich zieht.

Nebenan können Sie eine riesige Dampflokomotive der Santa Fe Railroad von 1927 bestaunen, die bis 1953 Personenzüge zwischen L. A. und Kansas City zog [N 35.1898, W 114.0584]. In ihrem aktiven Leben legte sie über 2,5 Mio.

*Dampflokomotive der Santa Fe Railroad*

Meilen zurück! Sie ist über 33 m lang und wiegt 468 t. Der Durchmesser der Räder des Monstrums ist mehr als mannshoch. Gewaltig!

Gleich gegenüber finden Sie das *Visitor Center* im ehemaligen *Power House*, einem einst ölbetriebenen Kraftwerk zur Stromerzeugung (von 1907). Etwas weiter liegt das ⌘ *Mojave Museum of History and Arts*. Besondere Ausstellungsstücke sind über die Hualapai-Indianer, die Eisenbahn, den Bergbau und die Rinderzucht in Nordwest-Arizona zu sehen.

☺ **Tanken Sie unbedingt in Kingman voll**, denn in Arizona ist der Sprit noch preisgünstig. Später, gleich hinter der kalifornischen Grenze in Needles, kostet die Gallone über einen Dollar mehr! Außerdem liegen die Tankstellen weiter auseinander.

Denken Sie spätestens jetzt daran, **kein neues Obst, Brot und andere Lebensmittel einzukaufen**, deren Einfuhr nach Kalifornien verboten ist! Gleich hinter der Grenze ist eine Inspektionsstation (☞ Meile 2089), bei der solche Dinge konfisziert werden.

⇔ **Abstecher von Kingman**, ☞ **14** Kapitel Abstecher & Alternativen

**2030** Fahren Sie in Kingman vor dem ⌘ *Mojave Museum* schräg nach links und folgen Sie dem Schild nach Oatman. In dem folgenden Canyon teilen sich den Platz zwei Gleise der Eisenbahnlinie, die jetzige Route 66 und außerdem ist noch ein ganz altes Teilstück der Route 66 (Old Trails Road) auf der linken Schluchtseite auszumachen.

**2035** Fahren Sie am Stoppschild nach rechts unter der I-40 durch und nach etwa 500 m nach links auf die Oatman Road.

**2042** Mehrere sog. *Washs*, das sind trockene Flussläufe, die ab hier die Straße für die nächsten zig Kilometer kreuzen. Bei heftigen Regenfällen irgendwo weit weg im Gebirge können sie die Straße überfluten und dürfen dann nicht durchfahren werden.

Die folgende enge und kurvenreiche Passstraße (auch als Oatman Highway ausgeschildert) durch die schwarzen Berge ist ein wahrer Genuss. Selbst in der Hochsaison herrscht fast kein Verkehr auf der erst 2015 frisch asphaltierten Straße. Halten Sie mal an und lauschen Sie nur auf die Geräusche der Natur, ungestört von Straßenlärm und anderen Ablenkungen.

Wegen der starken Steigung konnten die überladenen, klapprigen und untermotorisierten Automobile früherer Zeiten, beispielsweise die „Blechliesl" (Tin Lizzie) von Ford, die Strecke oft nicht bewältigen. Da die Rückwärtsgänge zumeist eine stärkere Untersetzung hatten, boten sich Einheimische an, die Oldtimer rückwärts über den Pass zu lenken – gegen Bezahlung selbstverständlich.

2049 **Cool Springs.**

Alte Mobilgas-Tankstelle mit drei Tanksäulen (nicht in Betrieb) und einem Souvenir-Shop [🌐 N 35.0275, W 114.3088], der vor allem bei Bikern beliebt ist. In dem Actionfilm „Universal Soldiers" mit Jean-Claude Van Damme, Dolph Lundgren und Ralf Moeller (Regie Roland Emmerich) zerstört eine gewaltige (Schau)-Explosion das Gebäude.
Ein kurzes Stück weiter liegt rechts Ed's Camp und Kactus Café, das 1919 als Texaco-Tankstelle mit Camping begann. Das Camp ist seit Jahren geschlossen, allerdings noch bewohnt. Die Bewohner möchten aber, wie Schilder deutlich zeigen, ungestört bleiben. Hinter Ed's Camp wird die Passstraße noch steiler und kurviger. Halten Sie mal an! Außer den Rufen einiger wilder Esel und dem Zwitschern der Vögel hören Sie nichts.

2054 Sie sind auf dem **Sitgreaves Pass** - benannt nach Colonel Sitgreaves im Jahr 1851 - und mit 1.082 m dem höchsten Punkt der Gebirgsstrecke - angekommen P. Nach beiden Seiten bietet sich eine faszinierende Aussicht zurück ins Sacramento Valley und voraus in Richtung Oatman.

Nun geht es wieder bergab. Gleich darauf erreichen Sie den unbefestigten *Tri-State-Lookout*, von dem aus Arizona, Kalifornien (schräg links) und Nevada (schräg rechts) zu sehen sind. Ein Route-66-Enthusiast hat die Fahrt über den Pass durch die Windschutzscheibe gefilmt:
[💻 www.youtube.com/watch?v=y431Jh31ZZM].

100 m vor dem Mile-30-Marker des Oatman Highway führen in einer scharfen Rechtskurve auf der linken Straßenseite 35 Stufen zum **Shaffer Fish Bowl Spring** hinauf (Haltemöglichkeit nur für zwei bis drei Autos). In einem kleinen, aus Felssteinen gemauerten Teich schwimmen ein paar Goldfische, die vermutlich irgendwann einmal von Reisenden ausgesetzt wurden [🌐 N 35.0387, W 114.3564]. Bei meinem letzten Besuch war

*Faszinierende Aussicht zurück ins Sacramento Valley*

das Wasser allerdings grün von Algen, was die Fische offensichtlich nicht überlebt hatten. Wegen der blühenden Wildblumen sind hier leider auch - jahreszeitlich bedingt - einige Wespen unterwegs. Ursprünglich war der Tümpel allerdings als Wasserquelle für Autofahrer gedacht, die Probleme mit ihren überhitzten Wasserkühlern hatten.

2055 **Goldroad Mine**.
Die Goldmine war bis 1998 in Betrieb. Bis dahin wurden jährlich etwa 40.000 Unzen Gold = über 1.100 kg gefördert. Dann verfiel der Goldpreis und die Förderung war nicht mehr profitabel. Beim Steigen des Goldpreises - wie im Jahr 2011 - wurde die Mine wieder in Betrieb genommen.

2058 **Oatman**, 140 Einwohner, ⇧ 830 m.
Der Ort wurde 1906 als Verwaltungs- und Handelszentrum für die Goldminen in der Umgebung gegründet. Die Minen und der wachsende Verkehr auf der Strecke machten Oatman zu einer blühenden, reichen Gemeinde mit fast 3.500 Einwohnern. 1953 wurde der Streckenverlauf der Route 66 geändert, da die schmale, kurvenreiche Straße durch die Black Mountains dem zunehmenden Verkehr nicht mehr gewachsen war.

Noch 1990 war es ein verschlafenes Kaff. Auf der Hauptstraße des Ortes sah man mehr wilde Esel und Maultiere als Autos. Seit der Wiederbelebung der Route 66 gehört Oatman aber zu den Orten, die einen gewissen Kultstatus erreicht haben. An bestimmten Tagen werden bis zu 5 Reisebusse, 50 Harleys und ebenso viele Autos gezählt. Es herrscht manchmal ein Gedränge wie auf dem Jahrmarkt. Die Gebäude könnten gut als Kulisse für Western dienen und waren auch schon in ein paar Filmen zu sehen. Täglich um 13:30 und 15:30 werden *Shootouts* auf offener Straße dargestellt und als Gag wird auf Bestellung auch schon mal ein Touristenbus ausgeraubt. Wenn es im Sommer zu heiß ist, fällt der Halbvier-Holdup auch schon mal aus.

Im historischen *Oatman Hotel* können Sie das Zimmer 15 sehen, in dem Clark Gable und Carol Lombard 1939 ihre Hochzeitsnacht verbrachten, nachdem sie in Kingman getraut worden waren. Auch die Hotelbar und das Restaurant sind nicht nur wegen der Dekoration mit Dollarscheinen an den Wänden sehenswert. Leserlob. Jeder kann seine signierte Dollarnote dort anpinnen. Obwohl immer mehr Touristen den kleinen Ort überschwemmen, ist Oatman immer noch ein lohnenswertes Ziel.

In der Gegend von Oatman stehen massenhaft Kakteen der Art *Jumping Cholla*, auch *Teddy Bear Cholla* genannt. *Cylindropuntia fulgida* wird baumartig 1 bis 3 m hoch und sollte unbedingt mit Respekt aus sicherer Entfernung behandelt werden. Die Stacheln scheinen auf Menschen überzuspringen und das Entfernen von der Haut, der Kleidung oder der Schuhe ist schwierig und schmerzhaft. Die magentafarbenen Blüten öffnen sich erst nachmittags und die fleischigen Früchte wuchern in Ketten herab.

**2060** Nach dem Ortsende gabelt sich die Straße, fahren Sie links ab in den Oatman-Topock Hwy. Von diesem Straßenbereich stammt das Titelfoto dieses Buches. Rechts geht's in die Spielcasinostadt **Laughlin** in Nevada [N 35.1678, W 114.5735]. Es folgt ein kurviger Streckenabschnitt mit vielen Washs.

**2077** **Golden Shore** an einem toten Seitenarm des Colorado River. Auf der linken Seite steht eine alte Philips-Tankstelle, leider ohne Zapfsäulen.

**2083** Fahren Sie bei **Topock** auf die I-40 und überqueren Sie den *Colorado River*. In der Flussmitte verläuft die Grenze zu Kalifornien.

Hier haben Sie die letzte Chance, noch relativ preisgünstig vor Kalifornien zu tanken!

Zeitzone von *Mountain Standard Time* zu *Pacific Standard Time*, stellen Sie Ihre Uhr um 1 Stunde zurück - gilt nicht bei *Daylight Saving Time* (2. Sonntag im März bis 1. Sonntag im November).

Linker Hand von der Brücke können Sie die alte *Trails Arch Bridge* von 1916 sehen, die auch als *Topock Bridge* bekannt ist. Die filigran wirkende Brücke ist seit dem Bau der Interstatebrücke (1947) für den Verkehr gesperrt und heute mit einer Gaspipeline versehen. Im Film „Früchte des Zorns" fährt Familie Joad über diese Brücke. Wer seinen Steinbeck gelesen hat, kann vielleicht nachempfinden, mit welchen Gefühlen die Familie beim Anblick des grünen Tals spontan im Colorado gebadet hat und warum Noah nicht mehr weiterfahren wollte.

Gleich nach der Brücke zeigt ein Schild, dass die Route 66 hier abzweigt - fahren Sie weiter, man will Sie nur ins nächste Dorf locken (*Dead End*) und Sie müssen dann wieder zurückfahren.

# Route durch Kalifornien 330 Mi.

ℹ Convention and Visitors Bureau, 171 S. Los Robles Ave, Pasadena CA 91191, ☏ 626-795-9311

♦ Visitor Center, 1400 Ocean Avenue, Santa Monica CA 90401, ☏ 310-393-7593

Mit Kalifornien (Slogan: *„The Golden State"*) verbinden wir Mitteleuropäer die Vorstellung von Strand, Sonne, dem Pazifik, Surfen, die großen Küstenstädte Los Angeles, San Francisco und nicht zu vergessen - Hollywood und Freizeitparks wie Disneyland. Aber damit ist nur ein kleiner Teil dieses Staates ausreichend charakterisiert. Kalifornien ist ein Land der Gegensätze.

In Nordkalifornien gibt es ausgedehnte Waldgebiete und reichlich Niederschlag, in der Mitte findet man alpine Berglandschaften, in denen es im Winter

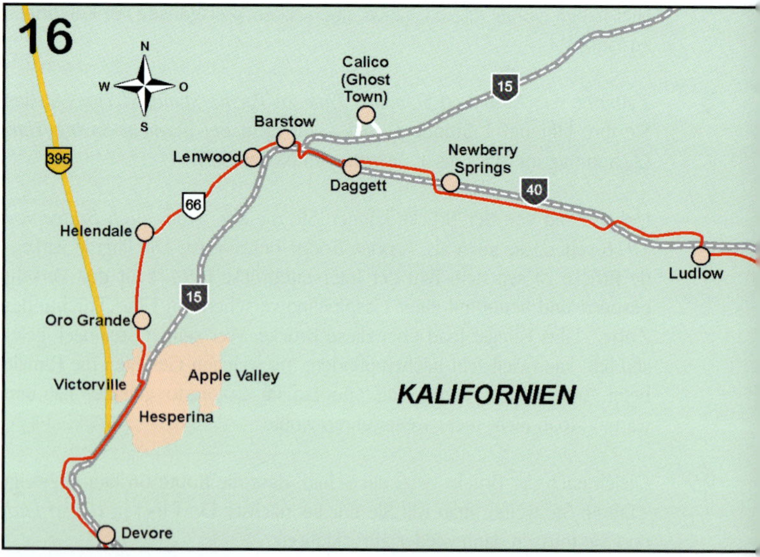

unangenehm kalt werden kann und Schnee liegt. Südlich von Los Angeles ist das Klima in den küstennahen Regionen perfekt für sonnenhungrige Touristen. Es ist sehr warm, aber nicht unangenehm heiß, oft weht eine frische Brise vom Meer. Aber Kalifornien hat auch riesige Wüstengebiete. Die bekannteste Wüste, das Death Valley an der Grenze zu Nevada, zieht jährlich Tausende von Touristen an. Weniger bekannt, aber mindestens so beeindruckend, ist die Mojave-Wüste, die auf der Route 66 nun vor Ihnen liegt.

Die 150 Meilen zwischen Needles und Barstow gehören zum härtesten Teil der Strecke. Vor allem im Juli sind die Temperaturen unerträglich hoch (es wurden bereits über 50° Celsius gemessen) und es ist kaum eine Erleichterung, dass die Luftfeuchtigkeit sehr gering ist. Im Zeitalter der Interstates und der klimatisierten Fahrzeuge ist die Fahrt durch die *Mojavewüste* allerdings nicht mehr so Furcht erregend, wie sie für frühere Reisende war.

2089 **Inspektionsstation**. Hier müssen alle Fahrzeuge halten. Im Agrarland Kalifornien ist man sehr besorgt, dass die Landwirtschaft durch eingeschleppte Schädlinge in Mitleidenschaft gezogen wird. Daher wird kontrolliert, ob

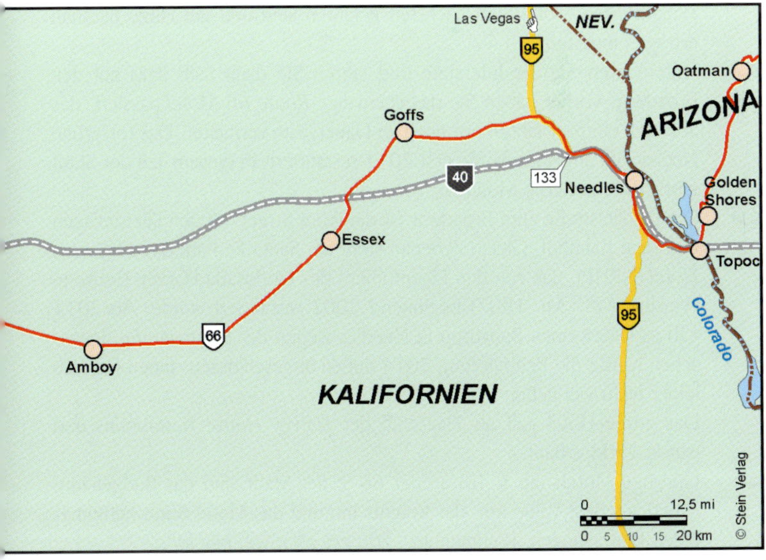

Sie Obst, Fleisch, Brot und andere Lebensmittel mit sich führen. Nicht zugelassenes wird konfisziert bzw. muss an Ort und Stelle verzehrt werden.

Die Kontrolle kommt übrigens auch im Film „Früchte des Zorns“ vor, in dem zwar kein Obst und Pflanzen eingeführt werden, wohl aber die gerade erst verstorbene Oma.

**2090** Exit 148 South Blythe; fahren Sie über der Brücke der I-40 nach links auf die linke Frontage 5-Mile-Road, die nach Blythe ausgeschildert ist.

**2091** Nehmen Sie an der Einmündung den Hwy. 95 in Richtung Needles.

**2096** **Needles**, 5.700 Einwohner, ⇧ 155 m, 12x 🛏

Der Ort hat seinen Namen von den wie spitze Felsnadeln aussehenden Gipfeln der Mojave Mountains im Hintergrund. Von Needles wird gesagt, es sei die heißeste Stadt in den USA. In Arizona konnten Sie sich ja schon an die hohen Sommertemperaturen gewöhnen, aber 126° Fahrenheit (= 52° Celsius) empfand ich im Juli doch als heftig. Wie mag es wohl den Reisenden ergangen sein, die noch nicht im klimatisierten Auto von einem klimatisierten Motel zum nächsten gefahren sind und die Hitze hautnah ertragen mussten?

🛏 Unterqueren Sie die Interstate und fahren Sie dann halb links auf den Broadway. Vorher haben Sie das ehemalige *Route 66 Motel* passiert, das aber seit ein paar Jahren nur noch an Dauergäste vermietet. Das rot-grüne Neonschild am Haus wurde erst 2011 restauriert. In diesem Teil der Stadt gibt's drei moderne Motels.

🛏 Die Parallelstraße zum Broadway ist die Front Street mit den Gleisanlagen und dem Bahnhof. Gleich nebenan steht am Santa Fe Park das *El Garces Hotel* (NRHP), das von den Eigentümern des La Posada Harvey House in Winslow (☞ Mi. 1807) beginnend 2007 restauriert wurde. Ab 2011 gab es leider einen Baustopp in Needles wegen der Finanzierung. Inzwischen wurde die Renovierung 2014 außen abgeschlossen. Innen hat sich leider nicht viel getan.

Das große Hotel galt als Flagschiff der *Harvey House Restaurants* und wurde 1908 erbaut.

🛏 Günstige Motels (ab $ 40) an der 66 in der Stadt sind das Budget Inn, America's Best Value Inn, das Knights Inn und das Motel 6 mit mittelmäßigen Bewertungen. Kommentar: „*You get what you pay for*“.

**2098** Fahren Sie die Rampe am Ende der Straße nach schräg rechts hoch und überqueren Sie die Eisenbahnbrücke. Am Stoppschild fahren Sie nach links unter der I-40 durch auf den Needles Highway. Hier sind noch einmal einige 🛏 Motels angesiedelt, die teils bessere Tage gesehen haben und teils modernisiert und renoviert wurden.

🛏 Eine rühmliche Ausnahme ist das *Best Western Colorado Inn* auf der linken Straßenseite, das durchgehend gelobt wird [🌐 N 34.8499, W 114.6229,
💻 bestwesterncalifornia.com/hotels/best-western-colorado-river-inn].
Nach dem Hotel überqueren Sie die I-40 und dann müssen Sie am Exit 141 auf die I-40 auffahren.

**2107** Verlassen Sie die Interstate am Exit 133 und folgen Sie der US 95 North in Richtung Las Vegas, Nevada.

**2113** Direkt vor dem Bahnübergang biegen Sie nach links auf die Goffs Road ein und folgen dem Schienenstrang. Es folgen einige *Washs*, vor denen als *Dips* gewarnt wird. Am Straßenrand stehen auffällig sehr hübsch viele große Blumenbüschel, die Trompetenblumen ähneln (im Mai gesehen). Es fällt auf, dass hier und im weiteren Straßenverlauf immer öfter Route-66-Logos auf dem Straßenasphalt angebracht sind.

**2139** Kreuzen Sie die Bahnschienen. Der ehemalige belebte Eisenbahnort **Goffs** wirkt heute wie eine Geisterstadt und der General Store ist im fortgeschrittenen Stadium des Verfalls. Nur das ehemalige Schulhaus (NRHP) macht noch einen relativ gepflegten Einruck und wird heute als Museum genutzt [🌐 N 34.9213, W 115.0670]. Die Verwaltung obliegt der Mojave Desert Heritage & Cultural Association. Der Rest des Ortes sind Ruinen. Jemand hat sich tatsächlich einen Bahnhof als Wohnhaus nachgebaut. Die Bahngleise verlaufen jetzt auf der linken Seite.

**2147** Hier finden Sie bei dem Ort **Fenner** hinter Palmen eine ⛽ Tankstelle mit Imbiss - die *Najah's Desert Oasis* - leider im Oktober 2015 mit dem teuersten Benzin überhaupt: $ 5,09 pro Gallone! Im Internet sind ein paar heftige Kommentare (als Rip off bezeichnet) zu den anderen Preisen im Imbiss zu lesen; beispielsweise Toilettenbenutzung, ohne was zu kaufen: $ 1!
Ein paar Hundert Meter weiter unterqueren Sie die I-40 und sind jetzt auf der linken Seite der Interstate. Die I-40 bildet hier die südliche Grenze des *Mojave National Preserve*, einem riesigen 6.200 km² großen Wüstenschutzgebiet.

**2150** Fahren Sie am Stoppschild rechts auf den *National Trails Highway* in Richtung Amboy. Der National Trails Highway wurde schon 1912 errichtet und als *Ocean-to-Ocean-Highway* bekannt. Er führte über eine Länge von 3.940 km von Baltimore (Maryland) bis San Francisco (Kalifornien). In den Anfangszeiten war es mehr eine raue Piste, als eine Straße. Ab New Mexico wurde die Streckenführung später teilweise von der neu eingerichteten Route 66 vereinnahmt und überbaut.

**2152** **Essex**.

Lebloser Ort mit Mini-Post-Office. Stellen Sie sich zu damaligen Route-66-Zeiten die Reisenden in ihren klapprigen Automobilen vor, die nach den bisherigen Strapazen auch noch diese Berge voller Hoffnung überquerten, um entsetzt feststellen zu müssen, dass eine weitere endlose Wüste auf sie wartete und im Dunst am Horizont eine weitere Gebirgskette. In südlicher Richtung sind die *Old Woman Mountains* zu sehen, in denen 1975 ein Meteorit fast ganz aus Eisen gefunden wurde, der in Barstow (☞ Mi. 2257) ausgestellt ist.

**2163** **Cadiz**, gleich danach *Roadrunners Retreat*, längst verlassene und geplünderte Tankstelle mit Restaurant.

**2176** **Amboy**, ⇧ 190 m.

Der Ort wurde 1883 als Bahnstation für die *Atlantic and Pacific Railroad* gegründet. Er erlebte in der ersten Hälfte des 20. Jahrhunderts (vor allem nach der Eröffnung der Route 66 im Jahr 1926) einen regelrechten Boom, war es doch der einzige Ort in der Mojavewüste, in dem Reisende übernachten und tanken konnten sowie Verpflegung bekamen.

Die Tankstelle und die Werkstatt wurden 1938 erbaut. Diese und der Diner waren Tag und Nacht geöffnet und das an sieben Tagen in der Woche. Zu der Zeit waren hier 70 Leute beschäftigt – der gesamte Ort hatte damals 700 Einwohner. Ab 1973 führte die neue Interstate 40 weit am Ort vorbei und wie in Seligman war schlagartig Schluss mit lustig. Die wenigen verbliebenen Einwohner zogen weg, die Schule wurde geschlossen, nur die Post blieb erhalten. Viele der verlassenen Gebäude wurden mit Bulldozern plattgemacht, um Grundsteuern zu vermeiden – der Ort wurde dadurch praktisch ausradiert.

*Roy's Café*

*Roy's Café* hat mit Abstand die zweitteuerste ⛽ Tankstelle bisher. Im Oktober 2015 kostete hier die Gallone Regular $ 4,89 (im Gegensatz zu sonst $ 3,50 bis $ 3,80)!

Der kleine Diner von 1935 kämpft seit dem Bau der Interstate ums Überleben, obwohl die Station bei Bikern sehr beliebt geworden ist. Prominente Besucher waren immerhin schon Harrison Ford und Anthony Hopkins. Hier wurden bereits einige Werbespots und ein Teil des Films „Hitcher, der Highway-Killer“ gedreht.

2003 versuchten die verbliebenen sieben Einwohner, den Ort bei Ebay zu versteigern, doch die Gebote waren nicht ausreichend. Schließlich kaufte im Jahr 2005 der Eigentümer der kalifornischen Restaurantkette „Juan Pollo“ das Ganze für $ 425.000 und versucht einen Neubeginn auch mit Motelcabins. Übrigens: Der AAA-Automobilclubführer von 1954/55 listet die Motelräume für $ 4 bis $ 6 pro Nacht auf – das waren noch Zeiten.

Kurz vor der Anlage ist in einem trockenen Flussbett an einer Brücke der Rest eines Baumes zu sehen, der über und über mit Schuhen und Stiefeln behängt ist. Vor Jahren gab es an ähnlicher Stelle schon einmal so einen Baum, der entweder Vandalen oder dem Zahn der Zeit zum Opfer fiel.

Auf der linken Straßenseite sehen Sie etwas entfernt einen Vulkankrater, den 80 m hohen **Amboy Crater**, der vor etwa 6.000 Jahren entstand. Die schwarzen Lavamassen haben sich fast bis an die Straße geschoben. Die Stichstraße Crater Road führt 1,5 Mi. westlich vom Bahnübergang zu einem P Parkplatz mit und WC. Von hier müssen Sie aber noch etwa 5,5 km (gut 2 Stunden) Wanderung für den Hin- und Rückweg einkalkulieren. Bei großer Hitze nicht unbedingt ein Vergnügen. Sie sollten deshalb ausreichend Trinkbares mitnehmen, eine gute Kopfbedeckung und stabile Schuhe anhaben sowie auf Klapperschlangen achten!

**2177** Bahnübergang, die Schienen sind jetzt auf der rechten Seite. Während der ganzen Fahrt auf der Route 66 ist die Eisenbahn fast immer Ihr ständiger Begleiter. Vor allem abends nervt ihr ständiges „Huu-Huu“ vor jeder Bahnkreuzung. Hier in der Wüste sind merkwürdigerweise besonders viele und besonders lange Güterzüge zu sehen: oft bis zu 120 Waggons, die von vier Lokomotiven gezogen und manchmal von zwei weiteren hinten geschoben werden. BNSF auf den Loks bedeutet *Burlington Northern & Santa Fe Railroad.* Dahinter verbirgt sich die zweitgrößte Eisenbahngesellschaft für Fracht in den USA, nach der *Union Pacific Railroad.*

☹ Die Straße wird ab diesem Bereich für einige Meilen sehr rau mit reichlich kräftigen Schlaglöchern, abgeplatzten Asphaltstücken und Rissen im Asphalt. Hier haben nicht nur Biker keine große Fahrfreude.

*Schlechte Straßenverhältnisse*

☹ Den Ort **Bagdad** suchen Sie hier in der Wüste vergebens, er existiert heutzutage nicht einmal mehr als Ghost Town. Anfang 1900 wurden hier mehrere Millionen Dollar an Gold gefunden. Souvenirjäger haben inzwischen sogar das klapprige Ortsschild geklaut. Eine Piste führt ins Gelände der ehemaligen Orange Blossom Mine.

**2203** Bahnübergang, die Schienen sind jetzt auf der linken Seite.

**2206** **Ludlow**. Biegen Sie an der Chevron-Tankstelle mit Coffee Shop rechts ab und fahren Sie hinter der Unterführung der Interstate nach links auf die rechte Frontage Road. Wenn Sie hier an der 76-Tankstelle geradaus weiter nach Norden auf der unbefestigten Crucero Road in die Wüste fahren würden, kämen Sie an den Resten von Trainingscamps von Panzergeneral Patton vorbei. Er ließ hier seine Männer für den Kampf gegen Wüstenfuchs Rommel in Nordafrika trainieren. In der Höhe der Kriegsvorbereitung waren bis zu 80.000 Soldaten mit Panzern aktiv.

**2214** Die Route 66/National Trails Hwy. überquert die I-40 in scharfen Kurven und Sie befinden sich jetzt auf der linken Frontage.

**2216** Holpriger Bahnübergang. Weiter teilweise sehr schlechte Straßenabschnitte. Die Route führt unmittelbar an der I-40 entlang.

**2219** Der knapp 100 m hohe *Pisgah Crater* in der Ferne ist erst etwa 2.000 Jahre alt. Sicher ist Ihnen schon auf weiten Teilen der Strecke die Lava aufgefallen, die auf frühere vulkanische Tätigkeit hinweist. Die Pisgah Crater Road führt als Stichpiste ans Lavafeld des Kraters.

**2236** **Bagdad Café**.

Das einstige *Sidewinder Café* [🌐 N 34.8195, W 116.6435] war 1988 der Drehort des Films „Out of Rosenheim" (Englisches Original: „Bagdad Café") mit Marianne Sägebrecht, CCH Pounder (spielt derzeit die Pathologin in NCIS – New Orleans), Jack Palance und Christine Kaufmann (in einer Nebenrolle): ein kleines Restaurant, mitten in der Wüste. Das rummelige Innere des Lokals ist mit Relikten des Films und der Route 66 geschmückt. Sogar der silbrige Airstream-Wohnwagen von Jack Palance ist noch als Wrack hinter dem Haus vorhanden - das Motelgebäude des Films ist inzwischen völlig verschwunden. Der Wasserturm im Film wurde übrigens nur für die Aufnahmen als Vervollkommnung der Kulisse hingestellt.

Kurz vorher sind Sie an einer alten Tankstelle der Whiting Bros. vorbeigefahren, eingezäunt und sogar mit drei Säulen davor – dem Verfall preisgegeben.

2239 **Newberry Springs**, 2.900 Einwohner, ⇧ 910 m.
Hier gibt's einen kleinen Food Mart, einen Imbiss und eine Tankstelle. Die ehemalige Dry Creek Whiting Bros. Tankstelle soll in ein ⌘ Museum mit Souvenirladen etc. umgewandelt werden. Als die Tankstelle 1968 geschlossen wurde, kostete die Gallone Sprit nur 33,9 Cents – abzulesen auf der Preisanzeige einer Säule.
Die Besonderheit des Ortes ist ein Grundwasserleiter, *Aquifer* genannt, der schon frühe Reisende mit Wasser versorgte. Auch die Eisenbahn machte sich die unterirdischen Vorräte zunutze, um ihre Dampfloks zu versorgen – die erste Möglichkeit seit Needles mit dem Colorado River.
Sie unterqueren die I-40 und fahren auf der rechten Frontage Road weiter. Die Straße nimmt jede noch so kleine Bodenwelle in der Wüste mit, was für häufige „Juhuus" der Traveler sorgen kann. Sie fahren am Barstow-Daggett-Airport vorbei und erreichen ...

2251 **Daggett**. Ehemaliger boomender Silberminen-Ort mit heutzutage etwa 200 Einwohnern. Nicht nur Silber wurde in den Calico Mountains gefördert, sondern auch das Mineral Borax, das aus dem Death Valley mittels sog. *Twenty-Mule-Trains* herangeschafft und in Daggett auf die Bahn verladen wurde. Die Gespanne bestanden aus 20 Maultieren, die einen schweren Leiterwagen zogen. Später wurde eine Schmalspurbahnlinie gebaut, die den Transport übernahm, bis sie 1907 eingestellt und abgebaut wurde.
Der einzige Tante-Emma-Laden in der weiten Umgebung ist der in einem verwaschenen Grün gestrichene *Desert Market* von 1908. Er wurde vor ein paar Jahren von einem Einwanderer aus Jordanien übernommen und ist 12 Stunden täglich an 7 Tagen in der Woche geöffnet. Der Umsatz von Bier ist besonders gut – Yousuf selbst lebt aber abstinent.
In der Umgebung des Kaffs war *Solar II* als Versuchsanlage in Betrieb. Im Endstadium reflektierten fast zweitausend Spiegel das Sonnenlicht auf einen Turm und erhitzten eine starke Salzlösung, die eine Turbine antrieb und 10 Megawatt Strom erzeugen konnte. 2009 wurde der Versuch abgebrochen und die Anlage komplett demontiert - heute ist nichts mehr davon erhalten.

Im Zentrum von Daggett kreuzt die A Street nach Norden zur Geisterstadt ☞ Calico in 13 Mi Entfernung.

2255 Hier müssen Sie in der Kurve nach links und dann anschließend auf die I-40 fahren (nach rechts liegt die *Marine Corps Logistic Base*, Durchfahrt gesperrt). Am nächsten Exit 2 „Marine Corps" verlassen Sie die Interstate gleich wieder. Sie fahren unten an der Ausfahrt links, unterqueren die I-40 und biegen dann etwas kompliziert nach rechts auf die East Main Street. Folgen Sie der Straße unter der I-40 hindurch und anschließend über die I-15 hinweg.

*Barstow Station mit 6 verbundenen Eisenbahnwaggons*

2257 **Barstow**, 23.800 Einwohner, ⇧ 665 m, 27x 🛏, KOA 🚐
Mitten in der Stadt endet die I-40 und geht in der I-15 auf. Hauptsächlich entlang der Main Street sind 20 *Murals* von verschiedenen Malern zu bewundern, die überwiegend den Westen und die Besiedlung zum Thema haben. Sie wurden geschaffen, um die Stadt für Touristen interessanter zu machen und an die eigene Geschichte zu erinnern.

Vor der Brücke über die I-15 befindet sich auf der rechten Seite die *Barstow Station*, ein Shoppingkomplex, der im Wesentlichen aus sechs geschickt verbundenen Eisenbahnwaggons besteht und u. a. ein originelles *McDonald's* beherbergt [🌐 N 34.8915, W 116.9990].

🛏 Direkt an der Main St. liegen das preisgünstige *Route 66 Motel*, das *California Inn* (mit Pool), das *Stardust Inn* und das *America's Best Value Inn*, die eine gemischte Bewertung erhielten. In jedem Fall bemängelt wurden die Rangiergeräusche des nahen Güterbahnhofs die ganze Nacht hindurch – wofür die Motels nichts können.

⌘ Im *Desert Discovery Center* (831 Barstow Rd) ist der zweitgrößte der in den USA gefundenen Meteoriten, genannt *Old Woman*, mit einem Gewicht von über 2,3 t zu sehen [🌐 N 34.8895, W 117.0226]. Er ist ca. 95 x 85 x 75 cm groß und besteht zu 95 % aus Eisen. Vermutlich vor zehntausend Jahren krachte er in den Old Woman Mountains (in der Nähe von Needles) mit viel Wumms auf die Erde und wurde erst 1975 von Prospektoren zufällig entdeckt.

⌘ Eisenbahnfreunde finden bestimmt das 🚂 *Western American Railroad Museum (WARM)* interessant, das mit dem *Route 66 Mother Road Museum* neben dem von der Stadt Barstow beeindruckend renovierten ehemaligen *Casa del Desierto* residiert. Es wurde 1911 als viertes von insgesamt 84 *Harvey Houses* von der Atchison, Topeka and Santa Fe Railroad (später BNSF) für Fred Harvey erbaut - ein Bahnhofshotel und -Restaurant für gehobene Ansprüche (NRHP) [🌐 N 34.9045, W 117.0245, 💻 http://route66museum.org/].

Im Museum sind im Außengelände eine Santa Fe FP 45 Diesellok in ihrem typischen rotgelben Anstrich sowie mehrere weitere Loks nebst einigen Waggons zu sehen. Eine Repararturlok, die sowohl auf der Straße als auch auf Schienen fahren kann, ergänzt die Sammlung. Natürlich darf auch eine Modelleisenbahnanlage und eine umfangreiche Sammlung von alten Fahr- und Streckenplänen, Eisenbahnschildern und -Zubehör nicht fehlen. Die Route 66 ist mit einigen Oldtimern, Schildern und Fotos vertreten. Um dort hinzugelangen, biegen Sie in der Stadt von der E Main Street rechts in die N First Avenue ab und überqueren nach ein paar Hundert Metern auf einer Kastenbrücke in weitem Bogen die weitläufigen Gleisanlagen.

⇔ **Abstecher zum Ghost Town Calico,** ☞ **15** Kapitel Abstecher & Alternativen

ℹ Das Welcome Center für Kalifornien befindet sich abseits der Route 66 an der I-15 am Exit 178 in Richtung Süden.

**2258** Sie unterqueren die I-40 erneut nach rechts und halten sich danach gleich nach links. Fahren Sie geradeaus und überqueren Sie die I-15. Die Straße heißt hier Main Street/National Trails Hwy. und Business Loop 15.

An der Main Street ist auf der linken Seite das *El Rancho Motel* zu sehen. Es wurde 1943 aus den Eisenbahnschwellen der Tonopah & Tidewater Railroad erbaut, die anschließend weiß getüncht wurden. Die Linie war von 1905 an als Frachtlinie (hauptsächlich Boraxtransport) in Betrieb und wurde 1940 stillgelegt. Es gibt viele alte Motels in Barstow, u. a. *Stardust Inn, Cactus Motel, Village Hotel, Sands Motel, Desert Lodge, The Torches Motel* und *Route 66 Motel* mit teilweise sehr schönen Neonreklamen. Wenn Sie hier absteigen wollen, sollten Sie aber unbedingt vorher das Zimmer besichtigen.

**2263** Sie unterqueren die SR 58.

*Bottle Tree Ranch* ☞ *Mi. 2285*

2285 **Bottle Tree Ranch**. Eine Sammlung von Flaschen aller Art auf der rechten Straßenseite ist auf „Baumzweige" gesteckt worden und soll als „Kunstwerk" an die Reisenden auf der Route 66 erinnern [🌐 N 34.6901, W 117.3394]. Warum gerade Flaschen?

2291 **Oro Grande**. Nach ein paar Goldfunden erwies sich die Gegend als nicht so „goldgrande" und man stieg auf die Herstellung von Zement um. An der rechten Straßenseite passieren Sie den *Iron Hog Saloon*, 1931 als Tante-Emma-Laden erbaut, der zu einem beliebten Biker-Stopp geworden ist [🌐 N 35.6299, W 117.3446].

Nach dem hässlichen Zementwerk überqueren Sie den Mojave River auf einer gut erhaltenen Stahlbrücke aus dem Jahr 1930. Knapp 3 Meilen weiter liegt auf der rechten Seite die *Antique Station*, die einer Western-Straßenfassade nachempfunden ist und allerlei Schnickschnack, Erinnerungsstücke, aber auch Kleinmöbel anbietet. Kurz darauf fahren Sie ein in die Außenbezirke von ...

2295 **Victorville**, 108.000 Einwohner, ⇧ 860 m.
3 Meilen weiter unterqueren Sie die I-15 an ihrem Exit 153 A. Die Straße wird zur D-Street.

⌘ Hier befindet sich zwischen 5th und 6th Street das *California Route 66 Museum*, das im ehemaligen historischen Red Rooster Café untergebracht ist [🌐 N 34.5373, W 117.2942]. Es stellt neben einem uralten Ford u. a. überaus interessante Fotos und Artefakte aus.
Die Route 66 führt dann rechts auf die 7th Street/I-15 B.

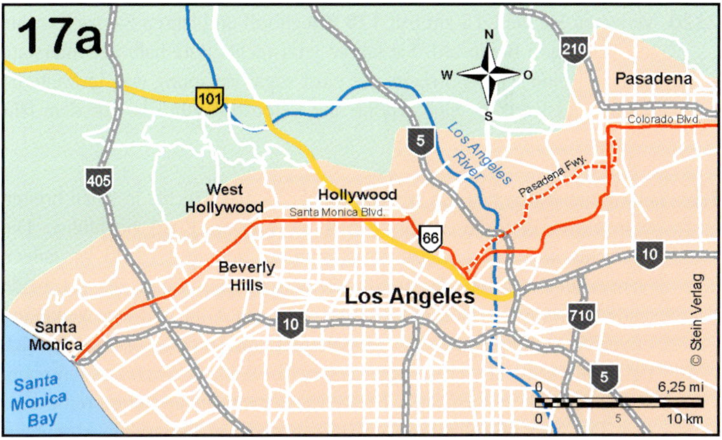


2301 Fahren Sie bei Exit 150 auf die I-15 in Richtung San Bernardino.

2313 Sie haben den *Cajon Pass Summit* in gut 1.280 m Höhe erklommen.

✕ Hier steht am Oak Hills Exit 138 das *Summit Inn* von 1952, das mit Ostrichburgern (Straußenburgern) wirbt, aber auch Straußenei-Omeletts und Buffaloburger anbietet [🌐 N 34.3592, W 117.4350]. Drinnen sind Route-66-Relikte und draußen noch Zapfsäulen der ehemaligen Texaco-Tankstelle zu sehen.
Übrigens ist diese Raststätte auch ein überaus beliebter Stopp für Fernwanderer auf dem *Pacific Crest Trail*, der über 4.277 km von Mexiko nach Kanada führt. Oft kommen die Outdoorer ausgepowert, ausgehungert und dehydriert nach drei Wochen voller Entbehrungen seit der mexikanischen Grenze hier an und schlagen sich erst einmal den Bauch voll.

2319 Von den Parkmöglichkeiten am Exit 131 haben Sie einen weiten Blick auf die Umgebung und auf die vier Schienenstränge mit den rotgelben

Loks der BNSF (Burlington Northern & Santa Fe) und den gelben der Union Pacific Railroad im Tal. Manchmal ziehen bis zu sieben (!) Lokomotiven einen Zug bergauf. Andere Züge haben drei Loks vorneweg, drei in der Mitte und am Ende schieben zwei weitere das ganze über den Pass. Ein imposantes Schauspiel!

**2320** Verlassen Sie die I-15 am Exit 129 (Cleghorn) und fahren Sie nach rechts auf den Cajon Boulevard. Sie fahren jetzt rechts unterhalb der Interstate entlang - eine schöne Strecke, die einst sogar vierspurig war. Im weiteren Verlauf passieren Sie eine schöne alte Betonstraßenbrücke aus dem Jahr 1930.

Nach ziemlich genau 2,5 Meilen blicken Sie nach rechts in einen breiten Canyon, in den die Straße Swarthout Canyon Road hochführt. Die Schlucht ist Teil des **San-Andreas-Grabens**, der über 1.000 km langen Nahtstelle von Pazifischer und Nordamerikanischer Platte, die sich beide jährlich etwa 6 cm aneinander schrammen. San Francisco liegt genau auf dieser Verwerfung und es ist eigentlich nur eine Frage der Zeit, wann sich das große Erdbeben von 1906 wiederholt. Wenn Sie genauer hinsehen, können Sie die unterschiedliche Beschaffenheit der Gesteinsarten erkennen. Die Nahtstelle liegt auch zwischen den San Bernardino Mountains und San Gabriel Mountains.

Einen ausgezeichneten Ausblick ins Tal und auf die nur gut 100 m entfernten Eisenbahngleise haben Sie auch vom baumbestandenen Rastplatz *Blue Cut* [N 34.2630, W 117.4674]. Der Name stammt von dem Bergeinschnitt auf der linken Straßenseite, der bläulich schimmert. Eine Mauer aus Felssteinen begrenzt den Platz zu den Schienen hin. Ein historischer Marker (eine Metalltafel) erläutert den Weg und die Umgebung sowie die Rolle, die die Mormonen bei dieser Passage spielten.

Bei langen Zügen mit über 100 Waggons werden bis zu acht Loks eingesetzt, um die schwere Fracht von doppelt gestapelten Containern über den Pass mit 2,2 % bis 3 % (!) Steigung zu ziehen. Mit etwas Glück sehen Sie drei Züge auf den Gleisen: Einer wartet und die anderen beiden begegnen sich. Laut Statistik befahren täglich über 50 Züge den Pass in beiden Richtungen! Einen phantastischen Eindruck der Anlage gibt ein Video auf Youtube: www.youtube.com/watch?v=dJybPTnGwtI

2326 Die Straße endet abrupt an einer Barriere. Die alte Trassc dcr 66 führt noch weiter hoch, bis sie von der Interstate verschluckt wird. Bei meinem letzten Besuch 2015 wurde an beiden Fahrbahnen mit Asphaltierungen gearbeitet. Anscheinend sollen sie wieder in das Verkehrssystem integriert werden. Die Straßenbauarbeiten setzen sich aber oben auf der Interstate weiter fort. Sie fahren die Rampe zur Interstate 15 hinauf.

Bei meiner letzten Rechercheireise im Oktober 2015 war hier eine Riesenbaustelle. Es war nicht zu erkennen, wie die Straßenfühung geplant ist, und auch Google Map half nicht weiter. Mailen Sie mir, ich veröffentliche es dann bei den Updates.

**Neue Version 1:** Bleiben Sie auf der I-15 und fahren Sie am Exit 119 (Sierra Ave) ab und unter der I-15 hindurch. Nach gut 3 Mi geht es rechts auf die I-210 East. Nach gut 5 Mi bei Exit 74 auf die I-215 Barstow/Riverside rechts halten auf I-215 South Riverside. Nach gut 1 Mi biegen Sie am Exit 45 Base Line Street an der Ampel links ab und überqueren die I-215.

**Alte Version 2:** Auf der Autobahn ordnen Sie sich ganz schnell auf der rechten der drei linken Spuren ein und folgen dem Schild I-215. Das kann sich etwas schwierig gestalten, weil der Verkehr von hinten heranfließt. Nur Mut: tapfer blinken und herüberziehen. Ob und wie sich die Situation hier während der weiteren Bauarbeiten ändert, vermag ich nicht zu sagen. Sofort darauf (nur etwa 0,5 Meile) verlassen Sie die I-215 am Exit 54 (Devore). Fahren Sie dann nach links 1,5 Meilen weit auf dem Cajon Boulevard.

In einer weiten Rechtskurve bleiben Sie rechts auf dem Cajon Boulevard, fahren unter der Eisenbahnbrücke hindurch in Richtung San Bernardino und unterqueren anschließend den autobahnähnlichen Foothill Freeway.

Nach etwa 6 Mi. geht der Cajon Boulevard über in die N Mount Vernon Avenue und Sie sind in ...

2335 **San Bernardino**, 210.000 Einwohner, ⇧ 320 m, 17x 🛏

⌘ Trotz des hübschen Namens ist es eine nichtssagende Stadt. Eine kleine Besonderheit ist aber das *McDonald's Route 66 Museum*, das zur Geschichte der Fleischklops-Braterei sowie zur 66 ausstellt und 1998 eingeweiht wurde. 1940 gab's hier an dieser Stelle das erste „Restaurant“

der irischstämmigen Brüder Richard und Maurice McDonald, das Hamburger für 15 Cents das Stück verkaufte. Inzwischen sind es weltweit über 30.000 Läden, die den Slogan „Billions and Billions Served" auf dem Schild führen. Wobei das amerikanische „Billion" für eine Milliarde im Deutschen steht. Wenn es Sie zur Wiege der Hamburger zieht, biegen Sie an der 5th Street nach links ab und fahren Sie bis zur North E Street/Ecke 14th Street [🌐 N 34.1255, W 117.2943]. Hier kaufte der Handelsvertreter Ray Croc den beiden Brüdern die Hamburger-Idee und den Namen ab, um sie zu einer weltweiten Marke auszubauen. Übrigens ist das Museum in Privatbesitz und gehört nicht zum McDonald's-Imperium. Es erfährt auch keinerlei Unterstützung von der Weltfirma.

*California Theater*

In der 4th Street befindet sich das hübsch-kitschige *California Theater* mit seinen kleinen Türmchen und Stuckornamenten. Es wurde 1928 als Vaudeville-Kinopalast mit fast 1.700 Sitzplätzen erbaut [🌐 N 34.1065, W 117.2954]. Inzwischen ist es nach mehreren Umbauten zu einem Musicaltheater, Schauspielhaus, Konzert- und Balletbühne und für andere Events wie Modeschauen etc. umgewandelt worden. Erwähnenswert ist die gewaltige Wurlitzer-Orgel, die immer noch in Betrieb ist.

2337 Ansonsten fahren Sie nach rechts auf die 5th Street. Die Straße wird bald zum Foothill Boulevard, der an den Hängen der *San Gabriel Mountains* entlangführt. Hier passieren Sie auch den höchsten Gipfel der Bergkette, den Mt. San Antonio, mit immerhin 3.068 m Höhe.

2339 **Rialto**, 94.000 Einwohner, ⇧ 385 m.

🛏 Wenn es Ihnen in Holbrook im *Wigwam Motel* gut gefallen hat, können Sie hier das gleiche Erlebnis in einem der 19 Tipis noch einmal genießen. Es gibt sogar einen nierenförmigen Swimmingpool [🌐 N 34.1070, W 117.3500, 💻 www.wigwammotel.com/]. Schön angeordnet stehen hier die *Teepees* aus Stahl und Beton, täuschend echt als Indianerzelte (NRHP). Leider haben die Wigwams den Nachteil, dass sie sehr dunkel sind, denn sie haben nur ein kleines Fenster.

☹ Auf der folgenden, eintönigen Strecke zeigt der dichter werdende Verkehr, dass Sie sich im **Großraum Los Angeles** befinden. Die Straße führt durch Orte, die ineinander übergehen. Motels, Restaurants, Tankstellen, Drive-ins: Alles, was Sie von amerikanischen Versorgungsstraßen kennen, ist zu finden.

☺ Planen Sie genug Zeit ein, denn durch die ständigen Ampelstopps kommen Sie nicht zügig voran. Grüne Wellen sind in den USA weitgehend unbekannt. Von hier bis zum Endpunkt der Route 66 in Santa Monica habe ich über 5 (!) Stunden für die 76 Meilen benötigt.

☺ Meiden Sie wegen der *Rush Hours* vor allem die Morgenstunden zwischen 7:00 und 10:00 in Richtung Westen und in umgekehrter Richtung nachmittags von 15:00 bis 19:00.

Im Folgenden gehen die einzelnen Städte unmerklich ineinander über. Ortsschilder gibt's so gut wie gar nicht. Ein untrügliches Kennzeichen des Ortswechsels sind u. a. die andersfarbigen Laternenpfähle und der Schnitt der Straßenbäume.

🛏 Entlang des Foothill Blvd. gibt es in den nachfolgenden Vorortstädten von L. A. eine ganze Anzahl von 🛏 Motels, die aber teilweise einen heruntergekommenen Eindruck machen. Im Internet lesen sich die Kommentare von Gästen wie Horrorstories. Nehmen Sie ein Zimmer erst in Augenschein - beim leisesten Zweifel sollten Sie lieber nicht einchecken!

2342 **Fontana**, 127.000 Einwohner.

2348 **Rancho Cucamonga**, 178.000 Einwohner.

**2356** **Upland**, 69.000 Einwohner.

**2362** **La Verne**, 32.000 Einwohner.

**2365** **San Dimas**, 37.000 Einwohner.

Fahren Sie die Straße weiter geradeaus. Der Name der Straße wechselt: Alosta Avenue, Huntington Drive und zwischendurch wieder Foothill und dann auch Colorado Blvd. Lassen Sie sich dadurch nicht irritieren.

**2366** **Glendora**, 52.000 Einwohner.

**2376** **Monrovia**, 38.000 Einwohner, ⇧ 175 m.

Die Stadt wurde 1887 nach ihrem Gründer Monroe benannt und nicht nach dem tschechischen Mähren (engl. Monrovia), wie manchmal vermutet wird.

⛽ Vier Blocks nördlich vom Huntington Drive steht an der Straßenecke Shamrock Ave. und Walnut Ave. über Eck eine schöne Tankstelle mit drei Säulen [🌐 N 34.1438, W 117.9907] gegenüber einer Kirche. Leider ist kein Hinweis auf die Benzinmarke vorhanden.

▷ Am Foothill Blvd. Ecke Magnolia Ave. steht das *Aztec Hotel* (NRHP) das 1925 im sog Maya Renaissance Stil erbaut wurde [🌐 N 34.1514, W 118.0058]. Es hatte sechs ganz erfolgreiche Jahre, bis 1931 die Route 66 ein paar Straßen weiter südlich auf den Huntington Drive verlegt wurde (NRHP). Das Besondere ist die Fassade mit ihren stilvollen Mayaelementen, was sich auch im Inneren fortsetzt. Hier kommen aber auch noch Inka-, Tolteken- und Azteken-Motive hinzu – also ein exotischer Jugendstil-Mischmasch für den unbedarften Amerikaner. Clark Gable, Mickey Rooney, Bing Crosby und Marilyn Monroe beehrten das Aztec Hotel mit ihrem Besuch.

In Zimmer 120 soll es spuken und das kam so: Während der Hochzeitsnacht eines jungen Pärchens knallte die Braut im Eifer des Gefechts mit dem Kopf auf den gusseisernen Heizkörper und verstarb auf der Stelle. Seitdem passieren ungewöhnliche Dinge im Zimmer und auch Nachforschungen von mutigen Geisterjägern konnten keine Erklärung finden. 2015 war das Hotel wegen Renovierung geschlossen.

**2378** **Arcadia**, 58.000 Einwohner.

**2379** Fahren Sie an der Gabelung vor der Rennbahn schräg nach rechts auf den Colorado Boulevard.

2385 **Pasadena**, 145.000 Einwohner.
Bekannt ist Pasadena, die Rosenstadt, für die Rosenparade im Januar und das große Stadion *Rose Bowl*, in dem 1994 das Endspiel der Fußball-Weltmeisterschaft stattfand.

🛏 Pasadena eignet sich vorzüglich für eine letzte Übernachtung mit einer Vielfalt von Unterkünften. Sie fahren am nächsten Morgen frisch und ausgeruht durch Los Angeles nach Santa Monica. Zu empfehlen ist das *Saga Hotel* direkt am E Colorado Blvd. [🌐 N 34.1460, W 118.1168, 💻 www.thesagamotorhotel.com/default.asp], das allgemein gelobt wird – leider etwas teurer – aber das ist L. A.!

☹ Unterschätzen Sie die kommenden 25 Meilen nicht! Durch ungünstige Ampelschaltungen (Rote Welle) und starken Verkehr kann es leicht vorkommen, dass Sie für die kurze Strecke fast 3 Stunden brauchen!

2387 Sie fahren immer noch auf dem Colorado Boulevard. Biegen Sie links in den Arroyo Parkway (Hwy. 110) ab, auf dem die Route 66 ab 1940 verlief. Im Bereich dieser Ecke finden Sie die *Old Town Pasadena* mit vielen ethnischen Restaurants, Pool Bars, Straßencafés und Kinos. Also das richtige Ambiente, um den Tag vor dem Ende der Reise ausklingen zu lassen. Später wird der Arroyo Parkway zum Pasadena Freeway, der 1940 als Stadtautobahn erbaut wurde. Er schlängelt sich eng und kurvig durch ein grünes Tal und fällt unangenehm durch seine extrem kurzen und engen Exits auf.

Weiter auf der Route 66: Am (etwas hinter einer Unterführung versteckten) Exit Sunset Boulevard verlassen Sie den Freeway, fahren dann nach links und überqueren den Freeway. Vor sich sehen Sie die Hochhäuser von **Downtown L. A.** Fahren Sie dann rechts auf die Figueroa Road, nach einem Block rechts auf den Sunset Boulevard.

2394 Nachdem Sie die Sanborn Avenue gekreuzt haben, biegen Sie nach links in die kurze Manzanita Street ab, die kurz darauf zum Santa Monica Blvd. wird.
Kurz nachdem Sie den Hollywood Fwy. (Hwy. 101) überquert haben, taucht linker Hand der **Hollywood Forever Cemetry** in einem palmenbestandenen Park auf. Der Friedhof wurde schon 1899 auf einer Fläche von ca. 400 m x 500 m angelegt. Hier liegen u. a. Filmstars wie Rudolph

Valentino, Douglas Fairbanks jun., Peter Lorre, der Regisseur und Produzent Cecil B. deMille, der Musiker und Bigband-Leader Nelson Riddle und George Harrison von den Beatles sowie der Mobster Bugsy Siegel begraben. Die Grabmale und Mausoleen sind teilweise so monströs und kitschig wie die Filme, in denen die Mimen agierten. Am Eingang gibt's einen Plan mit einem Verzeichnis, denn sonst würde man sich in diesem weitläufige Gelände nicht zurechtfinden.

Die Gebäude und Hallen am Südrand sind die **Paramount Studios**, die heute noch betrieben werden. Hier entstanden u. a. weltberühmte Streifen wie „Titanic", „Der Pate", „Grease", „Forrest Gump", „Star Trek" und „Spiel mir das Lied vom Tod". Täglich finden hier alle halbe Stunde zweistündige Touren vom Eingang in der Melrose Ave. statt [🌐 N 38.0839, W 118.3200].

Auf dem Santa Monica Blvd. erreichen Sie über West Hollywood und Beverly Hills …

**2411** **Santa Monica**, 89.000 Einwohner.

**2418** **Ocean Avenue**: Sie sind am Ziel!

Dort wo der Santa Monica Blvd. auf den Ocean Blvd. stößt, ist im Rasen an der Promenade eine gusseiserne Tafel angebracht, die Will Rogers (☞ Mi. 714) und der Route 66 gewidmet ist. Der Palisades Park liegt gut 30 m oberhalb des Strandes. Eine Brücke führt hinunter zur Pier. Hier ist neben Rummel, Imbissen und Souvenirständen auch das Schild „66 - End of the Trail" zu finden.

☺ In Santa Monica sollten Sie sich mindestens einen Tag gönnen. Allerdings ist es empfehlenswert, hier ein (leider teures) Hotel zu reservieren. Die Stadt liegt wunderschön und Sie haben dort außer ausgedehnten Strandspaziergängen und dem Baden im Pazifik eine Fülle von Sport- und sonstigen Freizeitangeboten. Auf dem Santa Monica Pier finden Sie neben mehreren Imbissbuden einen kleinen Vergnügungspark mit Achterbahn und Riesenrad sowie verschiedene Route-66-Souvenirläden. Letzte Einkäufe können Sie in der schönen Fußgängerzone oder in der Mall tätigen. Das Restaurantangebot ist vielfältig, von gut und preiswert bis exklusiv.

✋ Überqueren Sie hier die Straßen nur an den Zebrastreifen bzw. an den Ecken - das sog. *Jaywalking* irgendwo in der Mitte eines Häuserblocks kann einem Strafzettel einbringen.

*Santa Monica Pier*

Von Santa Monica aus ist der Flughafen bequem zu erreichen. Die Autovermietungen finden Sie in der Nähe des Flughafengeländes. Sie müssen nur auf die SR 1 fahren, die als Lincoln Boulevard durch Santa Monica führt, und dieser Straße 8 Mi. nach Süden folgen. Der Weg zum Flughafen ist gut ausgeschildert.

☺ Hinweis: Die offizielle Länge der Route 66 von Chicago bis Santa Monica beträgt eigentlich 2.448 Meilen. Wo auf meinem Tacho die 30 Meilen geblieben sind, ist kein Rätsel - denn es wäre schon ein doller Zufall, wenn Tachometer übereinstimmen würden.

Wenn Sie noch ein paar Tage Zeit haben, um sich Los Angeles anzusehen - hier ein paar Tipps:

- In **Beverly Hills** leben die Reichen und Schönen aus der Film- und Fernsehwelt abgekapselt in ihren Luxusvillen. Es werden Rundfahrten veranstaltet und mit viel Glück bekommen Sie sogar einen der Stars außerhalb ihrer hohen Hecken und Mauern zu Gesicht.
- Der **Walk of Fame** erstreckt sich über 18 Blocks zu beiden Seiten des *Hollywood Boulevards* [🌐 N 34.1059, W 118.3376, 💻 http://de.wikipedia.org/wiki/Hollywood_Walk_of_Fame]. Hier wurden bis Mai 2015 insgesamt 2.551 Sterne in die rötlichen Gehwegplatten eingelassen, mit denen Persönlichkeiten der amerikanischen Unterhaltungsindustrie in den Kategorien Film, Fernsehen, Musik, Theater und Radio geehrt wurden.
- Das **Grauman's Chinese Theater** ist ein riesiges Kino im chinesischen Baustil mit Pagodendach ebenfalls am Hollywood Boulevard zwischen Orchid Avenue und N. Orange Drive. Es wurde 1926 als Premierentheater erbaut und steht heute unter Denkmalschutz [🌐 N 34.1018, W 118.3409, 💻 www.chinesetheatres.com/files/ChineseTheatre-ForecourtMap.pdf]. Die Millionen Besucher kommen aber hauptsächlich wegen des **Forecourt of the Stars** mit den über 200 Hand- und Fußabdrücken berühmter Filmstars im Beton des Platzes davor. Wer schon immer mal in die Fußstapfen von Charlton Heston (Schuhgröße 43) oder in John Waynes Cowboystiefelabdrücke (höchstens Größe 41) treten möchte, ist hier richtig. Auch Clint Eastwood, Jack Lemmon, Sophia Loren, James Coburn und Liz Taylor haben neben vielen vielen anderen ihren bleibenden Eindruck in Zement hinterlassen.
- Die **Queen Mary** war einst ein Kreuzfahrtschiff der Luxusklasse. Heute liegt sie als Hotelschiff im Hafen von Long Beach [🌐 N 33.7524, W 118.1906, 💻 www.queenmary.com/]. Der Luxusliner ist zu besichtigen und mit dem nötigen Kleingeld in der Tasche kann man hier auch nächtigen (ab $ 160 aufwärts).

- Die **Universal Studios** liegen etwas außerhalb und sind ein großer Besuchermagnet wegen der Rundfahrten durch die Studiohallen und Außenbereiche [🌐 N 33.1353, W 118.8542, 💻 www.universalstudioshollywood.com/]. Besonders beliebt sind die *Thrill Rides* (Fahrgeschäfte), vor denen sich während der Hauptsaison immer lange Schlangen bilden. Auch die Stuntszenen aus den Kassenschlagern Indiana Jones, Jurassic Park, Waterworld, Weißer Hai und Backdraft ziehen viele in ihren Bann.
- Die **Warner Bros. Studios** in Burbank sind auch heute noch ein echtes Studio, in dem Fernsehserien und Filme produziert werden [🌐 N 34.1506, W 118.3400, 💻 http://vipstudiotour.warnerbros.com/]. Auf geführten Touren können Besucher einen Blick hinter die Kulissen werfen.
- Das 15 m hohe **HOLLYWOOD Sign** ist das unverwechselbare Werbebanner an den Hollywood Hills, das 1923 der Erschließung von Bauland diente. Ursprünglich hieß es „Hollywoodland“, aber der Zusatz „land“ wurde Jahre später entfernt. Die heutigen Buchstaben sind nicht mehr die Originale von 1923, die wurden inzwischen mal auf Ebay versteigert. Die beste Fotoposition ist vom Canyon Lake Drive und vom Mulholland Drive aus (von Ost nach West fahrend) [🌐 N 34,1256, W 118.3259]. Das Parken ist dort nicht so einfach und ein Ranger stolziert herum und schreibt Knöllchen – also die Verbotsschilder beachten!

*HOLLYWOOD Sign*

▷ Der **Rodeo Drive** zwischen Santa Monica und Wilshire Boulevard ist eine der exquisitesten und teuersten Shoppingmeilen der Welt [🌐 N 34.0689, W 118.4026]. Wer von den Stars etwas auf sich hält, kauft hier ein oder flaniert mit Hündchen gut gestylt entlang. In dieser nur einen halben Kilometer langen Straße in Beverly Hills haben sich zwischen Santa Monica und Wilshire Boulevard alle Firmen mit Rang und Namen niedergelassen: Yves Saint Laurent befindet sich hier ebenso wie Tiffany, Christian Dior, Dunhill, Chanel, Gucci, Burberry, Bang & Olufsen und Giorgio Armani - um nur ein paar zu nennen. Hier sind die Selbstdarsteller unterwegs zwischen Luxusläden und Schönheits-Chirurgie-Praxen. Neben üppigen Busenwundern sind manchmal auch echte Stars zu entdecken.

▷ **Knott's Berry Farm** in Buena Park ist der erste Vergnügungspark seiner Art gewesen (noch vor Disneyland). Heute zieht er immer noch Millionen Besucher jährlich an mit den Themenbereichen Wild Water, Boardwalk, Camp Snoopy, Wilder Westen, Ghost Town und Wilderness [🌐 N 33.8403, W 117.9998, 💻 www.knotts.com/].

▷ Das **Disneyland Resort** in Anaheim wurde 1954 als ein ständiger Jahrmarkt eröffnet und wegen des großen Erfolgs von jährlich etwa 15 Mio. Besuchern ständig erweitert und ausgebaut. Walt Disney ließ sich seinerzeit vom Schloss Neuschwanstein inspirieren und schuf das *Sleeping Beauty Castle* (Dornröschenschloss) im Eingangsbereich zum *Magic Kingdom.* Daneben gibt's noch das Fantasyland, den New Orleans Square, das Karibische Piratengelände, eine Dschungellandschaft, das Tomorrowland, einen Teich mit U-Booten etc. und um das Ganze fährt eine Westernlok mit Nostalgiezug herum. Dazwischen laufen die überlebensgroßen Zeichentrickfilmfiguren wie Micky Maus und Minnie, Donald und Goofy durchs Gelände und bieten sich zum 📷 „Fotoshooting" an [🌐 N 33.8050, W 117.9253, 💻 http://disneyland.disney.go.com/].

# Abstecher & Alternativen

Alte Neonreklame

## ⇔ 1 Alternative zum Routenteil Meile 191 bis 262.

Diese Route ist zwar etwas länger und zeitaufwändiger zu fahren als die oben beschriebene Strecke, dafür ist sie aber noch älter - deshalb authentischer - und war 1926-1930 in Gebrauch. Fahren Sie in Springfield von der Peoria Road rechts ab auf die Taintor Road und dann weiter auf der 5th Street, bis Sie auf die North Grand Avenue stoßen, auf die Sie rechts abbiegen. Dann gleich links auf die 2nd Street und rechts auf die South Grand Avenue, dann links in den MacArtur Blvd. und nach rechts in die Wabash Avenue. Dann nach links auf der Old Chatham Road weiter, über die I-72 hinüber, dann rechts in die Woodside Road, bis Sie auf die SR 4 gelangen. **Chatham** und **Auburn** werden durchquert.

☺ Hinweis: Wenn Sie am *Shea's Petroliana* Museum gestoppt haben, müssen Sie von dort 1 Meile auf der Peoria Road zurückfahren und dann in die Taintor Road links abbiegen.

▷ Kurz vor **Auburn** biegt rechts ein altes Teilstück der Route 66 aus dem Jahr 1932 ab, das 2,4 km lang und fast 5 m breit mit rotbraunen Ziegelsteinen (!) auf Beton gepflastert ist. Seinerzeit schafften die „Bricklayer" pro Tag 200 m, um die Straße zu bauen. Um den Erhalt dieses außergewöhnlichen Straßenstücks (offiziell Snell Rd. und Curran Rd) wurde jahrelang erbittert gekämpft. Heute ist es denkmalgeschützt als **Red Brick Road** oder Auburn Brick Road bekannt [🌐 N 39.6180, W 89.7392]. Ein wirklich ungewöhnliches Straßenstück!

▷ Im weiteren Routenverlauf, besonders zwischen den Orten **Virden, Girard, Nilwood** und **Carlinville** bis **Staunton,** führt die Route 66 identisch auf der SR 4 an scheinbar endlosen Maisfeldern entlang. Bevor die uralte Route 66 durch die SR 4 begradigt wurde, führten mehrfach alte Streckenteile (ausgeschildert) in die ebene Pampa und gingen dann wieder auf die SR 4 zurück. Sie macht auch rechtwinklige Kurven um einige Flurstücke und ist hier noch in ihrem alten und engen Zustand mit dem Originalbelag erhalten: Zwischen den Stößen, Ritzen und der Mittelrille sprießt das Gras und es gibt auch viele unschöne Schlaglöcher! Ein flottes Vorankommen ist unmöglich.

▷ In **Staunton** lohnt ein Stopp an *Henry's Rabbit Ranch* mit einer nachgebauten ⛽ Tankstelle, einer Unmenge an Route-66-Relikten und - natürlich - vielen Karnickeln.

*Gerichtsgebäude in Carlinville*

▷ Das Besondere an dieser Streckenführung ist, dass die Route 66 in **Carlinville** direkt zwischen dem riesigen Gerichtsgebäude mit seiner Kuppel und dem Gefängnis aus dem Jahr 1870 hindurchführt. Das *Macoupin County Courthouse* ist wohl seinerzeit deutlich zu groß geraten und soll über $ 1,3 Mio. gekostet haben - ursprünglich waren $ 50.000 geplant - dafür ist der beeindruckend gestaltete Gerichtssaal mit knapp 420 m² Fläche der größte der USA [🌐 N 39.2789, W 89.8792]. Als sich seinerzeit abzeichnete, dass das Budget gewaltig überzogen werden würde, machte sich der verantwortliche Architekt bei Nacht und Nebel aus dem Staub.

🛏 Auf dem Weg nach Süden aus der Stadt hinaus kommen Sie am *Carlin Villa Motel* vorbei, das allgemeines Lob verdient.

Bei **Hamel** vereinigen sich die beiden Stränge wieder für kurze Zeit, um sich wenig später für St. Louis wieder zu teilen.

## 2 Abstecher zu den Fantastic Caverns.

Ein Farmer entdeckte den Höhleneingang 1876 per Zufall und rekrutierte Freiwillige, die die Höhle erforschen sollten. Im Laufe der Zeit wurde in dem Höhlensystem Platz geschaffen, um einen Jeep mit offenem Hänger mit Touristen besetzt durch die Unterwelt zu karren. Die Fahrt geht vorbei an den üblichen Stalagmiten (stehend) und Stalaktiten (hängend) verschiedenster Formen und Größen.

8 Mi. Anfahrt: Der Chestnut Expressway 44 B kreuzt den N Kansas Expressway, in den Sie nach rechts auffahren. Wenn die I-44 kreuzt, werden Sie gezwungen, die Straßenseite zu wechseln. Dies ist eine ungewöhnliche Verkehrslenkung, die ich so noch nirgends gesehen habe. Später biegen Sie links in die W Farm Road 94 ab und dann rechts in die N Farm Road 125 [N 37.2878, W 93.3595].

In der Höhle herrschen 15°C, also etwas Wärmendes mitnehmen.

## 3 Direkte Alternativroute ab 1937.

Wie schon eingangs zu diesem Kapitel erwähnt, müssen Sie sich spätestens jetzt entscheiden, ob Sie die langweiligere Route auf der I-40 direkt nach Albuquerque fahren wollen oder lieber die von mir empfohlene Route über Santa Fe.

**1338** Wenn Sie die ab 1937 eingerichtete, weniger schöne, direkte Route fahren möchten, bleiben Sie auf der Interstate bis Exit 197. Die Ausfahrt mündet in die Central Avenue von **Moriarty** ein. Kurz darauf passieren Sie eine alte Tankstelle der Whiting Bros auf der rechten Straßenseite, eine der wenigen noch verbliebenen aus vergangenen Zeiten. Folgen Sie dem Straßenverlauf des Hwy. 333 durch **Edgewood** und **Tijeras**. Der Hwy. 333 begleitet als linke Frontage die I-40 mal mehr mal weniger nah. Er unterquert die I-40 und führt auf die rechte Seite, um alsbald wieder zurück als linke Frontage in die Central Avenue von Albuquerque einzumünden.

**1428** Von hier sind es noch 10 Mi. nach Downtown Albuquerque (☞ Mi. 1504).

## 4 Abstecher nach Las Vegas, New Mexico.

Wenn Sie viel Zeit haben und einen nur 6 Mi. langen Umweg machen wollen, können Sie hier rechts abbiegen.

Nicht zu verwechseln mit der Spielerstadt Las Vegas in Nevada!

Mit Ankunft der Eisenbahn 1880 kamen nicht nur Farmer und Geschäftsleute, sondern auch allerlei berüchtigtes, zwielichtiges Gesindel wie Mörder, Räuber, Diebe, Spieler, Betrüger und Pistoleros sowie deren Häscher in die Stadt, beispielsweise Jesse James und Billy the Kid sowie Doc Holliday, Pat Garrett und Wyatt Earp.

Die Bahnlinie teilte die Siedlung halb und halb ins verwinkelte East Las Vegas mit den Saloons und Spielhöllen und in New Town (die Neustadt), die im Schachbrettmuster angelegt wurde und überwiegend von honoriger weißer Bevölkerung und Geschäftsleuten bewohnt wurde. Inzwischen stehen mehrere Hundert Gebäude unter Denkmalschutz und werden mehr oder weniger gut gepflegt erhalten, beispielsweise das *Historic Plaza Hotel* im Zentrum, aber auch das *Montezuma Castle* etwas außerhalb.

Das ehemalige *La Castaneda Hotel* (1898 im sog. Mission Revival Style erbaut) war ein *Harvey House* (mehr zu den Harvey Houses ☞ Mi. 612) mit sehr hohem Standard [🌐 N 35.5943, W 105.2125]. Es steht mit der Front als großes „U“ mit schön geschwungenen Giebeln zu den Bahngleisen und hatte einst einen Springbrunnen im Innenhof. Es ist nicht mehr in Besitz der SF-Railroad, aber es ist mit einer Renovierung begonnen worden und soll von privat voraussichtlich 2017 wieder eröffnet werden. Dem neuen Eigentümer gehört auch das *La Posada* in Winslow, das er zu altem Glanz gebracht hat.

Der Amtrak-Bahnhof befindet sich gleich nebenan und der Fernzug South West Chief der Amtrak-Bahngesellschaft auf der Route Chicago-L. A. hält je Richtung einmal täglich. Parallel zu den Gleisen verläuft die Interstate 25. Wenn Sie auf der S Grand Ave. an den Gleisen entlangfahren, passieren Sie einen Ringlokschuppen. Er ist längst außer Betrieb und die Gleise nebst Drehscheibe sind auch schon rausgerissen.

Wegen der weitaus höheren Hotelpreise in Santa Fe bietet sich die Stadt zum Übernachten an, sogar einen KOA gibt's in Romeroville.

## ⇔ 5 Abstecher über Cerillos nach Madrid.

Diese Straße ist als **Tourquoise Trail** bekannt. Hier wurden schon im 10. Jh. von den Indianern Türkise geschürft, bevor sich auch die spanischen Eroberer dafür interessierten. Erst im 19. Jh. beteiligten sich Siedler und Prospektoren an der Suche nach Gold und Silber. Jahrelang wurde hier auch Kohle abgebaut und **Madrid** hatte damals um 3.000 Einwohner. Die reichen Kohlevorkommen machten sogar den Bau einer Stichlinie der Santa Fe Railroad erforderlich.

1954 wurde die Mine stillgelegt und die ganze Stadt stand komplett zum Verkauf für eine Viertelmillion Dollar – niemand biss an. Daraufhin wurden einzelne Häuser entweder vermietet oder verkauft, überwiegend an Hippies und großstadtmüde Menschen. Obwohl heute etwa 300 Einwohner hier leben, ist der Ort als Ghost Town klassifiziert.

Vor allem in der Saison sind viele Souvenir- und Antikläden sowie ein Saloon geöffnet und die Geisterstadt erwacht zum Leben. Ein Kuriosum ist, dass ständig sowohl Einheimische als auch Besucher von unerklärlichen Geistererscheinungen berichten, was wohl als PR-Gag zu werten ist. Etwas Besonderes ist der etwas abseits gelegene Friedhof mit den Gräbern der Hippies und Künstler. Statt Grabkreuzen erinnern manchmal skurrile Denkmäler an die Toten in der Erde.

▷ In Madrid wurde der Film „Born to be Wild - Saumäßig unterwegs" mit John Travolta, Tim Allen und Peter Fonda im Original als „Wild Hogs" gedreht. In dem Streifen kommt es zwischen den Möchtegern-Easy-Ridern und einer Motorradgang zu einer Auseinandersetzung, bei der die

*Tinkertown*

Maschinen der Rockergang in die Luft fliegen. Übrigens: *Maggie's Main Street Diner* wurde speziell als Film-Set erbaut und ist noch heute eine Attraktion [🌐 N 35.4071, W 106.1520].

▷ Wenn Sie auf dem Tourquoise Trail weiterfahren, sehen Sie auf der rechten Seite die bis zu 3.255 m hohen Sandia Mountains. In den **Sandia Park** führt die Straße 536 (Sandia Crest Scenic Hwy) von San Antonito 22 km weit zum Sandia Crest in 2.957 m Höhe zu einem Skigebiet und weiter zu einem Aussichtspunkt neben den riesigen Antennen.

▷ Vorher kommen Sie an ⌘ **Tinkertown** vorbei, einer äußerst skurrilen Kollektion und Sammlung von allerlei geschnitzten Figuren aus dem Wilden Westen, Miniatur-Zirkussen, Schildern usw. wie von einem Flohmarkt – zu besichtigen in Holzhütten u. a. mit Wänden aus Glasflaschen [🌐 N 35.1695, W 106.3674]. Der damalige Sammler ist leider relativ früh verstorben sonst wäre alles noch umfangreicher geworten. Ein Segelboot, mit dem ein Engländer zehn Jahre auf allen Weltmeeren unterwegs war, ist auch zu bestaunen.

Eine gut ausgebaute, aber gewundene Straße führt 14 Mi. zum Gipfel hinauf, am Skigebiet vorbei. Vom Aussichtspunkt belohnt bei guter Sicht ein herrlicher Ausblick auf Albuquerque.

Vom Skigebiet führt auf der anderen Bergseite die zweitlängste Seilbahn der Welt (4.467 m lang) bis in die Vororte von Albuquerque. Im Park sind mehrere gut ausgeschilderte Wanderwege vorhanden.

▷ Weiter auf dem Tourquoise Trail gelangen Sie über **Cedar Crest** bei Tijeras auf die alte Route 66, die der I-40 als linke Frontage dient und 14 Mi. direkt nach Albuquerque führt. Sie fahren auf der Central Ave. in die Stadt hinein. Beim Tipp bei Mi. 1510 habe ich Details dazu beschrieben.

## ⇔ 6 Alternative: Streckenführung vor 1937.

▷ Wenn Sie ein älteres Straßenstück der 66 benutzen wollen, fahren Sie auf der Central Ave. zurück bis zum Broadway Blvd. (Hwy. 47 S), biegen dann kurz darauf rechts in den Bridge Blvd. ab, überqueren einige Eisenbahngleise und den Rio Grande und biegen dann schräg links in den Isleta Blvd. ab. Nach 9 Mi. unterqueren Sie die I-25 und kurz darauf rollen Sie auf dem Hwy. 147 durch Isleta Village hindurch und überqueren den Rio Grande, bis Sie auf den Hwy. 47 stoßen. In **Isleta Pueblo** biegen Sie rechts auf den Hwy. 47 ab. Das besondere an dieser Indianersiedlung ist die Missionskirche *St. Augustine* im Adobebaustil aus Lehm, mit kleinen Türmchen weiß gestrichen.

▷ Wenn die 47 nach links abzweigt, fahren Sie auf dem Hwy. 6 (Main Street von **Los Lunas**) weiter und überqueren wieder den Rio Grande. Der Hwy. 6 wird vierspurig und überquert die I-25. Nach 20 Mi. führt der Hwy. 6 nach Norden zur I-40. Wenn Sie nach links in den Old Hwy. 66 abbiegen, überqueren Sie eine Bahnlinie und von da an ist die Route 66 die nächsten 10 Mi. bis **Mesita** nicht mehr asphaltiert - aber vorsichtig gut befahrbar (weiter bei ☞ Mi. 1553).

✋ Bei dieser Streckenführung ist zu beachten, dass sie durch Indianerland verläuft. Die Ureinwohner möchten nicht fotografiert und gefilmt werden. Falls doch, kann es zu unschönen Reaktionen kommen!

## ⇔ 7 Abstecher zum Bandero Volcano und El Malpais National Monument.

Die Zufahrt kann nur auf zwei verschiedenen Straßen erfolgen, die aber entweder nur den Rand des Parks im Osten oder im Norden berühren. Biegen Sie also am besten vom Exit 81 in **Grants** in die Nordwestecke des Parks (hier ist auch das **i** Infocenter) auf der Straße 53 ab. Das El Malpais NM (spanisch für Ödland) hat auch interessante Sandsteinformationen (z. B. eine natürliche Brücke) zu bieten.

▷ Der **Bandera Vulkan** steht unter dem Motto „The Land of Fire and Ice“: Auf der SR 53 in südlicher Richtung erreichen Sie nach 25 Mi. diesen gut 200 m tiefen Vulkankrater, der vermutlich vor 5.000 Jahren das letzte Mal ausgebrochen ist. Er liegt auf Privatgrund und ein unbefestigter Weg bringt Sie in den Krater und zum Eis in einem eingestürzten Lavastollen [🌐 N 34.9932, W 108.0804, 💻 www.icecaves.com/], dem **Ice Cave**. Hier befindet sich ein gefrorener Teich mit dem grünlichen ewigen Eis, das vermutlich über 6 m dick ist. Eine Treppe führt zu einer Plattform über dem Teich hinunter. Ziehen Sie sich warm an, die Temperatur in der Höhle steigt nie über 0°C!

▷ Im weiteren Verlauf des Hwy. 53 durchqueren Sie den Park **El Morro** (seit 1906 National Monument). Der *Inscription Rock* (Inschriftenfelsen) beherrscht die sonst ebene Wüstenlandschaft. An dieser Stelle kreuzten sich früher Handels- und Expeditionswege und machten den Felsen und seinen Süßwassersee zu einem beliebten Rastplatz. Hier verewigten sich viele der Reisenden, beginnend mit einem spanischen Eroberer, der hinterließ: „Hier zog Don Juan de Oñate auf einer Expedition zur Südsee am 16. April 1605 vorüber“.

▷ 8 Meilen nach El Morro fahren Sie durch **Ramah**, das auf 2.100 m Höhe liegt. Der Ort wurde einst von Mormonen gegründet, um die hier lebenden Indianerstämme zu missionieren. Weiter über die SR 602 gelangen Sie bei Gallup wieder auf die Route 66.

## ⇔ **8** Abstecher zum Chaco Canyon.

▷ Von hier aus können Sie gut 50 Mi. nach Norden über **Crownpoint** auf dem Hwy. 371 in den beeindruckenden Canyon fahren, inzwischen zum Weltkulturerbe erklärt [🌐 N 36.0257, W 107.9152, 💻 www.youtube.com/watch?v=H6M_QqEdK0Q]. Er wurde zwischen 900 und 1100 von den *Anasazi-Indianern* besiedelt und die Ruinen ihrer Pueblos sind noch heute zu sehen. Die Pueblos Bonito, Arroyo, Chetro Ketl, Alto und New Alto sind neben anderen die wohl herausragendsten Zeugen der untergegangenen Chaco-Kultur.

## ⇔ **9** Abstecher zu den Four Corners.

Wenn Sie Zeit haben, können Sie einen 115-Meilen-Trip durch das Navajo-Reservat machen - ein schöner Tagesausflug. Hier befindet sich der einzige Punkt der USA, an dem vier Staaten aneinander grenzen: Utah, Colorado, New Mexico und Arizona [🌐 N 36.9990, W 109.0454]. Wenn Sie sich hier an dem zentralen Punkt etwas geschickt hinhocken, dann sind ihre Arme und Beine in jeweils einem anderen Staat – ein beliebtes Fotomotiv.

☺ Wenn Sie es geschickt anstellen, können Sie den weiter unten beschriebenen Abstecher zum Canyon de Chelly mit einplanen. Bedenken Sie dabei, dass sie einmal übernachten müssen (was in dieser gottverlassenen Gegend nicht einfach ist) und dass Four Corners nur von 8:00 bis 17:00 geöffnet hat!

## ⇔ **10** Empfohlener Sidetrip zum Canyon de Chelly.

Dieser **Abstecher** ist etwa 200 Mi. hin und zurück (inkl. Parkbesichtigung) lang und unbedingt empfehlenswert!

Fahren Sie gleich hinter der Grenze am Welcome Center (Mi. 1672) vorbei die nächste Abfahrt der I-40 am Exit 357 (Lupton) ab auf die Indian Road 12 und später bei **Window Rock** (Hauptstadt der Navajo Nation) auf die SR 264.

▷ Der Window Rock selbst ist ein Felsen mit einem riesigen Loch. Davor steht ein Denkmal für die Navajo-Soldaten, die zur Nachrichtenübermittlung als sog. *Navajo Code Talker* im Zweiten Weltkrieg im Pazifik eingesetzt wurden - weil niemand sonst die Indianersprache verstand.

▷ Bei **Ganado** kommen Sie am *Hubbell Trading Post* vorbei, das als National Historic Site geführt wird. Der Handelsposten wurde 1878 erbaut und war Poststation und Krämerladen zugleich. Heute ist es ein ⌘ Museum mit vielen Ausstellungsstücken und Fotos zur Indianergeschichte. Hinter Ganado fahren Sie auf den US-Highway 191 nach Chinle (⇧ 1.678 m).

▷ Die Schlucht liegt im Gebiet der Navajo-Indianer und wird seit 1931 als National Monument geführt. Die reine Fahrtzeit beträgt etwa 2 Stunden. Wenn Sie für die Besichtigungsfahrt mit den diversen atemberaubenden Aussichtspunkten vom Canyonrand 3 Stunden und für die An- und Abreise 4 Stunden veranschlagen, ist dies eine ausgedehnte Tagestour.

Die drei Motels in **Chinle** (Holiday Inn, Best Western und Thunderbird Lodge) sind in der Hochsaison gut gebucht und leider wesentlich teurer als normal. Bei Internetbewertungen schneiden alle drei in Punkto Service, Sauberkeit, Freundlichkeit des Personals etc. und dem Preis-Leistungsverhältnis schlecht bis sehr schlecht ab.

Damit stellt sich das Problem der Übernachtung. Wenn Sie in Gallup übernachten, müssen Sie schon früh losfahren, um einen Zeitplan einzuhalten. Die nächste Übernachtungsmöglichkeit ist nämlich nicht in Ganado oder in Chambers, sondern erst in Holbrook (Mi 1771, mit einer guten Auswahl an günstigen Motels).

▷ **Canyon de Chelly** (gesprochen „kenjen de tschee"). Eine gut ausgebaute Parkstraße führt an der Schlucht entlang zu sieben Aussichtspunkten. Im Visitor Center können Sie aber auch Touren durch den Grund des Canyons buchen, die Sie näher an die Sehenswürdigkeiten heranbringen.

Das bekannteste Fotomotiv ist der *Spider Rock* ganz am Ende des Parks. Bedenken Sie den Stand der Sonne - je später am Nachmittag es wird, desto länger werden die Schatten der Felswände. Der Eintritt in den Park ist frei und sogar für den Campground am Parkeingang wird nichts verlangt!

Der White House Trail führt als Wanderweg vom Rand der Schlucht etwa 2 km zum Grund des Canyons in gut ausgebauten Serpentinen hinunter. In der Tageshitze ist das kein einfaches Unterfangen - rechnen Sie mit min-

*Spider Rock*

destens 2 Stunden Dauer für den Weg hin und zurück - und nehmen Sie ausreichend Trinkwasser mit! Der Walk ist ohne Führer nicht mehr möglich, ein Indianer ist immer dabei.

▷ Vom Canyon de Chelly fahren Sie auf dem US-Highway 191 zur I-40 West bei Chambers und folgen dieser. Am Exit 311 verlassen Sie die I-40 wieder und folgen den Schildern zum …

## ⇔ **11** Abstecher in den Petrified Forest National Park.

▷ Vom Exit 311 führt die Straße durch den Park zunächst nördlich der Interstate durch die **Painted Desert** und passiert gleich das *Painted Desert Inn*. Es wurde bereits 1920 aus versteinerten Baumteilen von Privat erbaut und nannte sich zunächst „Stone Tree House". Anfang der 1930er-Jahre wurde es vom Nationalparkservice übernommen und das Äußere im Adobestil, dem heutigen Zustand, renoviert (NRHP). 1963 wurde das Haus geschlossen und ein Abriss wurde diskutiert. Das wurde verhindert und 2006 wurde das Gebäude renoviert als ⌘ Museum wieder geöffnet.

▷ Vor allem in den frühen Morgenstunden bzw. am späten Abend zeigt sich die hügelige, teils schroffe Steinlandschaft in den schönsten Farben. Sie stammen von Mineralien, die rot, rosa, purpurn, aber auch grün und blau schimmern. Wie in allen Nationalparks sind **P** Parkplätze an besonderen Aussichtspunkten angelegt. Kurz bevor die Parkstraße die I-40 überquert, erinnert eine Bank mit einem rostigen Oldtimer an den ganz ursprünglichen Verlauf der Route 66 entlang den Telegrafenmasten - d. h. bevor sie asphaltiert wurde. Nachdem sie als asphaltierte Straße einige Jahre in Gebrauch war, wurde die Interstate einfach darüber gebaut.

▷ Im Verlauf der Strecke wandelt sich das Landschaftsbild. Auf der südlichen Seite der Interstate überqueren Sie zunächst die Bahngleise und machen einen kleinen Abstecher zum sogenannten „Zeitungsfelsen" *Newspaper Rock*. Von einem Aussichtspunkt sind unten an großen Felsbrocken über 600 *Petroglyphen* zu erkennen.

Diese Steinritzungen stellen sowohl spirituelle als auch weltliche Motive (Menschen und Tiere) dar, die u. a. von im nahe gelegenen Puerco-Pueblo lebenden Menschen vor etwa zweitausend Jahren geschaffen wurden. In den Jahren danach ist keine neue Felskunst entstanden, weil die Bevölkerung die Gegend aus unbekannten Gründen verließ und sich wahrscheinlich auf der Mesa neu ansiedelte.

▷ Danach sollten Sie einen Abstecher zur beeindruckenden *Blue Mesa* machen, auch wenn der Umweg einige Meilen weit ist. Es lohnt sich! Kurz darauf folgt die *Agate Bridge*. Hier ist unter einem umgefallenen Baumstamm der Untergrund fortgespült worden, so dass der Baumstamm eine Brücke bildete. Weil das Drübergehen für viele Besucher - trotz Verbot - zu verführerisch war, hat man schon 1917 als Stützung eine Betonkonstruktion darunter gebaut.

▷ Wenn Sie weiterfahren, sehen Sie den *Petrified Forest*, den versteinerten Wald, im *Crystal Forest*. Baumstämme bzw. Teile davon liegen weit verstreut auf dem Boden herum und die Holzstruktur ist noch sehr gut zu erkennen. Im Trias, also vor 250 bis 200 Mio. Jahren, stand in dieser Gegend ein riesiger tropischer Urwald mit Seen und Sümpfen, der von Sauriern belebt war. Durch gewaltige Erdbewegungen wurde der Dschungel überschwemmt und mit einer dicken Sand-, Kies und Erdschicht bedeckt. Die umgestürzten Bäume zerbrachen und die Sedimente der Deckschicht (Kieselsäure) drangen in die Maserungen und Kapillaren der Stämme ein. Sie ersetzten schließlich die Holzfasern und nach einigen

*Im versteinerten Wald*

Jahrmillionen war die Versteinerung abgeschlossen. Durch weitere Verschiebungen der Erdkruste kamen die Fossilien dann wieder ans Tageslicht. Sogar Überreste von Reptilien und Amphibien wurden gefunden.

☹ Sie sollten nur an den angegebenen Parkplätzen halten und sich besser nicht erwischen lassen, wenn Sie zum Fotografieren mitten auf der Straße stoppen.

✋ Auf gar keinen Fall dürfen Sie Versteinerungen, Steinchen oder Felsstücke aufsammeln und als Souvenir mitnehmen. Die Ranger achten genauestens darauf und machen bei Verdacht Personen- und Fahrzeugkontrollen - Verstöße werden streng geahndet!

☺ In den Souvenirshops in der Umgebung und in Holbrook können Sie für ein paar Dollar versteinertes Holz kaufen, das auf privatem Grund und Boden gefunden wurde. Die Straße vom Exit 311 durch den Park bis Holbrook ist insgesamt 52 Meilen lang und hat diverse Aussichtspunkte, die direkt an der Parkstraße liegen - nur die Straße zur Blue Mesa ist lohnende 3,5 Mi. weit.

Im Visitor Center am südlichen Ausgang wird alle halbe Stunde ein 20-minütiger Film gezeigt, der die Entstehung der Versteinerungen im Laufe der letzten 225 Mio. Jahre anschaulich erklärt.
Am Parkausgang fahren Sie auf die SR 180 in Richtung Holbrook. Nach 17 Mi. biegen Sie an der Kreuzung mit der SR 77 rechts ab und erreichen ☞ **Holbrook**.

**1828** Exit 233.

## ⇔ 12 Abstecher zum Grand Canyon National Park.

☺ Flagstaff ist ein guter Ausgangspunkt für einen Besuch dieses einzigartigen und grandiosen Nationalparks. Die An- und Abreise beträgt etwa 180 Mi. Rechnen Sie mit gut 1 Std. 30 Min. jeweils für die Hin- und Rückfahrt und mindestens 5 Stunden für die Besichtigung von den verschiedenen Aussichtspunkten. Im Juli und August kommt es vor allem an den Wochenenden zum Verkehrschaos: Die Parkplätze im Village und an den Aussichtspunkten sind dann hoffnungslos überfüllt. Kostenlose Shuttlebusse erleichtern das Durchkommen. Zur Durchführung eines Tagesausflugs gibt es mehrere Möglichkeiten:

Wenn Sie ein gutes und preiswertes Motel gefunden haben, sollten Sie erwägen, hier für zwei Nächte zu wohnen. Das ist auf jeden Fall vorteilhaft beim Aushandeln des Übernachtungspreises und erspart Ihnen einmal Packen sowie einmal eine neue Unterkunft zu suchen.
In dem Fall schlage ich vor, dass Sie am nächsten Morgen Flagstaff auf derselben Straße verlassen, auf der Sie hereingekommen sind. Sie fahren auf dem Hwy. 89 nach Norden, am **Sunset Crater Volcano NM** vorbei. Der Vulkan brach zuletzt im Jahr 1065 aus. Er liegt ca. 4 Mi. abseits der Straße und der Schlackenkegel erhebt sich ca. 300 m über der Umgebung und hat einen Durchmesser von ca. 1 km sowie eine Höhe von ca. 120 m. Wegen seines fragilen Zustands darf der Krater, längst als Nationalmonument klassifiziert, allerdings nicht mehr bestiegen werden.
Nach 52 Mi. auf dem Hwy. 89 biegen Sie nach links in die SR 64 ab. Sie führt über den Osteingang des *South Rims* zu den Aussichtspunkten und dem *Grand Canyon Village*.

▷ Wenn Sie an dieser Abzweigung etwa 1 Meile geradeaus weiterfahren, gelangen Sie nach **Cameron** mit dem **Wupatki NM**. Hier sind u. a. die Ruinen der *Anasazikultur* zu bestaunen. Außerdem wurden über zweitausend prähistorische Fundstellen aus dem 12. Jahrhundert entdeckt. Übrigens sind das Wupatki NM und das Sunset Crater NM durch eine schöne Asphaltstraße miteinander verbunden – und es fällt auch nur eine Eintrittsgebühr an.

▷ Zur Rückreise vom Grand Canyon nach Flagstaff bleiben Sie auf der SR 64, die nach Süden über **Tusayan** führt. Nach 30 Mi. biegen Sie nach links auf den Hwy. 180 ab, der sehr schön direkt auf den oft noch schneebedeckten *Humphrey's Peak* zuführt.

⌘ 2 Meilen vor der Innenstadt kommen Sie am *Pioneer Museum* [🌐 N 35.2235, W 111.6550] vorbei, das 1908 als Hospital und Armenhaus in der N Fort Valley Road erbaut wurde. Heute wird zur Farm- und Holzfällergeschichte Arizonas ausgestellt. Größtes Ausstellungsstück direkt an der Straße ist eine gewaltige 🚂 2-6-6-2-Mallet-Dampflokomotive No 12 auf dem Freigelände, die bis 1960 Baumstammtieflader in die Sägewerke zog.

*2-6-6-2-Mallet-Dampflokomotive No 12*

*Grand Canyon*

▷ Den Fahrtbeginn können Sie wie oben beschrieben starten. Aus Zeitgründen können Sie aber auch nach dem Besuch des Grand Canyon auf der SR 64 über **Tusayan** weiterfahren, um sich in Williams eine Bleibe zu suchen (anstatt eine zweite Nacht in Flagstaff zu bleiben). Der Nachteil dabei ist, dass Ihnen ein schönes und interessantes Stück der Route 66 zwischen Flagstaff und Williams entgeht.

▷ Fahren Sie in Flagstaff auf die US 180, die sich bei Valle mit der SR 64 North verbindet. Bald darauf fahren Sie durch **Tusayan**, kurz vor dem Eingang zum Nationalpark (1.981 m hoch gelegen). In Tusayan gibt es fünf 🛏 Hotels, die aber meist lange im Voraus gebucht werden müssen und auch teurer sind als in Flagstaff oder Williams. Zurückfahren können Sie umgekehrt wie unter 1.) beschrieben nach Flagstaff oder wie unter 2.) beschrieben nach Williams.

☺ Apropos: Die Bahnfahrt zum Grand Canyon beginnt nicht in Flagstaff, sondern in Williams (☞ Meile 1900).

▷ Der **Grand Canyon** wurde in Jahrmillionen vom Colorado River gegraben und ist etwa 450 km lang. Davon liegen 350 km innerhalb des 1919 von

Präsident Roosevelt geschaffenen Nationalparks, der eine Größe von fast 5.000 $km^2$ hat. Der Canyon ist zwischen 6 km und 30 km breit und etwa 1.700 m tief. Der Südrand (*South Rim*) zieht die meisten Besucher an und liegt um 2.170 m hoch, während der gegenüberliegende Nordrand (*North Rim*) fast 2.500 m hoch ist. Der Colorado fließt auf durchschnittlich 730 m Höhe durch die Schlucht.

▷ Die Temperaturen am Südrand liegen im Sommer um angenehme 20 bis 27°C Grad, während im Winter Temperaturen bis zu -8°C Grad gemessen wurden, Schneefall ist also durchaus wahrscheinlich. Wegen der höheren Lage ist am Nordrand regelmäßig Schnee zu erwarten, deshalb wird er vom ersten Schneefall im November bis etwa Mitte Mai völlig geschlossen. Am Ufer des Colorado sind im Sommer schon 40 Grad gemessen worden, weshalb immer wieder ehrgeizige Wanderer am Grund des Canyon oder beim Aufstieg zusammengebrochen sind und gerettet werden mussten.

♦ www.nps.gov/grca/index.htm Eine pdf-Datei, die keine Fragen offen lässt, kann hier heruntergeladen werden.

## ⇔ 13 Größere Abstecher von Flagstaff.

▷ **Antelope Canyon**, 140 Mi. einfache Strecke. Das ist der berühmte Canyon, mit den leuchtend roten und gewellten Seitenwänden. Ausgangsort ist

*Antelope Canyon*

die Stadt **Page** zum Upper und Lower Antelope Canyon, einem sog. *Slot Canyon*, der wesentlich tiefer als breit ist. Die glattgeschliffenen Wände und schüsselartigen Auswaschungen sind in nahezu jedem Bildband über den Südwesten der USA enthalten. Oft kann man von seinem Boden wegen überhängender Felsen den Himmel nicht sehen. Beste Besichtigungszeit ist gegen Mittag, wenn die Sonnenstrahlen die enge Schlucht senkrecht erleuchten. Wenn es in einer bestimmten Region zu Regenfällen gekommen ist, wird der Zugang als Vorsichtsmaßnahme gesperrt. Es sind 1997 elf Touristen durch Flash Floods umgekommen, deshalb kann man nur auf von Indianern geführten Touren den Canyon besuchen. Für beide Canyons wird jeweils ein getrenntes Eintrittsgeld verlangt, wobei der Lower Canyon mit $ 28/p.P. um die Hälfte günstiger als der Upper Canyon ist. Rechnen Sie auf jeden Fall mit einer mindestens einstündigen Wartezeit bis die anderthalbstündige Tour beginnt. Der Canyon ist ein Erlebnis, das man lange nicht vergisst!

▷ Vor Page biegen Sie vom Hwy. 89 rechts auf den Hwy. 98 in Richtung Osten ab und fahren auf die Schornsteine des Kohlekraftwerks zu. Nach wenigen Meilen am Milemarker 299 liegt der P Parkplatz zum **Upper Antelope Canyon**, der **Lower Antelope Canyon** ist gegenüber an der Straße, die zum Antelope Point führt. Leider ist der Upper (auch Corkscrew Canyon genannt) der beliebtere, sodass sich vor allem dort die Touristen drängen. Es ist fast unmöglich, Fotos ohne die anderen Besucher zu machen – hier lernt man kennen, was Rücksichtslosigkeit bedeutet.

▷ Eine andere Sehenswürdigkeit liegt kurz vor der Abzweigung auf den Hwy. 98 ein paar Meilen weiter südlich. Biegen Sie links auf eine Stichstraße ab, die Sie zu einem P am **Horseshoe Bend** führt. Von hier sind es nur 1,2 km Fußweg zum atemberaubenden Aussichtspunkt (nach kurzem Anstieg ein langer abfallender Weg zur Kante) über der hufeisenförmigen Schleife des Colorado River. Beeindruckend!

▷ **Monument Valley**, 195 Mi. einfache Strecke. Berühmt aus diversen Western - John Wayne lässt grüßen.

Hinweis: Diese beiden Attraktionen lassen sich miteinander verbinden. Inkl. Rückweg nach Flagstaff kommen allerdings 485 Mi. zusammen! Das Problem dabei sind die Unterkünfte. Am Monument Valley ist zwar ein Campingplatz vorhanden, aber kein Motel. Übernachtet werden müsste also in einem der drei teuren Motels in **Kayenta**, ca. 45 Mi. vor dem Tal. Die nächste Nacht verbringen Sie in **Page** mit einer Riesenauswahl an

*Monument Valley*

Motels, um am Morgen in den Antelope Canyon zu fahren. Anschließend fahren Sie nach Flagstaff zurück oder nehmen den Grand Canyon South Rim auch noch mit (Beschreibung ☞ Abstecher Grand Canyon).

▷ **Oak Creek Canyon**, 100 Mi. Rundfahrt südlich von Flagstaff. Dieser 20 km lange und 1,4 bis 4 km breite Canyon entstand vor etwa 8 Mio. Jahren, als sich die Erde auffaltete und die Schlucht aus rotem Sandstein bildete. Der Oak Creek war damals wesentlich gewaltiger und tat dann ein Übriges, die Landschaft zu formen. Fahren Sie zunächst auf der I-17 nach Süden und biegen rechts ab auf den Hwy. 89A, der Sie über eine Serpentinenfolge zum Canyon bringt.

▷ Weiter südlich gelangen Sie über den **Slide Rock Park** [🌐 N 34.9439, W 111.7529] und über das touristische **Sedona** (20x 🛏) zur I-17, der Sie nach Norden zurück nach Flagstaff folgen.

▷ Die Gegend um Sedona wurde wegen der reizvollen Landschaft und des ausgeglichenen Klimas als Schauplatz mehrerer Hollywoodfilme genutzt, so dass der Slogan „Arizonas Little Hollywood“ durchaus zutreffend ist. Unter den Darstellern der hier gedrehten Filme waren einst John Wayne,

Errol Flynn, Joan Crawford, James Stewart, Robert Mitchum und Elvis Presley. Seit 1994 findet hier jedes Jahr ein einwöchiges Filmfestival statt, das in der Filmwelt großes Ansehen genießt. Sehenswürdigkeiten sind neben dem Airport auf dem Bergrücken einer Mesa, der *Cathedral Rock* [🌐 N 34.8255, W 111.7884], der *Red Rock State Park* [🌐 N 34.8116, W 111.8285] und die *Chapel of the Holy Cross*, eine kleine Kirche, die in einen Felsen hineingebaut scheint [🌐 N 34.8321, W 111.7664].

▷ Wenn Sie noch mehr Zeit haben, können Sie statt sofort nach Flagstaff zurückzukehren noch 10 Mi. weiter auf der I-17 nach Süden fahren. Dort gelangen Sie zum **Montezuma Castle** (NRHP), ein sog. *Cliff Dwelling*. Die spanischen Eroberer hielten diese Felsenbehausung zunächst für ein Schloss in der Felswand [🌐 N 34.6115, W 111.8350]. Das „Schloss" wurde im 12. Jahrhundert von den Sinagua-Indianern erbaut und besteht aus 5 Etagen mit 20 Räumen. Vermutlich wegen einer lang anhaltenden Dürreperiode waren die Einwohner irgendwann gezwungen, diesen Ort zu verlassen. Leider können die Gebäude nur von außen besichtigt werden.

▷ **Grand Canyon West - Sky Walk** (Beschreibung ☞ 14 Abstecher von Kingman).

## ⇔ 14 Abstecher von Kingman.

▷ Kingman ist ein guter Ausgangspunkt für eine Fahrt in die Spielerstadt **Las Vegas** in Nevada und zum **Hoover-Damm**. Lenken Sie Ihr Auto auf die SR 93, die Entfernung beträgt etwa 100 Meilen.

▷ Auf demselben US Hwy. 93 kommen Sie nach 18 Mi. (plus 4 Mi. ab **Grashopper Junction** auf einer Seitenstraße) auch nach **Chloride**, einer lebendigen Geisterstadt mit heute gut 200 Einwohnern [🌐 N 35.4142, W 114.2015]. Einst lebten hier über 2.000 Menschen, die in den Bergwerken Gold, Silber, Blei, Zink, Kupfer, Molybdän, Vanadium und Chlorid (daher der Name) förderten. Auch wenn über die Jahre mehrere Häuser durch Feuer zerstört wurden, verströmt der verbliebene Rest noch immer echte Westernatmosphäre. Inzwischen sind auch schon ein paar Filme hier gedreht worden.

▷ Auch ein **Abstecher** zum **Grand Canyon West** im Hualapai-Indianerreservat bietet sich von hier aus an. 2007 wurde hier der **Skywalk** eröffnet, eine hufeisenförmige Plattform, die 21 m über einen Seitenarm des Grand Canyon hinausragt. Die Stahlkonstruktion ist mit dicken entspiegelten Glasplatten ausgelegt, das Geländer ist ebenfalls aus Glas (beides wurde

von zwei deutschen Firmen geliefert). Leider bricht sich das Licht im Glas und viele Kratzer tun ein Übriges, so dass Verzerrungen entstehen [🌐 N 36.0936, W 114.0496].
Von Kingman sind es etwa 70 Mi., aber die letzten 9 Mi. der Zufahrtstraße sind nicht asphaltiert. Aufgrund der hohen Eintritts- und Parkgebühren als Package von über $ 80 kann man eigentlich nur von Abzocke sprechen (oder von der Rache des Roten Mannes an den Bleichgesichtern). Außerdem darf nicht selbst fotografiert und gefilmt werden, alle diesbezüglichen Geräte inkl. Handys müssen vorher abgegeben und im Schließfach deponiert werden. Was sagen Leute, die schon dagewesen sind? Lesen Sie hier: 💻 www.tripadvisor.de/Attraction_Review-g31248-d602012-Reviews-Skywalk_Grand_Canyon-Hualapai_Reservation_Arizona.html

## ⇔ 15 Abstecher zum Ghost Town Calico.

Zwischen 1881 und 1896 war Calico eine blühende Silberbergbaustadt mit mehreren Hundert Bergwerken, fast 4.000 Einwohnern und 22 Saloons. Als der Silberpreis 1896 verfiel, wurden die Minen aufgegeben. Auf der I-15 North sind es nur 10 Meilen dorthin [🌐 N 34.9453, W 116.8664]. Inzwischen erlebt die Stadt einen neuen Boom: Die Touristen sind nun zur Goldgrube geworden, sie können Gold waschen oder sich an geschauspielerten Schießereien vor dem Saloon erfreuen. Ob die Geisterstadt noch einen Besuch für inzwischen $ 8/Person wert ist? Alles weitere wie Goldwaschen, Bahnfahrt und Minenbesuch kostet extra. Bei meinem ersten Besuch hier - Anfang der 1970er-Jahre - war es noch eine richtige Geisterstadt ohne Schranke und Eintrittsgeld - ein Hauch von Geschichte umwehte den Besucher. Heute werden Touristen in Busladungen herangekarrt und eine Kavalkade von Bikern nach der anderen sucht das Gelände heim. Geister? Nein, danke.

☺ Wenn Sie schon morgens ab 9:00 kommen, sind erst wenige Touristen da.

# Kleiner Sprachführer für Restaurant, Supermarkt und Auto & Index

# Restaurant und Supermarkt

| | |
|---|---|
| almonds | Mandeln |
| appetizer | Vorspeise |
| apple | Apfel |
| artificial | künstlich |
| asparagus | Spargel |
| bacon | Speck |
| baked beans | gebackene Bohnen |
| baked potato | Folienkartoffel |
| bakery | Bäckerei |
| barbecue | Grill |
| beans | Bohnen |
| beef | Rindfleisch |
| beer | Bier |
| beer on tap | Fassbier |
| beverage | Getränk |
| blue cheese | Blauschimmelkäse |
| blueberries | Heidelbeeren |
| boar | Wildschwein |
| boiled potatoes | Salzkartoffeln |
| bouillabaisse | Fischsuppe |
| bread | Brot |
| breakfast | Frühstück |
| burrito | Weizentortilla gefüllt |
| cabbage | Kohl |
| cake | Kuchen |
| candy | Süßigkeit |
| carrots | Möhren |
| cereals | Frühstücksflocken |
| check | Rechnung |
| cheese | Käse |
| cherry | Kirsche |
| chicken | Hähnchen |
| chile | Pfefferschote |
| chili | Fleischeintopf |
| chocolate | Schokolade, Kakao |
| cholesterol | Cholesterin |
| chop | Kotelett |
| clam chowder | Muschelsuppe |
| clams | Muscheln |
| cod | Kabeljau |
| coffee | Kaffee |
| coleslaw | Krautsalat |
| consommé | klare Brühe |
| cookie | Plätzchen, Keks |
| corn on the cob | Maiskolben |
| crabs | Krabben, Krebse |
| cranberries | Preiselbeeren |
| cream | Sahne |
| crudités | Rohkost |
| cucumber | Gurke |
| dairy product | Milchprodukt |
| decaffinated | koffeinfrei |
| deep fried | fritiert |
| dessert | Nachtisch |
| donut | Schmalzkringel |
| duck | Ente |
| eel | Aal |
| egg | Ei |
| ... scrambled | ... Rührei |
| ... sunny side up | ... Spiegelei |
| ... boiled | ... gekocht |
| enchilada | Maistortilla |
| entree | Hauptgericht |
| fillet | Filet |
| fish | Fisch |
| flavor | Geschmack, Sorte |
| food | Speisen |
| French fries | Pommes frites |
| fried | gebraten |
| fruit juice | Fruchtsaft |

| | |
|---|---|
| game | Wild |
| garlic | Knoblauch |
| grape | Weintraube |
| grapefruit | Pampelmuse |
| gravy | Bratensauce |
| ground beef | Hackfleisch |
| ham | Gekochter Schinken |
| hashbrowns | Rösti |
| herbs | Kräuter |
| honey | Honig |
| horseradish | Meerrettich |
| hot | heiß oder scharf |
| ice cubes | Eiswürfel |
| ice tea | Eistee |
| ice-cream | Speiseeis |
| jam | Konfitüre |
| jellied eel | Aal in Aspik |
| jelly | Gelee |
| kipper | Bückling |
| lamb | Lamm |
| leg | Keule |
| lemon | Zitrone |
| lemonade | Limonade |
| lettuce | Kopfsalat |
| lime | Limone |
| liquor | Spirituosen |
| liver | Leber |
| lobster | Hummer |
| loin | Lendenstück |
| lunch | Mittagessen |
| mackerel | Makrele |
| maple syrup | Ahornsirup |
| marinated | mariniert |
| mashed potatoes | Kartoffelpüree |
| meat | Fleisch |
| meatballs | Fleischbällchen |
| medium | halb durchgebraten |
| menu | Speisekarte |
| milk | Milch |
| mineral water | Mineralwasser |
| mixed grill | Grillplatte |
| muffin | Teekuchen |
| mushroom | Pilz |
| mussels | Muscheln |
| mustard | Senf |
| mutton | Hammelfleisch |
| noisettes | Medaillons |
| oil | Öl |
| onion rings | Zwiebelringe |
| onion soup | Zwiebelsuppe |
| onion | Zwiebel |
| orange juice | Orangensaft |
| oysters | Austern |
| pancakes | Pfannkuchen |
| peach | Pfirsich |
| peanuts | Erdnüsse |
| pear | Birne |
| peas | Erbsen |
| pepper | Pfeffer |
| pineapple | Ananas |
| plum | Pflaume |
| pork | Schweinefleisch |
| potato | Kartoffel |
| poultry | Geflügel |
| prawns | Garnelen |
| puff pastry | Blätterteig |
| pumpkin | Kürbis |
| rabbit | Kaninchen |
| rare | blutig (Steak) |
| rice | Reis |
| roast | Braten |
| salat bar | Salatbuffet |
| salat dressing | Salatsauce |
| salmon | Lachs |

| | |
|---|---|
| salsa | scharfe Sauce |
| salt | Salz |
| sardines | Sardinen |
| sausage | Wurst |
| scallops | Jakobsmuscheln |
| seafood | Meeresfrüchte |
| shrimps | Garnelen |
| sirloin steak | Lendensteak |
| slice | Scheibe |
| smoked | geräuchert |
| smoked salmon | Räucherlachs |
| soda water | Mineralwasser |
| soft drink | alkoholfreies Getränk |
| sole | Seezunge |
| soup | Suppe |
| sparkling mineral water | Mineralwasser mit Kohlensäure |
| sparkling wine | Schaumwein, Sekt |
| spinach | Spinat |
| spiny lobster | Langusten |
| spirits | Spirituosen |
| starters | Vorspeisen |
| stew | Eintopf |
| strawberries | Erdbeeren |
| suckling pig | Spanferkel |
| sugar | Zucker |
| taco | Tortillas gefüllt |
| tomatoes | Tomaten |
| trout | Forelle |
| tuna | Thunfisch |
| turkey | Truthahn |
| veal | Kalbfleisch |
| vegetables | Gemüse |
| venison | Wild |
| vinegar | Essig |
| waffles | Waffeln |
| waiter/waitress | Kellner(in) |
| walnut | Walnuss |
| watermelon | Wassermelone |
| well done | durchgebraten |
| wheat | Weizen |
| whipped cream | Schlagsahne |
| white whine | Weißwein |

# Auto

| | |
|---|---|
| Abblendlicht | low beam |
| Abblendschalter | dimmer switch |
| abdichten | to seal |
| abgebrochen | broken off |
| abgenutzt | worn |
| Abschleppdienst | breakdown service |
| abschleppen | to tow away |
| Abschleppseil | tow rope |
| abschließen | to lock |
| abschmieren | to grease |
| abschneiden | to cut off |
| Achse | axle |
| Ampel | traffic light |
| anheben | to lift |
| Anlasserkabel | starter cable |
| Anlasserritzel | starter pinion |
| Anlassschalter | starter switch |
| anmontieren | to mount |
| anschieben | to push |
| anschleppen | to tow |
| anschrauben | to screw on |
| anschweißen | to weld on |
| Antenne | antenna |
| Antriebswelle | drive shaft |

| | |
|---|---|
| Anzeigeleuchte | indicator lamp |
| Armaturenbrett | instrument panel |
| Aschenbecher | ashtray |
| ausbauen | to dismantle |
| ausbeulen | to straighten out dents |
| Auspuffrohr | exhaust pipe |
| Auspufftopf | muffler |
| ausschalten | to switch off |
| auswuchten | to balance |
| Auswuchtgewicht | counterweight |
| Bahnübergang | level crossing |
| Batterie laden | to charge the battery |
| Batteriekasten | battery container |
| Batterieklemme | battery clamp |
| Batteriesäureprüfer | hydrometer |
| Befestigungsschelle | clip |
| Beleuchtung | lighting |
| Benzin | gas |
| Benzinleitung | fuel pipe |
| Benzinpumpe | fuel pump |
| Benzintank, -deckel | gas tank, -cover |
| Benzinuhr | fuel gauge |
| beschädigt | damaged |
| Birne, -fassung | bulb, -socket |
| Blech | sheet metal |
| Blech-, Holzschraube | screw |
| bleifrei | unleaded |
| Blinker | indicator |
| Bolzen | bolt, pin |
| Bremsanlage | brake system |
| Bremsbelag | brake lining |
| Bremse zieht ungleichmäßig | brakes are uneven |
| Bremsflüssigkeit | brake fluid |
| Bremsschlauch | flexible brake tubing |
| Bremstrommel | brake drum |
| Buchse | bushing |
| Bügel | clamp |
| Dachgepäckträger | roof-type luggage rack |
| Defekt | fault |
| Destilliertes Wasser | distilled water |
| dicht | tight |
| Dichtung | gasket |
| Dichtungskitt | sealing cement |
| Differential | differential gear |
| Distanzscheibe | spacer |
| Draht | wire |
| Drehgriff | twistgrip control |
| Drehmoment | torque |
| Drosselklappe | throttle valve |
| Düse | nozzle |
| Einfüllstutzen | filler pipe |
| einschalten | to switch on |
| Einspritzpumpe | injection pump |
| einstellen | to adjust |
| Einstellschraube | adjusting screw |
| Messing-, Kupfer- | brass-, copper- |
| elektrische Birne | bulb |
| elektrische Störung | electric fault |
| Elektrodenabstand | spark gap |
| Entfroster | windshield defroster |
| Ersatzreifen | spare tyre |
| Ersatzteil | spare part |
| Fahrgestell | chassis |
| Fassung (Glühlampe) | bulb socket |
| Feder | spring |
| Federblatt | spring leaf |
| Federklammer | shackle |
| Federring | spring washer |
| Felge | rim |
| Fenster | window |
| Fensterdichtung | glazing |
| Fensterkurbel | window crank handle |
| Fernlicht | high beam |

| | |
|---|---|
| festschrauben | to screw on |
| Fett | grease |
| Feuerlöscher | fire extinguisher |
| Flickzeug | tyre repair kit |
| Frühzündung | advance ignition |
| Führerschein | driving licence |
| Füllmenge | capacity |
| Funke | spark |
| Gang | gear |
| gebrochen | broken |
| Gepäck | luggage, baggage |
| Getriebe | transmission gear, gear box |
| Getriebeöl | transmission oil |
| Gewinde | threat |
| Glatteis | Ice |
| Glühbirne | bulb |
| Gummi | rubber |
| Gummidichtung | rubber seal |
| Gusseisen | cast iron |
| Hahn (Wasser, Benzin) | tap |
| Handbremshebel | hand brake lever |
| Handgriff | handle |
| Hebebühne | vehicle hoist lift |
| Hebel | lever |
| heben | to hoist, to lift |
| Heizung | heating |
| hinten - vorn | rear - front |
| Hinterachse | rear axle |
| Hub | stroke |
| Hupe | horn |
| Inbusschlüssel | allen key |
| innen - außen | interior - exterior |
| Innenbeleuchtung | interior lighting |
| Instrumentenleuchte | dashboard light |
| Kabel | cable |
| Kabelbinder | plastic clamp |
| Kabelverbindung | cable connection |

| | |
|---|---|
| Kappe | cap |
| kaputt - heil | damaged - intact |
| Kardangelenk | universal joint |
| Kardanwelle | transmission shaft |
| Karosserie | car body |
| Keilriemen | fan belt |
| Kerzenschlüssel | spark plug socket |
| Kofferraum | trunk |
| Kolben, -ring | piston, -ring |
| Kondensator | capacitor |
| Kontakt (schlechter) | (bad) contact |
| Kontaktunterbrechung | open contact |
| kontrollieren | to control |
| Kotflügel | mudguard oder fender |
| Krankenwagen | ambulance |
| Kreuzschlitzschraubendreher | phillips |
| Kühler, -schlauch | radiator, -hose |
| Kühlerschutzgitter | radiator grill |
| Kühlwasser | cooling water |
| Kühlwasserumlauf | water circulation |
| Kugellager | ball bearing |
| kuppeln | to engage the clutch |
| Kupplung | clutch |
| Kupplung rutscht | the clutch slips |
| Kupplungspedal | clutch pedal |
| Kurbelgehäuse | crankcase |
| Kurbelwelle | crankshaft |
| Kurzschluss | short circuit |
| Ladekontrollampe | generator indicator lamp |
| Lautsprecher | loudspeaker |
| leer / voll | empty / full |
| Leerlauf | idle |
| Leitung (elektrisch) | lead (electric) |
| Lenkgestänge | steering linkage |
| Lenkrad, | steering wheel |
| Lenksäule | steering column |

| | |
|---|---|
| Lenkung | steering gear |
| Lichtmaschine | generator, alternator |
| locker - fest | loose - tight |
| löten | to solder |
| losschrauben | unscrew |
| Lüftungsklappe | air valve |
| Luftdruck | tyre pressure |
| Luftfilter | air filter |
| Massekabel | earth cable |
| Motor | engine |
| Motorhaube | hood |
| Motorroller, -rad | scooter, motor cycle |
| Mutter / Schraube | nut / bolt |
| Nabe | hub |
| nachfüllen | to replenish |
| Nebellampe | foglamp |
| Nummernschild | licence plate |
| Öl | oil |
| Öldruckmesser | oil pressure gauge |
| ölen | to oil |
| Ölfilter, -kanne | oil filter, -can |
| Ölmessstab | dipstick |
| Ölwechsel | oil change |
| Panne | breakdown |
| Parklicht | parking light |
| Pleuelstange | connecting rod |
| Polklemme | pole terminal |
| Positionslampe | sidelight |
| Pumpe | pump |
| Putzlappen | cleaning rag |
| Rad | wheel |
| Radkappe | hub cap |
| Radlager | wheel bearing |
| Radmutter | wheel nut |
| Reifen | tyre |
| reparieren | to repair |
| Regler | regulator |
| Reserverad | spare wheel |
| Rohr | tube, pipe |
| Rücklicht | tail light |
| Rückspiegel | rear vision mirror |
| Schaden | damage |
| Schalter | switch |
| Schaltgetriebe | transmission gear |
| Schalthebel | gear lever |
| Scheibe (Glas) | pane |
| Scheibenwischer | wiper |
| Scheibenbremse | disc brake |
| Scheinwerfer | headlight |
| Schlauch (allg.) | hose |
| Schlauch (Luft-) | tube |
| schlauchloser Reifen | tubeless tyre |
| Schlauchventil | valve |
| Schlüssel | key |
| schmieren | to lubricate |
| Schraube / Mutter | bolt / nut |
| schrauben | to screw - to unscrew |
| Schraubenschlüssel | wrench, spanner |
| Schraubendreher | screwdriver |
| Schwimmer | float |
| Seitenfenster | side window |
| Sicherheitsgurt | safety belt |
| Sicherung, -dose | fuse, -box |
| spannen | to tighten |
| Spule | coil |
| Stecker | plug |
| Stoßdämpfer | shock absorber |
| Stoßstange | bumper |
| Strom (elektrisch) | current |
| Stromspannung | voltage |
| Tachometer | speedometer |
| Tank | tank |
| Tankstelle | gas- oder service station |
| Tankverschluss | tank cap |

| | |
|---|---|
| Totalschaden | complete wrack |
| Türgriff | doorhandle |
| undicht | leaky |
| Unfall | accident |
| Unterbrecherkontakt | breaker contact |
| Ventil | valve |
| Ventilator, -riemen | fan, -belt |
| Verband (Wund-) | dressing |
| Verbandkasten | first aid kit |
| Verkabelung | wiring |
| Vergaser | carburetor |
| Vergaser verstopft | blocked carburetor |
| Verladerampe | loading ramp |
| Verteilerfinger | distributorfinger |
| Vorder-, Hinterrad | front-, rear wheel |
| Wackelkontakt | loose connection |
| Wagenheber | carjack |
| Wagenheizung | car heating |
| Warnlampe | warning lamp |
| Warnzeichen | warning sign |
| Wasserkanister | water canister |
| Wasserpumpe | water pump |
| Wasserschlauch | water hose |
| Werkstatt | garage |
| Werkzeugkasten | toolkit |
| Windschutzscheibe | windshield |
| Wohnanhänger | caravan |
| Zange | pliers |
| Zündkerze | spark plug |
| Zündschloss | ignition lock |
| Zündschlüssel | ignition key |
| Zündspule | coil |
| Zündungsdefekt | ignition fault |
| Zylinderblock | cylinderblock |

# Index